U0557562

南京大学六朝研究所书系·丙种译丛·第肆号
南京大学六朝研究所 主编

汉唐时期岭南的铜鼓人群与文化

[新西兰]龚雅华 著 魏美强 译

南京大学出版社

谨以此书献给我的导师李塔娜(Li Tana)
与我而言,她亦师亦友

总　序

一

晃晃悠悠的节奏、断断续续的过程，也许是"万事开头难"吧，从2017年3月14日"南京大学六朝研究所成立仪式暨学术座谈会"召开、计划出版系列图书至今，竟然已经三年又八个月过去了，具有"标志"意义的南京大学出版社版"南京大学六朝研究所书系"首批四册，终于即将推出，它们是：

刘淑芬著《六朝的城市与社会》（增订本），"甲种专著"第叁号；

张学锋编《"都城圈"与"都城圈社会"研究文集——以六朝建康为中心》，"乙种论集"第壹号；

[美]戚安道（Andrew Chittick）著、毕云译《中古中国的荫护与社群：公元400—600年的襄阳城》，"丙种译丛"第壹号；

[德]安然（Annette Kieser）著、周胤等译《从文物考古透视六朝社会》，"丙种译丛"第贰号。

既然是"首批四册"，如何"甲种专著"却编为"第叁号"呢？这缘于此前"书系"已经出版了以下数种：

胡阿祥著《东晋南朝侨州郡县与侨流人口研究》（修订本），江苏人民出版社，2019年10月版，"甲种专著"第壹号；

吴桂兵著《中古丧葬礼俗中佛教因素演进的考古学研究》，科学出版社，2019年12月版，"甲种专著"第贰号；

（唐）许嵩撰，张学锋、陆帅整理《建康实录》，南京出版社，2019年

10月版,"丁种资料"第壹号;

胡阿祥著《"胡"说六朝》,江苏人民出版社,2019年6月版,"戊种公共史学"第壹号;

胡阿祥、王景福著《谢朓传》,凤凰出版社,2019年12月版,"戊种公共史学"第贰号。

据上所陈,"南京大学六朝研究所书系"的总体设计,应该就可以了然了。

首先,"书系"包含五个系列,即甲种专著、乙种论集、丙种译丛、丁种资料、戊种公共史学,这显示了我们对六朝历史之基础研究与应用研究的全面关注、对话学界之"学院"史学与面向社会之"公共史学"的兼容并包。

其次,"书系"出版采取"1+N"模式,"1"为南京大学出版社,"N"为其他出版社,"1"为主,"N"为辅,但仍按出版时序进行统一编号。所以如此处理,自然不在追求"差异美",而是随顺作者、译者、编者的意愿以及其他各别复杂情形。

再次,"书系"虽以"南京大学六朝研究所书系"冠名,但只是冠名而已,我们会热忱邀约、真诚接受所内外、校内外、国内外的书稿,并尽遴选、评审、建议乃至修改之责。

要之,五个系列的齐头并进、出版单位的灵活安排、书稿来源的不拘内外,这样有异寻常的总体设计,又都服务于我们的相关中期乃至远期目标:通过若干年的努力,使学界同仁共襄盛举的"南京大学六朝研究所书系"渐具规模、形成特色、产生影响,而"南京大学六朝研究所"也因之成为学界同仁信任、首肯乃至赞誉的研究机构。如此,庶不辜负我们回望的如梦的六朝时代、我们生活的坚韧而光荣的华夏正统古都南京、我们工作的诚朴雄伟励学敦行的南京大学、我们钟情的昌明国粹融化新知的南京大学历史学院。

二

南京大学历史学院有着厚实的六朝研究传统。蒋赞初、孟昭庚等老一辈学者宏基初奠,如蒋赞初教授开创的六朝考古领域,在学界独树一帜,若孟昭庚教授从事的六朝文献整理,在学界备受赞誉;近20多年来,张学锋、贺云翱、吴桂兵、杨晓春等中年学者开拓创新,又形成了六朝人文地理、东亚关系、都城考古、墓葬考古、佛教考古等特色方向。推而广之,南京大学文学院程章灿之石刻文献研究、赵益之知识信仰研究、童岭之思想文化研究,南京大学地海学院陈刚之建康空间研究,皆已卓然成家;又卞孝萱师创办的"江苏省六朝史研究会",已历半个多甲子,一批"后浪"张罗的"六朝历史与考古青年学者交流会",近期将举办第七回,本人任馆长的六朝博物馆,成为六朝古都南京的璀璨"地标",南京市考古研究院、南京师范大学、南京晓庄学院等,也都汇聚起不弱的六朝研究力量。凡此种种,既有意或无意中彰显了学者个人之"文章合为时而著,歌诗合为事而作"的"义理"追求,也主动或被动地因应了现实社会对历史记忆、文化遗产等的"经济"(经世济用)需求。

即以现实社会之"经济"需求而言,就南方论,就江苏论,就南京论,六朝时代既是整体变迁过程中客观存在的一环,又是特别关键、相当荣耀的一环。以秦岭-淮河为大致分界的中国南方,经过六朝时代,经济开发出来了,文化发展起来了;跨江越淮带海的江苏,唤醒历史记忆,弘扬文化遗产,同样无法绕过六朝时代;而南京所以能够成为中国第四大古都、中国南方第一的古都,也主要是因为六朝在此建都。

六朝的意义当然绝不仅此。举其"义理"之荦荦大者,以言孙吴,经过孙吴一朝的民族融合、交通开辟、政区设置,南中国进入了中国历史的主舞台,并引领了此后北方有乱、避难南方的历史趋势,比如东晋、南朝、南宋皆如此;以言东晋南朝,当中国北方陷入十六国大乱,正是晋朝在南方的重建以及其后宋、齐、梁、陈较为平稳的递嬗,才使传统华夏文明在南方得以保存与延续、发展并丰富,这样薪火相传、"凤凰涅槃"的南方华夏文明,又给北方的十六国北朝之"汉化"或"本土化"的演进,提供了鲜活的"样本"、完整的"模范",其结果,便是南与北交融、胡与汉融铸而成的辉煌灿烂的隋唐文明,特别是其中的精英文化;再言虽然分隔为孙吴、东晋南朝两段而诸多方面仍一以贯之的六朝,就颇有学者把包括六朝在内的汉晋文化与罗马文化并列为世界古代文明的两大中心,这又无疑显示了六朝文化在世界史上的超凡地位。

然则围绕着这样的"义理"与"经济",笔者起2004年、至2018年,为《南京晓庄学院学报》"六朝研究"专栏写下了50篇回旋往复甚至有些啰嗦的"主持人语",这些"主持人语",现已结集在"南京大学六朝研究所书系"最先问世的《"胡"说六朝》中;至于"南京大学六朝研究所书系"过去近四年的"万事开头难"、今后若干年的"不忘初心,而必果本愿",我们也就自我定位为伟哉斯业,准备着无怨无悔地奉献心力了……

南京大学六朝研究所　所长胡阿祥
2020年11月16日

致　　谢

本书的绝大部分研究是在时称澳大利亚国立大学亚太研究院亚太历史研究部完成，而笔者也有幸与李塔娜(Li Tana)教授紧密合作，她熟谙中文、越南语、英文文献，是一位学养深厚、想象力丰富的历史学者。若无她的耐心指导与善意，恐怕我的研究绝无展开的可能，因此我想将此书的付梓归功于她。我还特别感谢大卫·马尔(David Marr)，他通读了本书各章节的初稿，并与我展开了有益的探讨，其中不乏真知灼见。此外，已故的王富文(Nicholas Tapp)教授也详阅了书中不少章节，并补充了大量我未曾注意到的文献和观点。我还由衷感谢诺拉·库克(Nola Cooke)博士，在我书稿动笔之际，她便提出许多批评建议，这让我避开了中越编年史的老套叙事，并改进了我的书稿写作风格。我还要感谢裴凝(Benjamin Penny)教授，他修正了我的不少观点，并在我查证和翻译文献时提供了许多帮助。朱迪思·卡梅伦(Judith Cameron)教授的洞察与建议，让我在处理考古学的材料时不至于陷入盲目推测的陷阱中。在我的书稿完成后，韦杰夫(Geoff Wade)、何肯(Charles Holcombe)两位先生朱批点评，给予了诸多修正意见。在漫长的研究和写作过程中，在与亚太学院和其他学术机构的友朋同行的学术交往中，我汲取了许多学术养分，并得到他们的鼓励和大力支持，这让我获益匪浅。在这里，我要特别感谢我的挚交兼同僚戴恩·阿尔斯通(Dane Alston)以及珍妮·亚历山大(Jenny Alexander)、白洁明(Geremie Barmé)、巴纳(Noel Barnard)、邓肯·坎贝尔(Duncan Campbell)、张磊夫(Rafe de Crespigny)、高安东(Anthony Garnaut)、刘青梧(Jamie Greenbaum)、罗依果(Igor de Rachewiltz)、谭飞(Phillip

Taylor)、吴南森(Nathan Woolley)诸位。此外,很荣幸能在研究和写作过程中,与美国的诸位学界同仁进行面对面的讨论,特别是安齐毅(James Anderson)、戴伯力(Bradley Davis)、潘东翰(John Phan)、约翰·惠特摩(John Whitmore)四位。感谢澳大利亚-荷兰研究合作项目的支持,让我 2009 年得以前往荷兰莱顿进行为期 6 周的游学。正是该项目的赞助,让我有幸和包乐史(Leonard Blussé)、彼得·布姆加德(Peter Boomgard)、聂保真(Pál Nyiri)、奥斯卡·萨明克(Oscar Salemink)、希瑟·萨瑟兰(Hether Sutherland)等学者接触交往,并聆取了诸位的批评建议,让我的研究计划愈发清晰。在中国田野调查期间,我还有幸结识广东社科院李庆新、中山大学徐坚、香港中文大学科大卫(David Faure)、广西民族大学范洪贵与黄兴球以及厦门大学邓晓华等诸位同仁,当我用蹩脚的中文向他们解释我的研究项目时,他们均耐心地提出建议,并帮助我搜集相关资料。此外,我还要向亚太学院地图绘制部门的卡丽娜·佩林(Karina Pelling)、凯·丹西(Kay Dancey)、珍妮弗·席汉(Jennifer Sheehan)三位致以谢忱,书中所附的精美地图正是在他们的建议和帮助下绘制完成;孟席斯图书馆的达雷尔·多林顿(Darrell Dorrington)也在我搜集查找文献时提供了无私帮助;原亚太学院亚太历史部的行政人员,诸如奥安·柯林斯(Oanh Collins)、玛克辛·麦克阿瑟(Maxine MacArthur)、多萝西·麦金托什(Dorothy MacKintosh)、英兰妮·桑德拉姆(Indranee Sandranam)、马里恩·威克斯(Marion Weeks)等,长期以来也给予我无私帮助和支持。旅澳求学与研究期间,幸赖希瑟·萨瑟兰(Hether Sutherland)、李森(Sim Lee)、雇乃圣(Ku Nai-sheng),尤其还有埃莉诺拉·奥康纳·里施(Eleanora O'Connor Risch)长期无偿提供住宿,若无诸位的襄助,恐怕这本薄薄的论著还要更加精简!最后,还要感谢我的朋友兼同事尤金妮·埃德基(Eugenie Edquist)和艾德温娜·帕尔默(Edwina Palmer),在我的书稿付梓阶段,她们承担了大量的校对工作。

凡　例

当走近汉语文化圈的边缘时，我们一开始便要面临抉择，即如何转写这些带有汉语特色的名称。对于历史上曾使用汉字的国家而言，在转录这些名称时它们各有自己的传统。近来，采用拼音已成为转写汉字读音的通用做法，这适用于与中国有关的任意领域。不过，拼音有其缺陷，它无法反映历史上汉字音韵的阶段性变化，容易造成"汉字发音亘古不变"的错觉。由于西方国家的读者习惯按照拼音理解汉字，为便于他们的理解，我只好放弃采用汉喃对读的做法。尽管相较于拼音，汉喃字的语音信息更丰富，且更能反映本书研究时段内两种语言的正确读音。在转录部分人名，或者部分西语国家更熟悉的越南地名时，我有时也会保留汉喃字。在书末所附的术语表中，我注明了部分人名的汉喃读音，以便大家查阅。对于少量拼音无法标记声调而读音相同的人名，我采用了喃字标注，以便准确区分不同的汉名。作为地名，"广州"是唯一的例外，它超出了前文提及的任一标记系统，我径直采用了"Canton"这一英译名词，一方面是为了化繁为简，避免在探讨公元头一千年的历史时，陷入地域指涉不一的混乱；另一方面，则主要是为了避免将历史上的"广州"与今天的广东省会"广州市"相混淆，虽然文中讨论的时段内，大多数时候两者可以画上等号。

在引用前近代的历史文献时，本书采用了传统的参考文献标记系统，即先注明卷册，再标明章节和页码，为便于准确查找文献出处，还会在页码后加上"a"或"b"，以明确其版面。在引用古典文献的今本时，则仅用"ch."（即 chapter）这一英语缩写表示章节，并附上具体的页码。如引用其他形式的文献，则采用标准参考文献标记法。

王朝年表

汉	公元前 206—公元 220 年
三国吴	公元 222—280 年
西晋	公元 265—316 年
东晋	公元 317—420 年
南朝宋	公元 420—479 年
南朝齐	公元 479—502 年
南朝梁	公元 502—557 年
南朝陈	公元 557—589 年
隋	公元 581—618 年
唐	公元 618—907 年
宋	公元 960—1279 年

引　言

本书讲述的是一个消失文明的故事，它繁荣于公元4至7世纪东亚大陆南端的崇山峻岭之间。通过不断地考古发掘，它留给今人为数庞大的釜形铜鼓，但在铜鼓文明的后裔也开始采用汉字书写前，这一文明却极少见诸历史记载。不过，此时，他们已基本融入汉文化圈，不再将铜鼓文化的先民视为自己的祖先。而且，在他们的笔下，铜鼓是古代人类遗留下来的遗物。

想要书写一段缺乏文字记录的文明史，要从翻检"他者"的历史叙事开始。然而，归根结底，纯粹依赖文献展开研究最终会陷入困境，因此需要从别处开掘资料。笔者对华南地区汉文化圈形成之前的土著族群的研究兴趣始于20世纪90年代，当时我还是一名在台湾求学的本科生，初步学习接触闽南语和客家话。一开始，我便注意到闽南语和客家话存在许多共同词汇，而这些词汇并无固定对应的汉字。在汉语文本中，它们常常只能用空白方格的形式标出，接着再用拉丁字母解释词义。很快，我意识到，这些词汇背后的词源多半可以追溯到华南地区土著族群的语言，在公元一千纪北方侨民不断南迁之前，这些土著人群已在这片土地上生息繁衍。

汉字语言系统中存在的这种"裂缝"激发了我最初的研究兴趣，这并非言过其实。这些无法被记录的词汇正如一盏明灯，指引我去观察被汉字书写传统所遮蔽的史料。对中国而言，华夏民族的周边族群也意味着认知上的边缘。当我们向四周探寻华夏的边界时，文献中的记载往往七零八落，而对这些边缘族群的叙述更是支离破碎，抑或想象大过于真实。对于描述南方边缘族群的日常生活，公元一千纪的汉文文献往往兴味索然，更不会按照现代学术及国家治理的标准对其进行人类学及语言学上的区分。对于这些族群文化的记载，通常只会局限于游记中的波诡云谲，或是侧重于描述那些有悖于汉地认知的习俗。

尽管他们无法用文字书写自己的历史，这些华南地区的土著族群依然拥有属于自己的一方天地。这方天地任由他们主宰，可尽情使用自己的语言交流，按照自己的政治制度生活，沿用自己的社会规则。显然，对于如何与强大的"近邻"相处，他们一定也有自己的处事逻辑。这里所说的"近邻"，就是现在常常统而言之的"中国"，放之古代则是一连串彼此相连、更迭不断的华夏王朝。这些汉文化圈之外的族群社会如何运作，他们如何自处，又如何与汉民互动，要想获取这样细腻而丰富的图景仅仅依靠汉文史料显然不够。因此需要引入其他材料加以平衡。具体而言，就是细读汉文史料，寻找汉字鲜少触及的地方，同时引入历史语言学、考古学、人类学等现代学术研究成果以放大观察效果。这也是本文立论和取径的基本方法。

在接下来的章节中，笔者期望就华南土著族群如何与华夏民族展开长时段的互动提出自己的新见。具体来说，主要有以下四点：第一，在与华夏民族的密集接触中，这些族群是否必然在华夏民族的社会政治制度影响下趋于融合？第二，中国南方的经济开发是否完全归因于北人南迁？第三，汉文史料中的族群称谓是否指涉的是一群成分固定、语言互通的稳定族群？第四，生活于红河河谷地带的族群十分特殊，长期对抗华夏民族，从某种意义上说这是否造成了后来这一地区的自立性,并形成今天所说的"越南"?①

本文的研究提出了与以上四点不同的认知。首先,研究证明,在红河与珠江流域,至少在长达四个世纪的时间里,这些族群在与华夏民族的互动中强化了自立意识。而且,文明的进程并不总是单向的,这些族群也很大程度上吸引了北方迁入的汉民,并让其接收自己的社会政治规范。其次,在与华夏民族进行贸易往来时,华南族群的酋帅往往占据有利地位,并依靠这样的优势使自身保持独特性。再次,生活于华南地区的这些汉文化圈之外的周边族群,汉文族称繁多,这恐怕需要从另外一个角度进行解释,即在汉地看来,这些族称恐怕与地域、政治结构的关联性更大,而与族群及语言的联系较弱。最后,历史上红河河谷地带的自立趋势尚有其他隐因。在红河谷地以及岭北州郡之间,遍布着土著豪酋势力,这也让红河谷地与华夏其他地区隔绝开来,并为这一地区的独立开发营造了外部环境,最终促使后来的民族国家——"越南"的诞生。总之,期待本书的问世能推动学界进一步思考中国南方开发的整个历史进程。

---

① 关于以上论点,前人研究可参〔澳〕诺拉·库克(Nola Cooke)、李塔娜(Li Tana)、〔美〕安齐毅(James A. Anderson)编:《北部湾通史》(*The Tongking Gulf through History*),费城:宾夕法尼亚大学出版社,2011年;以及〔美〕安齐毅(James A. Anderson)、约翰·惠特摩(John K. Whitmore)编:《中国在南方与西南方的遭遇:两千年来中国疆域的冲突再塑》(*China's Encounters in the South and Southwest: Reforging the Fiery Frontier over Two Millennia*),莱顿:布里尔出版社,2015年。

公元500年前后的两河地域

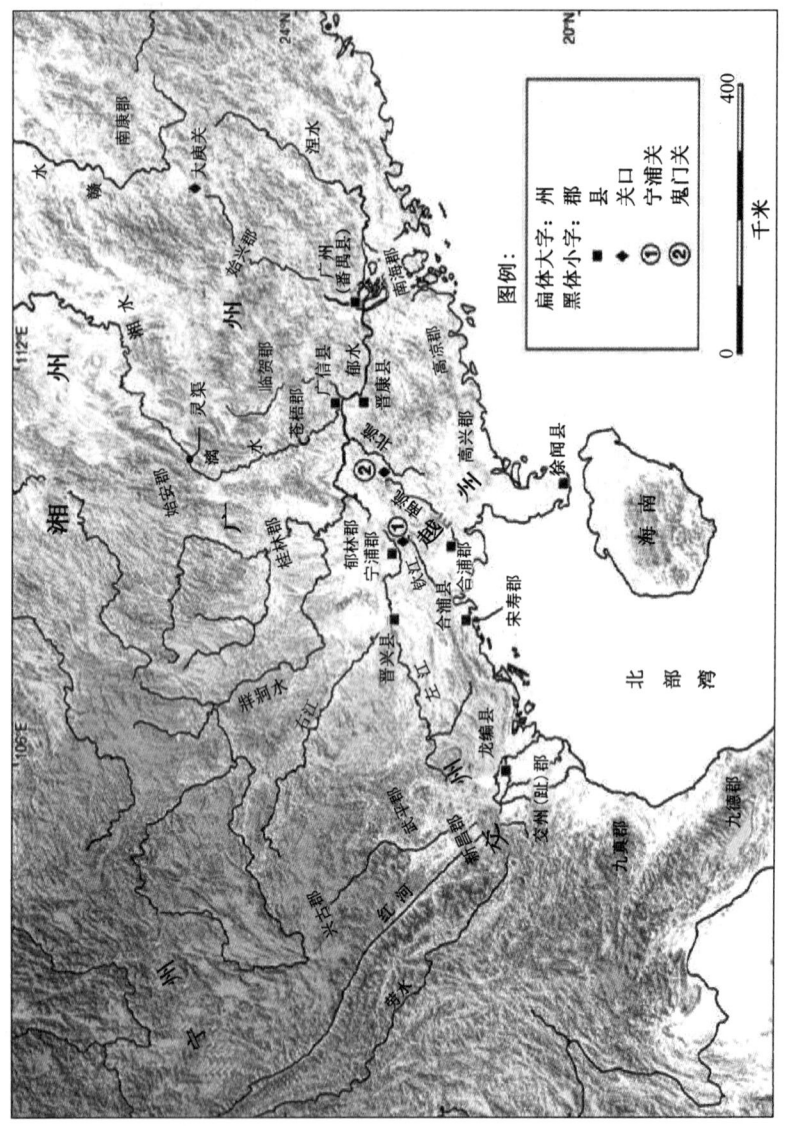

目 录

总　序 …………………………………………… 胡阿祥

致　谢 …………………………………………………… 1

凡　例 …………………………………………………… 1

王朝年表 ………………………………………………… 2

引　言 …………………………………………………… 1

第一章　铜鼓的出土 ……………………………………… 1

　一、"两河地域"及其地理概况 ……………………… 10

　二、"俚獠"相关研究回顾 …………………………… 14

　三、能动性与汉化 …………………………………… 18

　四、俚獠研究中的东南亚民族史研究思路 ………… 23

　五、越与越南民族史 ………………………………… 30

　六、俚獠与红河平原 ………………………………… 35

　七、铜鼓与俚獠 ……………………………………… 42

　八、研究路径与文献资料 …………………………… 50

　九、常见争论与章节概述 …………………………… 52

第二章　地理概况："两河"及两河之间的地域 ……… 55

　一、交州作为海洋贸易中心城市的衰落 …………… 58

　二、交州与北方的陆上交通 ………………………… 60

三、公元 1 至 6 世纪交州的移民与权力结构 ·············· 65

　　四、广州的地理概况及其与帝国其他地区的联系 ·········· 71

　　五、公元 1 至 6 世纪广州的人口、移民与权力结构 ········ 74

　　六、交州及两河之间的地域 ····························· 78

第三章　何以俚獠？——基于族名变迁的观察 ················ 89

　　一、乌浒、獠、俚的词源及其族群分布 ··················· 94

　　二、俚、獠内涵管窥 ································· 101

第四章　"雄踞一方"：俚獠权力的本土与外来传统 ········· 106

　　一、部落政治结构："洞"与"都老" ··················· 106

　　二、汉晋之间："初郡"与"左郡" ····················· 112

　　三、由宋迄隋：特殊政区到普通郡县的转变 ·············· 117

　　四、缔结盟约的结果 ································· 123

　　五、帝国行政举措的转变 ····························· 123

第五章　"威服俚獠"：帝国的武力征伐 ···················· 131

　　一、华夏与俚獠的早期冲突 ··························· 132

　　二、俚獠军事技术的革新 ····························· 134

　　三、西江督护与越州的析置 ··························· 137

　　四、萧梁时期的伐俚战争 ····························· 140

第六章　金、银、蛇与奴隶：高低地之间的贸易 ············· 147

　　一、金　银 ··· 152

　　二、人口贩卖与奴隶交易 ····························· 158

　　三、翠　羽 ··· 160

四、象牙与犀角 162
　　五、肉桂及其他植物 164
　　六、海产贸易 165
　　七、贸易往来与文化互动 170
　　八、贸易对俚獠社会的影响 177

第七章　最后的铜鼓酋帅：俚獠地方家族的兴衰 178
　　一、汉，还是蛮？ 182
　　二、高州冯氏 184
　　三、钦州宁氏 195
　　四、双州陈氏 203
　　五、其他地方割据势力 208
　　六、俚獠统治的终结 211

结　语 213

术语表 216

参考文献简称 229

索　引 261

译后记 285

第一章　铜鼓的出土

每隔几年,在广州以西、珠江以南一带,不断有农民在开渠犁地时从地下凿出坚硬且满附铜锈的铜鼓。其实,这片区域发现铜鼓的历史至少可以追溯到一千多年前。据载,唐咸通末年(860—874),新任龚州刺史张直方在修筑州城时曾掘得一面铜鼓。① 大约同时,僖宗朝,高州的一个牧童在田间放牧时因被蛙鸣声吸引,在捕蛙时误打误撞闯入墓穴之中并发现一枚铜鼓,鼓上"多铸蛙龟之状,疑其鸣蛤即鼓精也"。② 南宋淳熙年间(1174—1189),周去非、范成大均在书中留下了此地发现铜鼓的记录。案周去非的记载,当时两广地区农耕时,屡屡在翻土过程中发现铜鼓。③ 范成大亦记:"铜鼓古蛮人所用,南边土中时有掘得者。"④不过,上引史料都只是只言片语。关于广西东部铜鼓发现的详细记载则要晚至清嘉庆年间,时任广西巡抚谢启昆在主修《广西通志》(约成书于1800年)时留下了这段记载:

---

① 龚州治所位于今天广西中东部的平南县。译者按,平南县实则位于今广西东南部。据《新唐书》卷四三《地理志七上》载,龚州临江郡属下州,贞观七年治燕州,后徙治平南,辖平南、武林、隋建、大同、阳川五县。

② 高州治所位于今天广东茂名市西北。上引两则史料均出自唐刘恂所撰《岭表录异》卷上,第4页。一般认为此书10世纪成书,专记岭南异物异事。译者按,据《新唐书》卷四三《地理志七上》载,高州高凉郡属下州,武德六年分广州之电白、连江置,本治高凉,大历十一年徙治电白,辖电白、良德、保宁三县。

③ 《岭外代答》卷七《乐器门》,第254页。译者按,原文如下:"广西土中铜鼓,耕者屡得之,其制正圆而平,其面曲,其腰状若烘篮,又类宣座。面有五蟾,分据其上,蟾皆累蹲,一大一小相负也。"

④ 《桂海虞衡志》,第14页。

（雍正八年（1730）春）粤西北流县农民获铜鼓一，完好无剥蚀，翡翠丹砂，古色斑驳，非人间所宜私宝者，敬进阙下……是年秋，浔江铜鼓滩之下衔波啮浪，有隐隐欲跃者，渔人纠众力举之，铿然一铜鼓也。①

时至今日，这一地区仍然每隔几年就会发现铜鼓。最近，广东阳江②、恩平③，以及广西北海④、容县⑤和武鸣⑥等地也先后有铜鼓出土的报道。

许多族群都曾铸造、使用铜鼓，而发现铜鼓的地区往西可抵中国的云南和贵州省，往南则延伸到今天的印度尼西亚东部群岛。不过，最早浇铸铜鼓的地区可能是历史上的"滇国"（即今天的云南中部），这里毗邻红河、珠江的发源地。铜鼓存在诸多样式，并被划分为不同的考古学

---

① 《(嘉庆)广西通志》卷二二九，第1a页。

② 王佳：《周亨铜鼓拟申报国家一级文物——鼓身高度冠绝全国》，详见《南方日报》2009年8月7日报道，网址：http://big5.huaxia.com/zhwh/whbh/2009/09/1525896.html.

③ 李明湛：《江门恩平惊现大型东汉铜鼓 鼓面直径超一米》，详见《江门日报》2009年9月15日报道，网址：http://news.china.com/zh_cn/history/all/11025807/20090915/15339778.html.

④ 张周来：《广西容县发现两千年前大铜鼓 体形硕大纹饰精致》，详见新华网广西频道2010年12月13日报道，网址：http://www.gx.xinhuanet.com/dtzx/2010-12/13/content_21621008.html.

⑤ 许海鸥：《挖出铜鼓被儿误卖村民，千元赎回交国家》，详见《南国早报》2011年4月9日报道。译者按，原文误作"南国日报"。

⑥ 周如雨：《武鸣县罗波镇村民挖出千年铜鼓》，详见《南国早报》2014年6月17日报道。

类型。本文采用的即是 1902 年奥地利学者弗朗茨·黑格尔①(Franz Heger)提出的铜鼓分类法。时至今日,中国与越南的学者所提出的各种铜鼓分类法均是基于黑格尔的分类基础而展开。② 这里,我有意避开了越南学者通常采用的"东山铜鼓"③的说法。尽管这一名词已被学界笼统地用于涵盖中国华南以及东南亚所发现的各类铜鼓,但笔者以为,使用这一术语还是谨慎一些为好,只有今天越南北部清化省(Thanh Hóa)东山村一带的东山文化所出土的铜鼓才能冠以这样的名

---

① 译者按:弗朗茨·黑格尔(Franz Heger),曾任奥地利皇家自然历史博物馆人类学与民族学研究室研究员。1902 年,他用德文在德国莱比锡发表《东南亚古代金属鼓》,此书分上下两册,大八开,上册是文字部分,共 8 章;下册是图集,45 帧,其中 8 帧是铜鼓照片,其余是鼓耳细部、塑像和各种纹饰的比较图或展开图。黑格尔用十八年时间,在德国人迈尔(A. B. Meyer)和夫瓦(W. Foy)著录的五十多面铜鼓的基础上,最终收入中国和东南亚国家的一百六十五面铜鼓资料,并根据铜鼓的形制和花纹,用考古类型学方法将铜鼓分为四个类型、三个过渡类型,这就是著名的黑格尔四分法,并影响世界铜鼓学界百年之久。

② 关于中国与越南学者所提出的各种铜鼓分类法及其关联,相关综述可参韩孝荣:《谁发明了铜鼓?——民族主义、政治与 20 世纪 70 至 80 年代中越之间的考古学争论》(Who Invented the Bronze Drum? Nationalism, Politics and a Sino-Vietnamese Archaeological Debate of the 1970s and 1980s),《亚洲视角》(Asian Perspectives)2004 年第 1 期总第 43 卷,第 7-33 页。

③ 译者按:1924 年,越南东山遗址出土铜鼓以后,逐渐有人将黑格尔 I 型铜鼓与东山文化联系起来。1968 年至 1971 年间,越南学者正式将黑格尔 I 型铜鼓命名为"东山铜鼓"。1987 年,范明玄、阮文煊、郑生编著的《东山铜鼓》一书出版,该书将越南发现的 118 面铜鼓、中国发现的 148 面铜鼓和东南亚其他国家发现的 55 面类似铜鼓都列为"东山铜鼓",并做了详细记录。所谓的"东山铜鼓",对应的是黑格尔《东南亚古代金属鼓》一书中所圈定的 I 型铜鼓,它的流行时间跨度很大,从公元前 4 世纪到公元 2 世纪,分布地域辽阔,除越南全境外,还包括中国南方和东南亚其他国家,大约相当于中国部分学者分类中的石寨山型和冷水冲型铜鼓。

称。① 东山文化出土一种极负盛名的铜鼓,可与黑格尔分类法中的Ⅰ型铜鼓对应。这类铜鼓在中越两国的边界地带,如在云南、越南北部时常发现,而在广西也有少量出土。黑格尔Ⅰ型铜鼓以纹饰繁缛著称,通常鼓面正中饰带芒太阳纹,其外分布多组晕圈,晕圈内环绕多组船纹及头戴羽冠的武士纹,鼓面之上往往铸有图案化的负蛙形象。本文论及的铜鼓应属于黑格尔Ⅱ型铜鼓。这类铜鼓集中发现于珠江南段以及红河谷地西侧的山地间。从装饰的繁缛程度看,黑格尔Ⅱ型铜鼓纹饰相对朴素,但仍见黑格尔Ⅰ型铜鼓常见的负蛙、带芒太阳纹。虽然纹饰朴素,但黑格尔Ⅱ型铜鼓尺寸更大,部分铜鼓鼓面直径甚至达到150厘米以上②,这几乎是目前所见最大的黑格尔Ⅰ型铜鼓尺寸的两倍。③ 而且,黑格尔Ⅱ型铜鼓的数量惊人。据统计,该型铜鼓主要分布于两广地区。两地现存的黑格尔Ⅱ型铜鼓数量已远超过其他地区所见的任何型

---

① 部分学者在描述各类型的铜鼓时统一采用了"东山铜鼓"的说法,即便这些铜鼓并不在东山一带出土,详参〔英〕安布拉·卡洛(Ambra Calò):《东南亚早期铜鼓的分布:贸易路线与文化圈》(The Distribution of Bronze Drums in Early Southeast Asia),牛津:考古出版社,2009年;〔日〕西村昌也(Nishimura Masanari):《从民族史的视角来理解越南北部的铜鼓》(Hokubu vietonamu dōko wo meguru minzokushiteki shiten kara no rikai),《东南亚研究》(Tōnan ajia kenkyū)2008年第1期总第46号,第3-42页;此外,《越南东山铜鼓》一书的主编范辉从(Pham Huy Tong)主张黑格尔Ⅱ型铜鼓不属于东山铜鼓,详参〔越〕范辉从编:《越南东山铜鼓》(Dong Son Drums in Vietnam),河内:越南社会科学出版社(Vietnam Social Science Publishing House),1990年。

② 迄今为止发现的最大铜鼓("铜鼓王"),鼓面直径达165cm,1950年出土于广西北流市,详参姚舜安、万辅彬、蒋廷瑜编:《北流型铜鼓探秘》,南宁:广西人民出版社,1990年,第4、8页。译者按,原文作"1955年出土于广西北流市",当误。

③ 迄今为止发现的最大的黑格尔Ⅰ型铜鼓是玉缕铜鼓(Ngoc Lũ),出土于越南河南省利染县,鼓面直径达79cm,详参〔越〕范辉从编:《越南东山铜鼓》,第4-5页。

式的铜鼓。① 截至1990年,已知的黑格尔Ⅱ型铜鼓数量为215面。②

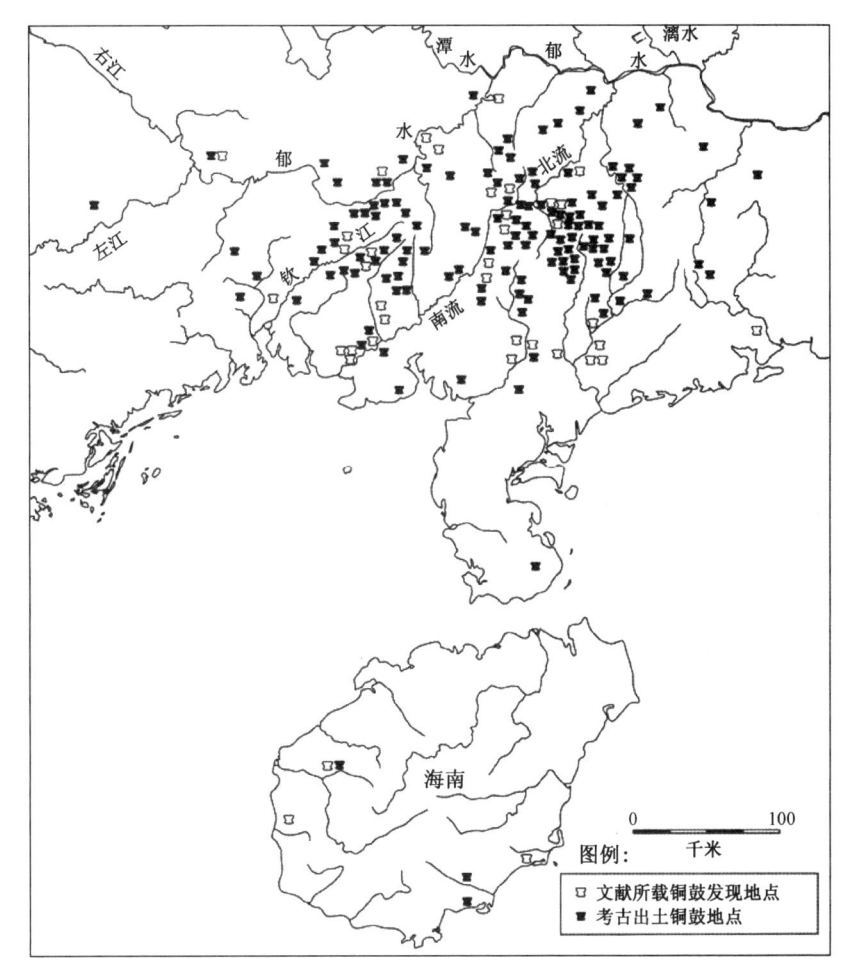

图1-1 截至1982年华南地区出土黑格尔Ⅱ型铜鼓的地域分布
(采自蒋廷瑜:《粤式铜鼓的初步研究》,第142页)③

---

① 〔越〕范辉从编:《越南东山铜鼓》,第170页。
② 该数字实则涵盖了黑格尔Ⅱ型铜鼓的两个亚型,亦即中国学者划分的北流型、灵山型等两型铜鼓。具体来说,包括姚舜安统计的164面北流型铜鼓,可参《北流铜鼓探秘》,第8-23页;以及71面灵山型铜鼓,可参姚舜安、蒋廷瑜、万辅彬:《论灵山型铜鼓》,《考古》1990年第10期,第929-943页。
③ 译者按:图中"左江"原文拼音有误,标为"zoujiang",今改正。

相较而言,1988年越南所有类型的铜鼓数量仅为144面。①尽管存世数量惊人、鼓体尺寸硕大,中国南方的黑格尔Ⅱ型铜鼓却极少受到中国以外学者的关注。与之形成鲜明对照,越南东山文化所出土的黑格尔Ⅰ型铜鼓的相关研究已十分深入。笔者以为,中国所出的黑格尔Ⅱ型铜鼓之所以未能进入西方学者的研究视野,多半是因为无法获取、解读中文学术资料。不像越南那样大肆宣传东山文化,中国学者极少将该型铜鼓作为国宝乃至民族象征向国外输出,故而未能引起西方学者的关注。

广州以西地区铸造黑格尔Ⅱ型铜鼓的传统大约始于公元2或3世纪,止于8世纪末。将8世纪末作为铜鼓式微的时间节点有其依据,检索史料,不难发现这一时期使用铜鼓的记载显著减少。与之相对,因耕作而从地下掘出铜鼓的记载明显增多,并且对于时人而言铜鼓已是一种极为陌生的古代器物。②换言之,铜鼓制作的活跃时期即是西方学者所说的中国"早期中古时期",亦即中国历史学者口中的"六朝"或"魏晋南北朝时期",时间跨度为公元220年至589年。③这一时期,华夏版图正陷入四分五裂的局面。先是,公元220年,东汉衰微,三国鼎立,其中孙吴据有江东之地,以金陵(今江苏南京)为都城,后逐渐控制江南诸州。公元280年,西晋平吴,统一南北,后因五胡乱华而亡于公元

---

① 详参《越南东山铜鼓》,该书出版于1990年,当时越南学界将各类铜鼓统称为"东山铜鼓"。

② 尽管中国学者已经指出铜鼓的铸造时间最早始于东汉,但博物馆和媒体在宣传或者报道新发现的铜鼓时,往往都径称为汉代铜鼓,而对铜鼓铸造于公元3至8世纪之间的任何一个时间段这样的可能性熟视无睹。关于黑格尔Ⅱ型铜鼓的断代,可参蒋廷瑜:《粤式铜鼓的初步研究》,载中国古代铜鼓研究会编:《古代铜鼓学术讨论会论文集》,北京:文物出版社,1982年,第143-147页;又载中国古代铜鼓研究会编:《中国古代铜鼓》,北京:文物出版社,1988年,第117-122页。

③ 中国学界目前惯用"南北朝"一词,因为它背后隐含的是"北朝正统"。然而,在传统的中国史学叙事中,一般却尊"南朝"为正统。所谓"六朝",依次为魏、晋、宋、齐、梁、陈六个朝代,其中宋、齐、梁、陈均属南朝。译者按:"六朝"的概念中,一般认为是孙吴、东晋、宋、齐、梁、陈六个前后相继的政权。

316年。不过，琅琊王司马睿继承王统，并于建康建立了偏安的东晋王朝（317—420）。此时，北方则因塞外族群的相继入侵而陷入频繁的政权更迭之中。东晋之后，代之而立的是宋、齐、梁、陈等四个前后延续的短命王朝，这四个政权均建都建康，历史上称之为"南朝"。南朝政权长期与北方诸国对峙，政权内部也不稳固。最终，公元589年，隋平南陈，统一全国，建立了高度集权的大一统帝国。不过，隋祚延续不到40年，就于公元618年被强大的唐帝国取代。

本书所要探讨的并非铜鼓的兴衰史，而是透过铜鼓去观察背后的族群及其政治、经济、军事和文化，甚至要观察汉文史料具体如何书写这些族群的历史。在本书的叙述过程中，笔者期望对铜鼓文化的兴起、传播、消亡及其背后的动因作出解答。在撰写本书时，笔者设定的目标是填补韦杰夫（Geoff Wade）先生所说的对"唐以前岭南地区（包括两广及越南北部）主体非汉民族政权的认知空白"。① 目前，对这一课题的研究并不充分，因此这也成了本书的研究缘起。对铜鼓文化展开研究，意义十分重大，它能够回答许多重大问题，甚至是学界长期聚讼不已的话题。譬如，华夏如何向边地扩张？地处边缘的非汉族群如何与华夏展开互动？这些非汉族群是否最终融入了华夏版图，接受了其语言、文化与政治制度，完成了所谓的"汉化（华夏化）"进程？此外，本书的研究还有一大意义，它为我们观察公元一千纪铜鼓文化核心区的历史提供了一个全新的视角，特别是红河河谷地带的族群与华夏帝国具体如何展开互动。

与历史上许多非汉族群相同，后世对铜鼓文化的创造者及其族属的认知基本依赖于汉字记载，至于他们如何"自称"已无迹可寻。关于

---

① 〔澳〕韦杰夫（Geoff Wade）：《冼夫人与六世纪中国的南方扩张》（The Lady Sinn and the Southward Expansion of China in the Sixth Century），载〔德〕宋馨（Shing Müller）、贺东劢（Thomas Höllmann）等编：《广东考古与早期文献》（Guangdong: Archaeology and Early Texts），威斯巴登（Wiesbaden）：哈拉索维茨出版社（Harrassowitz Verlag），2004年，第140-141。

铜鼓文化的族属,现有的汉文记载不一,这其中有三个名称使用时间最长且最具代表性,分别是"俚""獠""乌浒"。不过,以上三个称谓是否是其族名自称,所指涉的是一个单一的族群,抑或松散的族群共同体,这些均无从得知。除了部分地名以及少量基础词汇仍被今天聚居此地的少数民族所沿用,铜鼓文化的先民几乎没有留下任何语言或者文字记录。从现有的线索来看,它们使用的语言应属卡岱语系(Kadai linguistic family)①。更确切地说,属于侗台语族台语支(Tai branch)。② 这些族名具体有何指涉暂时无法厘清,现有证据也无法证明文献记载中俚獠的活动地点以及铜鼓相关文物的出土地点曾使用过台语或者卡岱语。这足以说明,这些族称背后的族群不太可能是单一的族群,他们的语言与文化特征可能相当松散。由于汉文史料中的族属命名过程复杂,有时还会出现前后不一的情况,所以本书将专门辟出一章加以探讨。虽然本书习惯采用"俚""獠"或"俚獠"这样的说法,但应注意到它们指涉的并非单一族群,而是泛指"那些中古早期活动在两广地区,以铸造铜鼓为典型文化的各类族群"③。之所以要采用这样的便称,我想不过是为了化繁为简! 当然,我有时也会采用"两河之间"或"两河地域"来圈

---

① 译者按:关于世界语言谱系的分类,中国学界基本采用的是汉藏、阿尔泰、南亚、南岛、印欧五大语系及其下各分若干语族语支的体系,而《世界民族语言志》的语言谱系分类法虽与中国区别不大,但是语言系属的层级差别很大,主要是取消了一些有争议的语系,将下位的语族升级为语系、语支升级为语族,甚至一些语言的方言升级为包含许多语言的语支,还有的方言甚至次方言升级为独立的语言。譬如,侗台语族升级为"台—卡岱语系(Tai-Kadai)",其下再分侗台语族(Kam-Tai,包含侗水、台、拉珈语支)、黎语族(Hlai,包含黎、加茂语支)、卡拉语族(Kra,包含中部、东部和西部语支,所谓"仡央语支"诸语言即包含于卡拉语族各语支内)。

② 最常见的是以"那"开头的地名,台语中意为"稻田"。关于这一地区地名中保留的古台语痕迹,相关研究可参徐松石:《粤江流域人民史》,上海:中华书局,1939年,第192-209页;李锦芳:《侗台语言与文化》,北京:民族出版社,2002年,第288-301页。在引用上述两本论著时,应特别注意唐以前的地名使用情况。

③ 一般情况下,我在书中采用"俚獠"一词来泛指这一地区的非汉族群。但是,在转译史料原文时,我会原封不动地将原文译出。

定地理范围,目的是为了将其与文献中不铸造铜鼓的俚獠,或者活动于其他地区的俚獠区分开来。

这里所说的"两河(之间)",是指珠江与红河河口的中间地带,它是俚獠铜鼓文化的核心区。从地理位置上看,该文化主要分布于云开山脉和云雾山脉之间,二者是珠江、红河的分水岭,山北的诸水系先汇入郁江,再由广州珠江河口注入大海;①山南的诸水系则汇入红河,再流入"北部湾"②。公元3至5世纪末,这一分水岭理论上大致与广州、交州的地理分界线重合,且交、广二州的州治均位于珠江和红河的入海口附近。这里,我很谨慎地使用了"理论上"一词,因为交、广二州所控制的郡县不可能存在完全分明的界线。当然,与其划定两州确切的"境域",还不如称其辖区为"影响范围"更为贴切。广州下辖郡县多集中在珠江三角洲和雷州半岛以西的南海滨海地带,交州下辖郡县则主要星布于红河河谷平原及北部湾其他水系沿线。俚、獠所聚居的地区就处在交、广二州的中间地带,且多游离于两州的影响范围之外。

除了与地名产生关联外,将活跃于两河之间的族群径称为"俚獠"还有其他含义。在一般人的历史潜意识中,俚獠只能被杂糅进中华民族史与越南民族史这两大相对充分的研究领域里,而且通常容易被人为地忽视。在中华民族史的语境下,俚獠是周边族群,它所孕育的铜鼓文化不过是对华夏璀璨文明的点缀;在越南民族史的脉络中,虽然俚獠

---

① 河流的名称令人十分困惑,因为不同时期的地名不断变化,而且同一河流的不同河段名称也不相同。现代意义上的"珠江",是指从广州汇入南海的各种河流的总称,而西江则是指梧州以西的河段。南朝时期的"郁水",是指流经广州和南宁的河流。由于"郁水"一词如今并无与之相对的表达,本书则沿用了南朝旧称。但是,在描述由广州入海的河流时,我仍然采用"珠江"一词。

② 译者按:北部湾,原文作 the Gulf of Tonking。所谓"Tonking",原指越南的"河内"。1420 年,越南黎朝时期,升龙(河内)改称"东京"。欧洲人东来以后,就用他们的语言标记"东京"二字,于是出现了"Tonquin""Tongking""Tongkin""Tonkin"等变体。后来,越南改"东京"为"河内",但欧洲人依然沿用"Tongking"等表达,最后还引申指越南北部。从字面意义上看,可直译为北部地区的海湾,也就是"北部湾"。英语等西方语言仍习惯用 Tongking Gulf 指代北部湾。

族群地缘上与红河平原腹心地带发展起来的越南原始国家毗邻,但它们毕竟超出了后来所谓的越南民族国家的版图,所以也往往被越南学界所淡漠。因此,在中越两国的主流叙事中,俚獠便成了"失声"的群体。尽管华夏语境下将俚獠称为"少数民族",并被写进"民族史"中,但俚獠族群始终无法跳出现代民族国家的叙事框架,对其历史进行自我回溯。①

一、"两河地域"及其地理概况

研究东南亚历史,在看待"中心"与"边缘"一类的问题时,美国学者沃尔特斯(O. W. Wolters)曾有这样的论断:"就每个地域上的族群而言,这一地域都自成中心。"②此言甚有见地,在本书撰写过程中,沃尔特斯的话始终萦绕在我的脑海。作为中越两国主流叙事之外的边缘族群,要探究俚獠自身的历史,就必须将其置于核心的位置。正因此,我有意将俚獠这群铜鼓文化的先民所生活的广阔区域称之为"两河地域",目的是摆脱俚獠在中国南方开发这一宏大历史叙事框架中的从属地位,③并且将交、广二州的地域发展史与交、广之间的俚獠活动史相

---

① 在民族国家的叙事中,俚獠被提及时,这群台语族的族群一般都被笼罩在"中心"的阴影下,只有重大历史事件发生时才会作为次要角色而被旁及。在民族史的叙事中,俚獠虽被关注,但被描述为"少数民族"。按照 20 世纪 50 年代通行的划分标准,"俚獠"通常被视为壮族或者越南岱依族这些台语民族的祖先。

② 〔美〕沃尔特斯(O. W. Wolters):《东南亚视角下的历史、文化与地域》(修订版)(*History, Culture and Region in Southeast Asian Perspectives*),纽约伊萨卡(Ithaca):康纳尔大学东南亚项目,1999 年,第 17 页。

③ 在描述这一地域时,不同研究中间存在各种不同的名称。就唐代而言,"岭南"是"五岭"(译者按,即越城岭、都庞岭、萌渚岭、骑田岭、大庾岭等五座大山)以南广大地区的概称,今越南北部的河谷及近海地带也被囊括在这一地理概念之下。不过,今天意义上的"岭南"则仅局限于中国国境以内的地方。"华南"一词也让人立马联想到中国,同样也不包括今越南红河河谷地带。六朝时期,文献中常见的表述是"南越"。薛爱华(Edward H. Schafer)在《朱雀:唐代的南方意象》一书中就借用了这一名词,但问题在于,"南越(粤)"总会让人产生一种错觉,认为俚獠与古"越人"之间存在族群上的延续性。甚至,让人误以为与今天的越南、广东存在某种关联。

互区分。

　　早在二十世纪四五十年代，中国学者徐松石、罗香林以及日本学者松本信广(Matsumoto Nobuhiro)已在相关研究中指出，长江以南的族群与东南亚的联系更为紧密，而与中原地区相对疏远。① 王赓武也将华南视为"古代东南亚"之下的次级地理单元，并主张东南亚与中国南方的完全脱离要晚至公元10世纪以后。② 20世纪70年代以后，西方考古学者贝亚德(Don Bayard)③、秦维廉(William Meacham)④、苏恒翰(Wilhelm J. Solheim)⑤等沿袭类似观点，并在论著中反复强调，中国华南地区的早期历史应视作一部东南亚向北扩张的历史，而非华夏文明的南部开发史。查尔斯·海厄姆(Charles Higham)在研究广义的东南亚青铜时代时，也将"两河地域"视为一个独立的地理单元，并在论著

---

①　徐松石：《粤江流域人民史》，1939年；罗香林：《百越源流与文化》，台北：中华书局，1955年；〔日〕松本信广(Matsumoto Nobuhiro)：《印度支那的民族与文化》(Indoshina no minzoku to bunka)，东京：岩波书店(Iwanami shoten)，1942年。

②　〔澳〕王赓武(Wang Gungwu)：《南海贸易：中国早期海洋贸易的研究》(The Nan-Hai Trade: A Study of the Early History of Chinese Trade on the South China Sea)，《皇家亚洲文会马来支会会刊》(Journal of the Malayan Branch of the Royal Asiatic Society)1957年第31卷第2期，第1-135页。该文后收入〔澳〕韦杰夫编：《东南亚与中国的互动》(Southeast Asia-China Interactions)，新加坡：新加坡国立大学出版社，2007年，第51-166页。〔新西兰〕唐恩·贝亚德(Donn Bayard)：《华北、华南与东南亚，还是远东？》(North China, South China, Southeast Asia, or Simply Far East?)，《香港考古学会会刊》(Journal of the Hong Kong Archaeological Society)1975年第6期，第71-79页。

③　〔新西兰〕唐恩·贝亚德：《华北、华南与东南亚，还是远东？》，第71-79页。

④　秦维廉(William Meacham)：《张光直华南史前史研究述评》(On Chang's Interpretation of South China Prehistory)，《香港考古学会会刊》1976年第7期，第101-109页。

⑤　〔美〕苏恒翰(Wilhelm J. Solheim)：《中国华南的史前史：中国还是东南亚？》(Prehistoric South China: Chinese or Southeast Asian?)，《亚洲与非洲语言的计算分析》(Computational Analyses of Asian and African Languages)1984年第22号，第13-20页。

中单独辟出一章加以探讨。① 将珠江流域视作史前及早期历史时期东南亚的北界已成为西方考古学界的研究趋势，但要将这一认识写入历史教科书尚有很长一段路要走。②

虽然法国历史学家龙巴尔（Denys Lombard）认同考古学界主张华南地区与东南亚无法割裂的看法，③日本学者吉开将人（Yoshikai Masato）也强调应将"两河地域"视为一个独立的历史地理单元，④但二战以后历史学界的主流认识仍是站在"中国中心论"的立场，将"两河地域"作为华夏的南部边疆看待。⑤ 在很大程度上，这一思维定式恐怕主要是受到现有文献左右的结果，毕竟这些史料无一例外地均由汉文书

---

① 〔新西兰〕查尔斯·海厄姆（Charles Higham）：《东南亚的青铜时代》（*The Bronze Age of Southeast Asia*），纽约：剑桥大学出版社，1999年，第73-135页。

② 将珠江流域视为东南亚的北界，这并非目前学界的普遍趋势，也不是中越两国考古学界的共识，而且直到近年来，两国学者才开始在各自的国界内展开相应的考古工作。

③ 〔法〕龙巴尔（Denys Lombard）撰，〔澳〕诺拉·库克译：《东南亚的另一个"地中海"》（Another 'Mediterranean' in Southeast Asia），《南方华裔研究杂志》（*Chinese Southern Diaspora Studies*）2007年第1期，第3-9页。详见http://csds.anu.edu.au/volum_1_2007/Lombard.pdf。

④ 历史上这一地区在政治上曾反复出现分合的情形。因此，吉开将人更愿意采用"越南北部和中国南方"这样的描述，而不是一个单独的地名来指涉这一地区。详参〔日〕吉开将人（Yoshikai Masato）：《作为历史世界的岭南与越南北部：可能性与课题》（Rekishi sekai toshite no ryōnan-hokubu betonamu: sono kanōsei to kadai），《东南亚历史与文化》（*Tōnan ajia rekishi to bunka*）2002年第31期，第79-95页。

⑤ 在英语学术圈中，关于两河地域的相关研究有两种值得特别关注。其中，张磊夫在论及这一地域时，将其纳入后汉、三国孙吴的时代大背景中展开探讨；鲁惟一也通过考证正史中的记载，对岭南地区尤其是广州的历史展开了长时段的考察，时间跨度起于汉、止于隋。详参〔澳〕张磊夫（Rafe de Crespigny）：《南方的军阀：东吴建国史》（*Generals of the South: The Foundation and Early History of the Three Kingdoms State of Wu*），堪培拉：澳大利亚国立大学亚洲研究系，1990年，第29-43页；〔英〕鲁惟一（Michael Loewe）：《从正史〈史记〉到〈陈书〉所见的广州：文献学的考察》（Guangzhou: The Evidence of the Standard Histories from the Shi Ji to the Chen Shu），载〔德〕宋馨（Shing Müller）、贺东劢（Thomas Höllmann）等编：《广东考古与早期文献》（*Guangdong: Archaeology and Early Texts*），威斯巴登（Wiesbaden）：哈拉索维茨出版社（Harrassowitz Verlag），2004年，第59-80页。中国学者中，胡守为的研究较为重要，他对唐以前岭南的建置、土产与移民进行了精彩介绍，详参胡守为：《岭南古史》，韶关：广东人民出版社，1999年。

写。基于华夏中心视角对"两河地域"展开的专题研究已有数种,其中最为知名的则属薛爱华《朱雀:唐代的南方意象》一书。① 应该说,薛氏对两河地域的描述之细致、精彩,迄今为止,学界尚无出其右者。该书运用大量篇幅对这一地域的动植物进行了详尽描述,而且薛氏征引的史料多上追六朝,因此我建议大家如果对两河地域的环境史感兴趣,不妨翻阅《朱雀:唐代的南方意象》一书中的章节,本书无意重复薛氏的相关研究。②

最近,何肯发表了两篇与"两河地域"有关的文章,当然他主要采用的仍是汉文史料。不过,何肯的系列研究十分引人注目。作为首位提出这一观点的西方学者,他认为相比于交、广之间的山地社会,珠江与红河地域的社会共性显然大于差异性,并且他还强调:无须将前者视为"华夏",而把后者冠以"越南"的文化标签。③ 与何肯的观点大致相同,笔者认为,与其划分所谓的"华夏"与"越南",还不如划分"两河地域"和"河间山地"更为稳妥。如果再做进一步的思考,划分"两河地域"和"河间山地",从某种意义上说也折射了"东亚"和"东南亚"这样更大的地理单元之间的文化差异。选择人口密集的平原地带作为州郡治所,再沿着河谷和海岸线设置小型据点,这是中国古代典型的政治军事制度。而这一制度被"两河地域"所复制,无疑可视为华夏文化对南方的影响。更确切地说,这一地区是华夏文化甚至东亚文化向南扩张的最前沿地

---

① 〔美〕薛爱华:《朱雀:唐代的南方意象》(*The Vermilion Bird: T'ang Images of the South*),伯克利:加州大学出版社,1967年。译者按:中译本见程章灿、叶蕾蕾译:《朱雀:唐代的南方意象》,北京:生活·读书·新知三联书店,2004年。

② 〔美〕薛爱华:《朱雀:唐代的南方意象》,第155-247页。

③ 〔美〕何肯(Charles Holcombe):《早期中华帝国的南方腹地:唐代的安南》(Early Imperial China's Deep South: The Viet Regions through Tang Times),《唐学报》(*T'ang Studies*)1997年第15-16期,第125-156页。该文收入氏著:《东亚的诞生:从秦汉到隋唐》(*The Genesis of East Asia: 221 B.C.-A.D. 907*),火奴鲁鲁:夏威夷大学出版社,2001年。译者按,中译本见魏美强译:《东亚的诞生:从秦汉到隋唐》,北京:民主与建设出版社,2021年。

带。与之形成对照,远离河谷、平原的山地则成了这些南亚—卡岱语系亚热带族群的聚居地,而其民风习俗、政治文化也与东南亚山地族群更为接近,都喜食槟榔、断发文身、雕题漆齿、穴居干栏,并铸造铜鼓。因此,"两河地域"及其间的山地也可视作东南亚文化北扩的边界。对于早期中古时期生活于这一地区的人群而言,两河"平原"与"山地"之间的文化差异恐怕相当显著,远比通过交、广这样的都会所能感知的中、越两国的差异更大。

二、"俚獠"相关研究回顾

当论及两河地域的族群时,中国学界通常径以史书中的"俚獠"来指称。因此,在使用这一概念时,我们应当慎之又慎,要对这一称谓背后所隐含的假设保持警惕。在汉语学术圈中,有关"两河"地域土著族群的研究,一般存在两大问题:第一,往往将汉字语境下的族名与史实画上等号;第二,弱化土著族群的历史作用。愚见以为,之所以存在这两大问题,一则与学者研究非汉族群的思维惯性有关,二是对史料文本的分析不够深入。

在解读族名的含义时,中外学者往往认为,古人在进行历史书写时,对汉族与非汉民族之间的差异认知十分清醒。因此,汉文典籍中提及的各种族名都应当对应于历史上各种真实存在的族群。[1] 由这一假

---

[1] 关于这一点,中国学者蒙文通慧眼独具,他注意到"越"是两汉时期对南方非汉族群的统称,一如"胡"是对北方非汉族群的统称。详参蒙文通遗著:《越史丛考》,北京:人民出版社,1983 年,第 24 页。白海思、秦维廉两位学者就汉语学术圈中论及"两河"地域土著族群时所存在的通病进行了反思和批判,相关研究可参〔美〕白海思(Heather Peters):《文身穴居:谁是"百越"?》(Tattooed Faces and Stilt Houses: Who Were the Ancient Yue?),《中国柏拉图文库》(Sino-Platonic Papers)第 17 辑,费城:宾夕法尼亚大学东方学系,1990 年;秦维廉:《论古代越人人类学定义之可能》(Is an Anthropological Definition of the Ancient Yue Possible?),载邹兴华(Chau Hing-wa)编:《岭南古越族文化论文集》(Collected Essays on the Culture of the Ancient Yue People in South China),香港:香港市政局,1993 年,第 140-154 页。

设出发，容易得出一种直观线性的认识，即古代文献中出现的各种族名可作为该族群地理分布的依据，在这一地理范围之外一旦出现了记载中的族名，便可视为民族迁徙的明证；同理，若在同一地理范围之内原有族名消失、新的族名出现，便可认为该地区的族群成分发生了变化。所以，在勾勒族群谱系时，我们常常看到这样简单的描述："獠人由骆越发展而来"，"壮族是俚獠的后裔，而俚獠则是百越人的后裔。"这一做法在汉语学术圈中尤其普遍，他们在研究俚獠或者铜鼓文化时，通常试图将其纳入更广阔的时空范围内进行通史性的叙述。例如，在编写广东通史，①或者在研究台语族的壮族②史时，就容易产生这样的倾向。③在预设地域文化具有超时空的稳定性的基础上，采用现代民族分类法去解读过去的文献，从而将俚獠族群汇入壮族的历史，这样的做法通常被学界称为"回溯研究法"(upstreaming)。④ 显然，假设族群在漫长时段内具有稳定的延续性，恐怕只会与历史事实相背离，然而这却是1949年新中国成立以后绝大多数大陆学者在研究非汉族群历史时的惯性思维。诚然，大陆学界也不乏更高水准的研究成果。例如，部分学者将时空范围缩小，专门聚焦于中古时期的俚獠。此类研究更为注重

---

① 王文光编：《中国南方民族史》，北京：民族出版社，1999年，第103－139页；王文光、李晓斌：《百越民族发展演变史：从越、僚到壮侗语族各民族》，北京：民族出版社，2007年（译者按，原文作1999年，当误）；方志钦、蒋祖缘编：《广东通史：古代上册》，广州：广东高等教育出版社，1996年，第399－401页。

② 译者按：壮族作为一个少数民族，民族语言为壮语，属汉藏语系壮侗语族壮傣语支，部分西方学者根据壮语同源词的情况，有时也将其划入澳台语系壮台语族。并且，作为一个新的民族概念，"壮族"出现于20世纪50年代。

③ 详参张声震编：《壮族通史》（全三册），北京：民族出版社，1997年，第1册第284－292,317－321页。此处，笔者将"壮族"称为"新的民族"，是因为在20世纪50年代产生这一概念之前，中国古代史籍记载中并无与之对应的族群。

④ 详参〔美〕詹姆斯·阿克斯特尔(James Axtell)：《民族史：历史学者的视角》(Ethnohistory: An Historian's Viewpoint)，《民族史》(Ethnohistory)1979年第1期总第23辑，第1－13页。"回溯研究法"是一种行之有效的民族史研究方法，但如果像《壮族通史》这部书一样，套用20世纪的概念和资料去重塑两千年前的历史，恐怕其"有效性"要打上大大的问号。

历史文本的解读,因而蕴涵了更多的历史细节,而且也承认文献记载中的族名并不总是能够与史实一一对应。

20世纪50年代,芮逸夫(Ruey Yih-fu)曾对俚獠问题展开过精彩研究,这其中最为引人注目的是其长篇论文《僚人考》,该文首次系统搜集了文献中散见的各种俚獠风俗与物质文化的史料。① 芮氏对汉文记载中的"俚""獠"及"乌浒"族群的史料进行了穷尽式的挖掘,并在科学分析其风俗文化的基础上指出三者应属不同的族群。与芮氏的研究取径大致相同,艾伯华(Wolfram Eberhard)通过分析文献记载中南方族群文化特征的时空变迁,认为南方确实存在足以辨识的不同族群。② 同时,他还明确区分出了"獠文化"的特征。③ 通过追踪"葛僚""獠"相关的记载,鲍克兰(Inez de Beauclair)也对"獠"人进行了族群特征分析。④ 总体而言,上述几种研究存在一个共同的立论前提,即认为不同历史时期的文献在提及"獠"时指涉的应是同一族群。

薛爱华则对"獠"是否可以作为一个固定的族群表示质疑。他认为"獠"一开始可能有明确的族群指涉,但"后来概念逐渐扩大,进而作为一个蔑称用于涵盖所有的南方蛮族"⑤。考虑到文献记载的历史跨度太大,像芮逸夫那样依据固定的文化特征来辨认"獠"的做法恐怕并不

---

① 芮逸夫:《僚人考》,《历史语言研究所集刊》1957年第28本下册,第727-771页。译者按:芮逸夫通常作"Ruey Yih-fu",但正文中使用的是"Ruey I Fu",需统一起来。

② 关于獠文化及其特征,详参〔美〕艾伯华(Wolfram Eberhard)著,A. 艾伯华译:《中国东南的地域文化》(*The Local Cultures of South and East China*),莱顿:布里尔出版社,1968年,第439-455页。

③ 獠应读作"láo",但艾伯华在译介该词时通常使用的读音是"liáo"。

④ 〔德〕鲍克兰(Inez de Beauclair):《汉文史料中的贵州仡佬族及其历史》(The Keh Lao of Kweichow and Their History According to the Chinese Records),《华西医科大学中国文化研究所汉学研究集刊》(*Studia Serica*)1946年第5期,第1-44页。

⑤ 〔美〕薛爱华:《朱雀:唐代的南方意象》,第48页。

可靠。① 至于所谓的"俚",薛爱华认为其概念较为明晰,该族群与今天生活在海南岛上的黎族存在关联。② 20世纪80年代,徐恒彬根据搜集到的黑格尔Ⅱ型铜鼓资料,并结合相关文献记载,同样指出"俚人"应是一个固定族群,并且他通过比对文献中的俚族分布地点与铜鼓的发现地点,得出了"俚"的本义为"铜鼓创造者"这一结论。此外,徐恒彬还指出,与"蛮""夷"等词相同,"獠"也是史书中对南方族群的蔑称,有时可用来替换"俚"。③ 近年来,台湾地区学者廖幼华在研究中更关心的是文献记载中"俚獠"及其族群属性的问题。换言之,他们到底是所谓的俚、獠,还是被误称的汉民族?④ 迄今为止,对"俚獠"一词的词源考证,用力最深的当属蒲立本(Edwin G. Pulleyblank),他无意将"俚獠"一词与具体的族群画上等号,而是另辟蹊径地指出,仅在广东地区"俚""獠"才用于指称当地的非汉族群。他还推断:"獠作为一个宽泛的词汇,可泛指中国南方所有台语族的族群。关于这一点,可从当地的民族语言中得到一些佐证。"⑤除蒲立本之外,上述几位学者均关注的是文献中族名使用的准确性问题,但对这些族名是否暗指特定族群则未有发覆。当然,想要究明"俚""獠"到底属于何种族群无异于水中捞月。毕竟,文献中的记载往往互相抵牾。例如,对于同一族群,有时存在多个称谓;而对于极为分散的多个族群,有时却用一个族名泛指。解释文献中的矛盾之处,关键在于厘清这些族名为何会被采用。本书的一个

---

① 〔美〕薛爱华:《朱雀:唐代的南方意象》,第276页。
② 〔美〕薛爱华:《朱雀:唐代的南方意象》,第53页。
③ 徐恒彬:《俚人及其铜鼓考》,载中国古代铜鼓研究会编:《古代铜鼓学术讨论会论文集》,第152-158页。
④ 详参廖幼华:《历史地理学的应用:岭南地区早期发展之探讨》,台北:文津出版社,2004年,第247-276页;郑超雄、覃芳:《壮族历史文化的考古学研究》,北京:民族出版社,2006年,第477-483页。
⑤ 〔加〕蒲立本(Edwin G. Pulleyblank):《史前及早期历史时期的中国及其近邻》(The Chinese and Their Neighbors in Prehistoric and Early Historic Times),载〔美〕吉德伟(David N. Keightley)编:《中国文明的起源》(The Origins of Chinese Civilization),伯克利:加州大学出版社,1983年,第431-433页。

关键论点在于,"俚""獠"的命名既不是基于语言学上的分类,也不是基于物质文化上的共性。相反,这些族名背后映射的是这些族群的地理分布及其与华夏民族的互动,以及历史书写中汉人如何站在他者的立场观察其社会与政治结构的不同。当然,俚獠的社会结构、民风习俗、政治制度决不会一成不变,而史书书写者的评判标准也仁者见仁,这就意味着在使用这些族名时势必会因人而异、因时而异。南朝时期,中央政府选任当地官长的做法与两汉时期迥异。这一时期,州郡的划分更为破碎,中央政府对于地方自立的默许程度大为提升。与这一趋势相同,俚獠酋帅的势力范围进一步扩张。由于长时间的民族融合,到6世纪末,史学家对于如何择用族名感到困惑。在这些史书编纂者看来,两河地域的俚獠与汉民已无明显差异,所以他们摈弃了"俚獠"的旧称,并易之以"交州民""广州民"等说法。这些文献中"失名"的族群摇身变成了帝国治下的普通百姓,似乎站在了"俚獠"的对立面。然而,"失名"也好,"具名"也罢,这些族群与汉民族原本就无明确的界线。相反,这条所谓的"界线"从来都是飘忽不定的,具体偏向哪一侧,完全取决于史家的书写,而标准在于他们向化与否。

三、能动性与汉化

今天,我们一般将这些失名的族群统称为"中国人"或者"汉人"。不过,这类词语从不见于中古早期的历史文献,[①]所以在使用时我们应当小心谨慎。当代史学界在书写欧洲史时,往往对罗马人、意大利人、高卢人、法兰克人、盎格鲁—撒克逊人、英吉利人等不同族群进行严格

---

① 在六朝文献中,"汉人"一词已经出现,但只用于描述两汉时期帝国治下的百姓。北齐时期,"汉人"一词则被作为一种蔑称使用,但可以肯定的是,南朝时期"汉人"一词尚未出现。

的概念区分,①但是大陆学界在研究古代族群的历史时却不甚清晰。由于对整个亚洲史缺乏深入研究,加之受到现代民族国家意识的影响,在描述几千年前的华夏先民时,"中国人""汉人"这类时空倒置的词汇频频被学界使用。"中国"一词也作为一个集合名词,它是对长期占据东亚大陆最大版图的帝国、王国、共和国的统称。历来,"中国"的统治者都极为尊重公元前一千年黄河、长江流域孕育起来的文学思想传统,并积极效仿古代的政治、语言与文化。"中国"一词具有很深的文化土壤且其背后的魔力巨大。在这一概念之下,不同的族群、语言与宗教文化及其背后的历史变迁都被笼罩。遗憾的是,由于并无更贴切的词语,为了避免烦琐而冗长的解释,在有些情形下我也不得不照搬这一词汇。不过,这只限于我在叙述历代王朝的政治结构及为其效命的群体时才会使用,而在描述那些使用与现代汉语密切相关的古汉语人群时,我则采用"汉民族(sinictic)"一词。

正如前文所述,虽然不乏对两河地域的文字记载,但基本上是以汉字书写,这也意味着历史上对这一地域的认知多是基于"华夏中心"的视角展开,它充其量不过是庞大帝国版图中的一个角落。在大陆学界,华夏民族常常被描述为文明的播撒者、开发者,而在域外的研究中,则与之相反。这有点类似维克托·李伯曼(Victor Lieberman)的"外部主义史学叙事(externalist historiography)",他在承担东南亚殖民史的研究项目时,曾将当地的文化创新与进步全部归因于外来者,否定土著族群在这一过程中曾起到过任何作用。在外部史学派的研究中,东南亚只是被动地接受中国、印度、伊斯兰乃至欧洲等外来文明的赐予。这一研究范式后来又被所谓的"本土学派"所取代,相关研究转而从东南亚本土社会出发,强调当地土著族群在适应、接受外来制度与文化的

---

① 同样,英语中的"German"一词也令人困惑,但德国学者通常使用"日耳曼人(Germanen)""德意志人(Deutsche)"两组概念加以区分,因此并不存在时空混乱的问题。

过程中曾发挥了积极主动的作用。[1] 对于东南亚史的研究,尽管学界早已走出"外部主义史学"的陷阱,但是在研究与之临近的两河族群时,却还是囿于王富文(Nicholas Tapp)所说的叙事逻辑,即"在漫长的历史进程中,占据主导地位的华夏文明逐渐南侵……最终不可避免地吞噬了当地文明"。[2] 这样的叙事框架同样见于何伟恩(Harold J. Wiens)、费子智(Charles P. Fitzgerald)[3]等人的东南亚通史论著中,至于当地土著族群在华夏文明向南扩张的进程中所起到的作用则被完全忽视。[4]

现下,在涉及华夏文明向南扩张的话题时,大陆学界的观点在很大程度上仍被郝瑞(Stevan Harrell)的"文明工程(civilising project)"之说所左右。按照郝瑞的说法,"文明工程"是近代以前流行于中国的一种历史叙事,强调历代君主将先进的文明向四周传播,从而改变了蛮夷愚昧落后的状况。在马克思主义的洗礼下,这一叙事进而演变为汉民族站在人类文明发展的高级阶段,将少数民族从原始社会、奴隶社会这样落后的社会和经济形态中解救出来,并在短时间内迅速跨越到了现代社会。[5] 大陆学界的相关研究通常将"俚獠"描绘为一群社会经济落

---

[1] 关于东南亚历史研究中所谓的"外部主义历史学""本土主义历史学"及其概念,详参〔英〕维克托·李伯曼(Victor Liebermann):《形异神似:全球化背景下的东南亚(800—1830)》(*Strange Parallels: Southeast Asia in a Global Context, c. 800—1830*),剑桥:剑桥大学出版社,2003年,第6-15页。

[2] 〔英〕王富文(Nicholas Tapp):《中国苗族:语境、能动性和想象》(*The Hmong of China: Context, Agency, and the Imaginary*),莱顿:布里尔出版社,2001年,第40页。

[3] 〔美〕何伟恩(Harod J. Wiens):《中国向热带进军》(*China's March Toward the Tropics*),哈姆登(Hamden):鞋带出版社(Shoe String Press),1954年。

[4] 〔英〕费子智(Charles Patrick Fitzgerald):《中国人向南扩张》(*The Southern Expansion of the Chinese People*),堪培拉:澳大利亚国立大学出版社,1972年。

[5] 〔美〕郝瑞(Steven Harrell):《文明工程及其应对》,载其编:《中国族群边地的文化碰撞》(*Cultural Encounters on China's Ethnic Frontiers*),西雅图:华盛顿大学出版社,1995年,第3-36页。

后的蛮夷,在与华夏民族的接触中,土地得到开发,经济文化实现跨越,最终他们完成了"封建化"进程,融入华夏文明的潮流之中。20世纪90年代以前,这一观点始终是大陆学界的主流观点。直到今天,在有关俚獠的历史通俗读物中,这样的认识还十分普遍。① 过去,大陆学界常常淡化"武力征服"的作用,强调俚獠的汉化主要采用的是一种更为温和的手段。中央政府一般授予俚獠酋长地方官职,并让其在接触汉文化的过程中,不自觉地完成融合。② 近来,部分严谨的学术论著已开始反思这一观点,认为在俚獠族群被纳入中央版图的过程中,暴力、战争和经济掠夺等手段都曾发挥过一定的作用。这其中,吴永章的研究相对较早,他在研究南朝政府对俚獠的政策时,注意到这一时期俚獠族群的政治与军事实力有所扩张,但与此同时也不断遭受到南朝官方的镇压和掠夺。③ 彭丰文的研究更进一步,他对前人研究中间弱化军事征服作用的做法进行了有力批判。④ 尽管学界的观点有所转变,但"文明工程"的叙事多是将俚獠视为落后的一方,它们需要被动接收中央王朝的政策,并被称之为"少数民族"。它们虽是遭受攻击和掠夺的对象,但最终却成了文明的受益者。总之,过往研究极少从俚獠自身的角度去观察它们如何与华夏互动,因此从本质上看这些研究也是一种"外部主义

---

① 关于俚獠开发和融合的主流叙事,可参见朱大渭《南朝少数民族概况及其与汉族的融合》,《中国史研究》1980年第1期,第57—76页。
② 张声震:《壮族通史》,第303—306页;方志钦、蒋祖缘:《广东通史》,第370—373页;黄兴球虽然认为泰(傣)族从中国南方逐渐分离的主要因素是族群战争,但他也意识到自己的研究可能无法被学界所认可,这也意味着将武力征服作为研究民族史的主要切入点仍然无法在大陆学界通行,详参黄兴球:《壮泰族群分化时间考》,北京:民族出版社,2008年,第252页;大陆以外的学者因无政治上的顾虑,对关于族群之间残酷斗争的记载着墨较多,相关研究可参见〔美〕薛爱华《朱雀:唐代的南方意象》,第61—69页。
③ 吴永章:《南朝岭南俚獠概论》,载彭适凡编:《百越民族研究》,南昌:江西教育出版社,1992年,第234—242页。
④ 彭丰文:《南朝岭南民族政策新探》,《民族研究》2004年第5期,第95页;彭丰文:《西江督护与南朝岭南开发》,《广西民族研究》2004年第2期,第62—67页。

史学"。

一般情况下,只有当俚獠宾服或者反抗时,文献中才会对其政治动向进行详细记载。至于其他的情形,则完全不被史家所关注。例如,俚獠不同部落之间的结盟是否是出于地方上的考量,或者俚獠归顺从短期来看是更利于他们自身还是中央等等,这些都无法在文献中得到反映。作为俚族史上最为杰出的首领,冼夫人及其家族也因归附中央而被正史立传。因此,我将其作为一个案例在本书第七章中展开了详细讨论。冼夫人的丈夫冯宝是陈朝时期广东岭表一带的地方豪族,祖孙三代都曾任高凉太守。因此,冼夫人与冯宝联姻背后应该有着战略考量,或可视为俚族与陈朝地方政治势力之间的结盟。冯宝死后,岭表大乱,冼夫人带领部族先后向陈、隋两朝效忠。由于她在岭南俚族诸部中的巨大威望,而且又主动教导俚人"使从民礼",为表彰她的贡献,梁、陈、隋三朝多次对其进行册封。[①] 冼夫人与强邻高凉冯氏之间的政治联姻一则提高了自身在本族中的威望,二则大大拓展了俚族的势力范围,然而这些都逸出了史料的记载。由于与梁、陈、隋三朝的长期结盟,冼氏后人长期对广州及其西南的广大领土保持了强有力的统治,直至大唐立国一个世纪后,中央王朝才重新夺回对这一地域的控制权。冼夫人向俚民传播华夏文明一事,可从其孙冯盎主动仕隋并受到重用而得到印证。不过,回归到岭南两河地域的俚獠社会中,冯盎的首要身份仍是叱咤一方的蛮族首领。冯盎族人冯子猷虽有祖辈的汉人血统,但其统帅部族时多用铜鼓,仍显示出浓重的蛮族特征。

学界有关獠人的研究多是站在汉人中心立场下的外部史学叙事,但艾伯华、廖幼华二人的相关研究堪称不可多见的例外。艾伯华通过研究,试图展示南方土著族群的文化传统如何被大量植入到华夏主流文化中;廖幼华则深入观察两河以外的族群如何接受俚獠的同化,并将

[①] 关于冼夫人的事迹,可参见〔澳〕韦杰夫《冼夫人与六世纪中国的南方扩张》一文。

这些人群称之为"蛮化汉人"。① 不过,艾、廖二氏均将"俚獠"视为族属明确的族群,并未逃脱"俚獠"是汉人还是蛮族的窠臼。

从历史进程上看,两河地域的俚獠族群最终被华夏文明所同化,繁荣一时的铜鼓文化也逐渐式微。我们不难发现,大陆学界针对俚獠族群兴起繁盛的研究课题显得十分寂寥,而俚獠族群的消亡与华夏化则备受关注。不过,在秦汉王朝征服岭南河谷平原及滨海地带几个世纪以后,两河地域铜鼓文化的出现及非汉民族政治体的壮大必然会引发这样的思考,即岭南土著族群与汉人强邻的密集接触是否不可避免地造成其地方风俗、政体结构的瓦解。对于公元 1000 年以后的岭南来说,这并无疑议,但就 3 至 6 世纪而言,两河地域的俚獠在与控制河谷滨海地带的汉民互市往来后,引发的是一连串的逆反效应,具体表现为:俚獠土著政治体向周边急剧扩张,俚獠族群长期游离于郡县体系的控制之外,两河地域的铜鼓文化向外加速传播。因此,本书的研究将聚焦于岭表土著如何在与南侵的华夏族群互动中发挥自身的主动作用(agency)。

四、俚獠研究中的东南亚民族史研究思路

上文,笔者已经指出考古学界长期将两河地域视为东南亚的北延,但史学界在征引汉文文献的基础上通常将其视作华夏的南疆。笔者以为,从东南亚的视角出发,即以"南方之眼"来把握俚獠族群的铜鼓文化或远比传统的"华夏之眼"更有收获。从语言上看,两河地域的俚獠族群是今东南亚台语系诸民族的祖先。如果细梳俚獠相关的汉文史料,不难发现这群俚獠部族在物质文化、经济制度、政治结构等方面与后来生活于更南端的居民极为相似。他们雕题漆齿、巢居穴处、善织葛布,

---

① 廖幼华:《历史地理学的应用:岭南地区早期发展之探讨》,第 247-248 页。

这些风习仍见于一千多年后的东亚大陆居民和东南亚岛民。① 将铜鼓视为重要礼器及权力象征，这一做法也普遍适用于东南亚的山地人群。而且，俚僚土著与平地居民之间的贸易模式也与东南亚相近，多是山地与近海之间，或者河流上游与下游之间的盐铁土产贸易。② 就日常生活方式而言，俚僚也与东南亚大陆的山地人群更为接近，而与红河、珠江河谷平原的邑居百姓迥异，而红河、珠江河谷的平地居民又与南朝都城建康及其治下的郡县几无二致。

对于关注两河地域的史学研究者而言，引入东南亚的研究视角意义重大，因为他们所面临的困境与研究近代山地人群的学者极为相似。虽然中国前近代的都市史料极为丰富，但在研究唐以前的两河地域时，可资利用的文献仍寥寥可数，更遑论史料的书写者对于所描述的对象十分陌生。而且，直到很晚近的时代，史学家才首次接触到由非汉民族所编纂的文献，可从中窥见非汉民族的自我认知，但总体而言这些史料成书时代较晚，对于研究早期的俚僚社会并无太大价值。③ 研究华夏主流文明时，史学研究者可依凭浩瀚的史料，但要厘清前近代东南亚的历史，特

---

① 关于15世纪以来的东南亚及其物质文化，最值得参考的英文学术论著则属〔澳〕安东尼·瑞德(Anthony Reid):《东南亚的贸易时代(1450—1680)》卷一《风下之地》(*Southeast Asia in the Age of Commerce 1450—1680*: *Volume One-The Lands below the Winds*)，纽黑文：耶鲁大学出版社，1988年，第64-115页。

② 〔英〕肯尼思·霍尔(Kenneth R. Hall):《东南亚早期经济史》(*Economic History of Early Times*)，载〔英〕尼古拉斯·塔林(Nicholas Tarling)主编：《剑桥东南亚史》第一册《第一章》(*Cambridge History of Southeast Asia*, *Volume one*, *Part One*)，剑桥：剑桥大学出版社，2008年，第190页。

③ 基于岭南民族语言文本展开的研究，可参〔美〕乔荷曼(John E. Herman):《云雾之间：中国在贵州的统治(1200—1700)》(*Amid the Clouds and Mist*: *China's Colonization of Guizhou 1200—1700*)，哈佛东亚专著丛书(*Harvard East Asian Monographs*)第293号，剑桥：哈佛大学出版社，2007年；〔澳〕贺大卫(David Holm):《杀牛祭祖：中国西南地区古壮字文献研究》(*Killing a Buffalo for the Ancestors*: *A Zhuang Cosmological Text from Southwest China*)，迪卡尔布：北伊利诺伊大学东南亚研究中心，2003年。在本文论及的时空范围内，现存与俚僚相关的原始文本仅有两方碑志，均与隋唐时期控扼中越边境北部湾周边地区的钦州宁氏家族有关。对此，本书第七章将会详细探讨。

别是山地人群的历史,所能征引的史料十分贫乏。因此,史学研究者必须开拓视野,努力从考古学、语言学、人类学等学科中开掘资料。由于俚獠的相关记载往往零星破碎,引入东南亚的研究法就显得十分必要,这将为史料复原提供新的视角。尽管俚獠土著与更南端的山地人群存在诸多相似之处,但迄今为止学界很少尝试将二者结合起来加以考虑。

尽管东南亚诸民族国家主体人群的历史已从殖民地的外部史学叙事传统中走出,但在涉及山地人群的历史时,它们所遭遇的偏见与华南地区的少数族群如出一辙。这群山民地理阻隔、经济落后、尚待开化,甚至连族称得名、族属辨识也完全依赖于文化先进、经济发达且占据东南亚政治中心的平地居民。将这些山民从外部史学叙事的陷阱中解救出来,依然前路漫漫,这需要人类学家或者具有人类学背景的史学家推动。近年来,针对东南亚山地人群的人类学调查结果,很大程度上可与史书中的俚獠记载相互印证。具体来说,这些成果涉及东南亚的族属分类、山地与平原人群的互动、山地族群的政治结构生成等议题,对于讨论俚獠的社会历史也有很大的启发意义。

埃德蒙·利奇(Edmund Leach)所著《缅甸高地的政治制度》一书是对一群语言变化不定、社会面貌复杂的缅甸山地族群——克钦人、掸人的专门研究。利奇的研究表明,他者眼中族属明确的人群其实与这些山地族群的自我体认存在很大差别。利奇发现,一个族群的社会结构总在发生变化,而且其内部成员使用的语言并不单一,甚至只需一代人的时间"克钦人"就能摇身一变成为"掸人"。[1] 其实,只要满足以下

---

[1] 埃德蒙·利奇注意到克钦人的社会结构摇摆于"贡老制(gumlao)"与"贡萨制(gumsa)"两种模式之间。"贡老"意味着无政府主义及社会平等;"贡萨"则意味着等级分化与专权独裁,这一制度在掸人社会中较为典型。掸人是台语系族群,平地居住,栽种水稻。具体可参〔英〕埃德蒙·利奇(Edmund Leach):《缅甸高地的政治制度:对克钦社会结构的一项研究》(*Political Systems of Highland Burma: A Study of Kachin Social Structure*),伦敦:伦敦大学阿斯隆出版社,1970年。由于文献阙如,所谓的"贡老制"是否也广泛存在于两河地域的俚獠族群之中尚不清楚,但有一点可以明确,即随着时间推移,俚獠社会愈发朝着"等级分化"这一趋势演进。

条件,任何人都可成为"掸人":第一,生活在掸邦之内;第二,信奉小乘佛教;第三,掌握一门台语系语言。尽管英国与缅甸官方都将掸人认定为少数民族,但就19世纪、20世纪而言,掸族与非掸族之间并不存在严格的民族界限。① 居住在一方土地上的人群远比想象中复杂,因此在处理历史文本中的各种族名时,必须谨记族称背后并不总是指涉概念确定、界限明晰的族群。

对脱离东南亚低地政府控制之外的人群所进行的各种复原,最具影响力的当属詹姆斯·斯科特(James Scott)的研究。他在《逃避统治的艺术》一书中借用了荷兰学者威廉·范·申德尔(Willem van Schendel)的概念,将东南亚的群山高地视为一个独立的政治地理单元,并以"佐米亚"②(zomia)一词命名。③ 申德尔主张,相较于群山之地和政治中心所在的低地平原,生活在佐米亚内部的各种人群之间存在许多共性。④ 斯科特对这一概念又做了进一步阐发,认为对于那些

---

① 可参〔英〕安德鲁·特顿(Andrew Turton):《〈文明与野蛮〉序言》(Introduction to *Civility and Savagery*),载其编:《文明与野蛮:泰语国家的社会认同》(*Civility and Savagery: Social Identity in Tai States*),列治文(Richmond, Surrey):柯曾出版社(Curzon),2000年,第1-29页。

② 译者按:"佐米亚(zomia)"是一个地理术语,2002年由荷兰阿姆斯特丹大学的历史学家威廉·范·申德尔(Willem van Schendel)提出,指的是历史上脱离低地政府控制的东南亚的大片山区。这片山区由阿尔卑斯造山运动形成,彼时非洲、印度、辛梅利亚大陆和小亚细亚板块与欧亚大陆相撞。这个术语从Zomi演变而来,指的是一群说藏缅语言,生活在印度、孟加拉国和缅甸边境地区的高地人。

③ 〔美〕詹姆斯·斯科特(James C. Scott):《逃避统治的艺术:东南亚高地的无政府主义历史》(*The Art of Not Being Governed: An Anarchist History of Upland Southeast Asia*),纽黑文:耶鲁大学出版社,2009年。

④ 〔荷〕威廉·冯·申德尔(Willem Van Schendel):《已知地带与未知地带:东南亚的文明跳跃》(Geographies of Knowing, Geographies of Ignorance: Jumping Scalein Southeast Asia),载保罗·克拉托斯卡(Paul Kratoska)、雷姆科·拉本(RemcoRaben)、汉克·舒尔特·诺德霍尔特(Henk Schulte Nordholt):《发现东南亚:知识地理与政治空间》(*Locating Southeast Asia: Geographies of Knowledge and Politics of Space*),新加坡:新加坡国立大学出版社,2005年,第275-307页。

想要逃离低地国家控制的人群而言,"佐米亚"其实是一处避难地,权力的触角很难向其中渗透。由于这些族群往往散居山海之间,政治上高度分散,彼此流动也更为频仍。尽管斯科特的立论主要围绕的是东南亚的高地人群,而非两河腹心地带的俚獠土著,但他对缅甸中部勃固山脉（Pegu-Yoma）的"微型佐米亚"地区展开了有益的分析。从地貌上看,勃固山脉与铜鼓文化核心区所在的云开大山、云雾山脉十分相似。① 二者都被平原环绕,植被覆盖密集,低地政权很难对其组织有效的军事征伐。考虑到俚獠族群所处的地理环境与"佐米亚"地区基本相同,而且俚獠在与华夏长期对抗中保持了政治上的独立性,因此从某种意义上说俚獠可视为"佐米亚"人群分布的东北缘。但是,言归正题,尽管斯科特所归纳的"佐米亚"社会特征与两河地域的俚獠社会高度相似,但从保留下来的汉文记载来看,这种相似性大致从 4 世纪中叶开始才逐步凸显。

据 3 世纪的史书记载,俚獠族群"往往别村,各有长帅,无君主"②,呈现出高度分散、各自为政的特点,这与斯科特笔下的东南亚高地人群基本相同。至 6 世纪时,俚獠的社会面貌已有根本性的改观。俚獠所居之处在汉文史料中通称为"洞",部族首领统称"俚帅"或"酋长"。相比于早期诸洞"各有长帅",这一时期俚獠"往往推一酋帅为主"。据载,俚獠俗尚劫掠,所捕缚者常卖为生口,又尽力农事,多依山傍谷耕植水稻。就这两点而言,斯科特认为不仅山地族群如此,低地人群亦是如此。7 世纪时,俚獠渠帅宁氏、冯氏、陈氏降伏周边溪洞,雄踞一方,与

---

① 〔美〕詹姆斯·斯科特:《逃避统治的艺术：东南亚高地的无政府主义历史》,第 167 - 172 页。
② 《太平御览》卷七八五《四夷部·南蛮一·俚》引《南州异物志》,第 8a 页;关于獠人社会结构的记载,最早见于《魏书》卷一〇一《獠传》,称獠人"往往推一长者为王",第 30b 页;同样的内容,9 世纪初成书的政书《通典》则载,獠人"往往推一酋帅为主"。不过《魏书》《通典》二书所述的"獠"主要是指活跃在今天四川、云南一带的蛮族,而非两河地域的土著族群。

中原王朝时即时离。从概念上看,俚獠的"洞"当与孔铎(Georges Condominas)所说的"勐"(mueang)十分接近。所谓"勐",是指古代东南亚地区小型城镇及其所控制的周边小块领土,它与斯科特归纳的脱离政府控制的"佐米亚"社会有所区别。一般而言,"勐"作为地方政权需接受朝廷统治,并受其军事庇护。反过来,朝廷可从"勐"邦获取田土、徭役以及租赋。更为重要的是,掌管一"勐"之地的职官("taaw")往往拥有垄断市舶贸易的特权,并借此控制珍贵手工艺品的生产流通。① 至于勐的职官与俚獠豪帅之间到底有何相似之处,相信随着本书的推进读者会有更加清晰的认识。

关于俚獠政治体的发育、俚帅政治权力的集中及其动因,最恰当的解释可参丹麦人类学家奥斯卡·塞尔明克(Oscar Salemink)的相关研究。在对越南山地族群的研究中,塞尔明克提出山地人群对地方权力的把持源于与低地人群经济、政治与礼仪的互动。② 同理,俚獠族群的历史变迁也与此高度契合。两河地域的俚獠土著脱离南朝政府的控制,支配着大量土地、人口,而岭南丰富的物产资源正是南朝周边所辖郡县所觊觎的对象。据文献记载,岭南土著多将当地所产金银珍宝与低地人群交换铜铁盐米。除了追逐经济利益之外,参与土贡贸易的岭南酋帅还能获得朝廷的官职册封,并进而形成一种政治上的优势。朝廷官职的获取需要建立在贸易往来的基础上,这无疑会引发某种负面效应,即地方酋帅受此鼓动,往往会为了争夺土地、人口而相互兼并。

---

① 〔法〕孔铎(Georges Condaminas)著,斯蒂芬妮·安德森(Stephanie Anderson)等译:《从拉瓦族到孟族,从 saa' 族到傣族:历史学与人类学视角下的东南亚社会空间》(From Lawa to Mon, from Saa' to Thai: Historical and Anthropological Aspects of Southeast Asian Social Spaces),堪培拉:澳大利亚国立大学人类学系太平洋研究中心,1990 年,第 54 页。

② 〔丹〕奥斯卡·塞尔明克(Oscar Salemink):《越南中部高地人群的民族志:1850 年至 1990 年的历史语境》(The Ethnography of Vietnam's Central Highlanders: A Historical Contextualization 1850—1990),火奴鲁鲁:夏威夷大学出版社,2003 年,第 27-50 页。

通常，某个酋帅手中掌握的土地、人口越多，他越有能力积累四方珍宝土产，并由此与平地人群展开贸易。俚獠豪帅接受朝廷职官的册命，并不意味着自身的政治传统必然会被华夏的政治体系所取代。相反，我们可以看到，直至公元 7 世纪时，铜鼓仍是俚獠社会中的权力象征，尽管这一时期俚獠豪帅往往采用汉名，并自诩为汉人后裔。

虽然与东南亚高地人群的关联不大，但理查德·怀特（Richard White）在其代表作《中间地带》一书中阐发的"上游地区"（*Pays d'en haut*）这一概念对于分析两河地域的山地人群也有很大的启发意义。所谓"上游地区"，是指 17 世纪中叶至 19 世纪早期北美五大湖周边及圣劳伦斯河所流经的广阔区域。当把目光聚焦在这一区域的美洲原住民（即印第安人）时，怀特努力回避诸如"美洲土著被欧洲文化所同化"或者"美洲土著抵制欧洲文化，坚守自身传统"这样非黑即白的历史叙事。相反，他强调美洲印第安人在与欧洲殖民者的接触过程中，通过不断地调试与创新，催生了各种新兴的政治、文化结构。之所以形成这样的"中间地带"，原因在于印第安人与欧洲殖民者均无法通过武力征服的手段来实现领土扩张或控制毛皮贸易等目的。在现实的考量之下，双方只能寻求武力以外的手段，二者通过合作与对话的方式，最终促成了"中间地带"的发展。然而，一旦权力的天平向欧洲殖民者倾斜，所谓的"中间地带"随即消失。尽管现有史料无法勾勒出如此清晰的画面，但我坚信两河地域的俚獠族群应该也经历了类似的演变过程。几个世纪中间，俚獠酋帅都未曾被武力完全征服，这恐怕得归结于南朝政权无力通过军事手段一劳永逸地将岭南俚獠完全降服。西汉初年，朝廷已对岭南绝远之地的富饶有所认知，甚至还通过武力平定南越，设置交趾、日南等九郡，将国境推进到今天的越南中部地区。承汉之后，吴晋南朝政府对岭南的控扼极为薄弱，虽然无力发动大规模的军事征讨，但历朝对两河地域的丰盈仍有清晰认知。通过拓置郡县，发军镇戍，甚至集合部分兵力南征俚獠，华夏的权力触角缓缓地向俚獠旧地延伸。不过，总体而言，南朝的军事重心仍在北方边境，来自北朝的巨大威胁让他们始终无法毫无保留地对岭南俚獠发起全面攻势。

另一方面,俚獠渠帅军力强盛、经济自立,南朝必须对其加以笼络才能获取岭南的贸易物资。由此一来,俚獠政治结构得以强化,土豪酋帅的经济实力进一步巩固,最终导致更为强大的隋唐王朝也无法立即通过军事手段使之降服。随着唐朝政治与军事实力的完全巩固,此时也有必要借助两河地域俚獠著姓的巨大威望,以实现对岭南广大地区的羁縻统治。

五、越与越南民族史

作为两河地域的边隅之地,对公元一千纪的红河平原展开研究,始终受到"特殊关照"。所谓"特殊关照",一方面是指与岭南其他地区相比,围绕红河谷地的相关研究,需经受层层审查;另一方面,红河谷地作为一个孤立的地理单元,与红河以北、以东地区基本隔绝,因此常被作为个案加以研究。在此后的历史发展中,红河平原作为政治与文化腹心区,孕育出了安南、吴朝、丁朝、黎朝等一系列封建政权,并被视为今天越南国家的前史。因此,现代学界将目光投向这一区域时,往往习惯性地将其置于越南民族史的框架下展开研究。因此,从某种意义上说,20世纪学术界对红河平原及其周边地区的相关研究基本遵循了东南亚史的叙事逻辑,并发生了前文所说的"外部史学叙事"到"本土史学叙事"的转向:法殖时期,在对红河平原发展史展开研究时,法国学者人为筛除了大量细节;越南独立之后,见证国家独立的越南本土学者受到日本及西方等一代学者的影响,沿袭了所谓的后殖民主义史学框架。

法国学者对汉唐时期的红河谷地展开研究,大约始于19世纪末。在欧洲汉学传统的影响之下,这些研究呈现出了典型的"外部主义史学"色彩。他们主张,越南全盘接受华夏文化,自身毫无特色可言。显然,这一解读为欧洲的殖民统治提供了合法性,因为在殖民者的眼中,自己不过是遵循历史大势,与华夏一样都将文明火种播撒到了蛮荒之地。① 法国学者鄂卢梭(Leonard Aurousseau)认为,越南并不只是借鉴中国政治制度、吸收中华文化这么简单,很有可能红河三角洲地带的人口最早就是由活跃于中国东南沿海的越国先民迁徙而来。② 上述观点影响了此后的一代学者。例如,约瑟夫·布廷格(Joseph Buttinger)在撰述英文学术圈第一部单卷本越南简史时,就大量参考了法国汉学界的相关研究。他还主张,越南被动接受华夏的社会与文化制度,不过是为了抵制华夏的南渐。③

大致从布廷格开始,越南史学界涌现了所谓的针对中国南渐的"后殖民主义学派"。这一学派对传统史料中越南抵制华夏南渐的"英雄事迹"展开研究,并将其与当时的美法殖民者进行勾连。④ 对此,法国学者帕潘(Philippe Papin)总结道:"在当代激进的民族史观影响下,所谓的原始越南国家的概念逐渐浮出水面,并且在它还在公元一千年华夏

---

① 关于越南史的研究趋势及其背后的政治寓意,相关研究可参〔澳〕诺拉·库克(Nola Cooke):《殖民政治神化与他者的问题:安南保护国下的法国与越南》(*Colonial Political Myth and the Problem of the Other: French and Vietnamese in the Protectorate of Annam*),堪培拉:澳大利亚国立大学,1991年博士论文。

② 〔法〕莱昂纳德·鄂卢梭(Leonard Aurousseau):《秦代初平南越考》(La première conquête chinoise des pays annamites, IIIe siècle avant notre ère),《法国远东学院学报》(*Bulletin de l'École française d'Extrême-Orient*)1923年第23辑,第245-264页。

③ 〔美〕约瑟夫·布廷格(Joseph Buttinger):《小龙:越南政治史》(*The Small Dragon: A Political History of Vietnam*),纽约:普雷格出版社,1958年,第11页。

④ 派翠西亚·佩丽对20世纪越南史学叙事中"抵制外部侵略"的倾向进行了深入研究,详参〔美〕派翠西亚·佩丽(Patricia Pelley):《后殖民时代的越南:越南民族史新解》(*Postcolonial Vietnam: New Histories of the National Past*),达勒姆:杜克大学出版社,2002年。

势力的持续冲击下奇迹般地幸存下来。"① 在这一叙事逻辑下,华夏不过是越南史上第一个外部南渐势力,并且最终被驱离了越南本土;而且,"中国人"也被描述成了贪婪的"侵略者",一味地掠夺殖民领地上的资源。② 需要澄清的是,越南历史书写中的"民族观"并不完全是当下"民族主义"抑或"反殖民主义"思潮下的产物。在长达几个世纪中间,大越③帝国的文士都笃信越南历史从未中断,并声称大越与北方的华夏同样都具有上天赋予的政治合法性,但华夏对此一再否认。④ 过去两个世纪以来,越南在与西方列强的接触过程中,开始重建以往的史学叙事框架。目前,越南学者极少研究汉唐史,可资参考的越南论著基本上需要追溯到20世纪80年代以前。而且,这些论著中的解读及结论往往都绕不开"正统"的民族史观。所以,如要寻找新的解读,我们就必须关注海外学术界的成果。⑤

---

① 〔法〕菲利普·帕潘(Philippe Papin):《古代越南的地理与政治》(Géographie et politique dans le Việt-Nam ancien),《法国远东学院学报》(*Bulletin de l'École française d'Extrême-Orient*)第87卷,2000年第2期,第609。

② 关于这一叙事风格的研究,可参〔越〕陶维英:《越南历史——从起源到19世纪》(*Lịch sử Việt Nam tư Nguồn Gốc đến Thệ Ký XIX*),河内:信息文化出版社,2006年版;〔越〕陈国旺(Trần Quốc Vượng)、何文晋(Hà vân Tá)编:《越南封建制度史》(*Lịch Sù Chế Độ Phong Kiến Việt-Nam*)第1册,河内:教育出版社(Nhà Xuất bản giáo dục),1960年。

③ 译者按:"大越"是1054年至1804年越南大部分时间所使用的正式国号,其中1400年至1428年明永乐、宣德年间越南曾短暂北属。不过,中国、日本等国则普遍以"安南""交趾"等指称越南。

④ "大越"时期的历史编纂完全以自我为中心。对此,可参〔澳〕埃斯塔·安卡(Esta S. Ungar):《从神话到历史:14世纪越南的想象政治体》(From Myth to History: Imagined Polities in 14th Century Vietnam),载戴维·马尔(David Marr)、安东尼·米尔纳(A. C. Milner)编:《公元9至14世纪的东南亚》(*Southeast Asia in the 9th to 14th Centuries*),新加坡:新加坡国立大学东南亚研究所(Institute of Southeast Asian Studies),1986年,第117-138页。

⑤ 关于其"正统"的民族史观,在越南六年级的国民教科书中体现得淋漓尽致,可参〔越〕越南教育和培训部(Bộ Giáo Dục and Đào Tạo)编:《历史6》(*Lịch Sử 6*),河内:教育出版社(Nhà Xuất Bân giáo Dục),2006年。

20世纪70年代,日本学者开始沿着越南后殖民主义的研究路径展开讨论。其中,最有影响力的则属后藤均平(Gotō Kimpei)、片仓穣(Katakura Minoru)二位。后藤所著《越南救国抗争史》一书,虽然完全讨论的是汉唐史,但书中的插图描绘了近代以来越南农民、抗议者在稻田中弯腰劳作但步枪从不离手的画面。借助这些插图,后藤巧妙地达到了借今讽古的目的。① 在《中国支配下的越南》一文中,片仓关注汉唐时期中国如何对红河平原地区进行行政统辖与赋税征收,虽然其中的政治史意味明显弱化,但文章仍然强调交土人口的极为难治。②

上述研究对凯斯·泰勒(Keith Taylor)《越南的诞生》一书产生了重大影响。该书于1983年出版,详述史前时期至公元10世纪北属统治结束这一漫长时段内的越南历史,因此也成了英语学术界涉及这一话题的标准参考书。书中,泰勒延续了越南民族史学的叙事主线,主张越南历史具有延续性:早在华夏进入以前,红河平原已出现传说王国,到公元10世纪时,越南脱离中国控制,恢复独立地位。泰勒认为,越南的独立是一千年来当地人民不断斗争的结果,因为他们坚信"自己并非华夏人,也不愿意华夏化"。③

---

① 〔日〕后藤均平(Gotō Kimpei),《越南救国抗争史》(*Betonamu kyūgoku kōsōshi*),东京:新人物往来社(Shin jinbutsu ōrai sha),1975年。

② 〔日〕片仓穣(Katakura Minoru):《中国王朝支配下的越南》(Chūgoku shihaika no betonamu—Chugoku shoōchō no shūdatsu ni kansuru shironteki kōsatsu),《历史学研究》(*Rekishigaku Kenkyū*)第380号,1972年第17-26页;《历史学研究》第381号,1972年,第28-35页。

③ 〔美〕凯斯·泰勒:《越南的诞生》,第 xviii 页;不过,泰勒在后来的研究中间放弃了民族史观,可参〔美〕凯斯·泰勒:《(越南)早期国家》(The Early Kingdoms),载尼古拉斯·塔林(Nicholas Tarling)主编:《剑桥东南亚史》(*Cambridge History of Southeast Asia*,Volume One,Part One)第一册《第一章》,剑桥:剑桥大学出版社,2008年,第137页。在该书的前言中,泰勒这样写道:"至公元3世纪末,在中国边地长官与地方豪族的努力下,交州地区的郡县政体总体而言较为稳定。一方面,这一政体对于皇权变动十分敏感;另一方面,在皇权衰微时,又能适时地体现地方豪族的权力取向。"

大约与泰勒同时,霍姆格伦(Jennifer Holmgren)的专著《公元一至六世纪越南北部湾的政区地理与政治演进》也于20世纪80年代初问世。① 遗憾的是,这部著作的知名度与前者不可并论。书中,霍姆格伦仔细爬梳汉文史料,但并不侧重于解读史料中越南的自立倾向。而且,与泰勒不同的是,霍氏在转译汉文原始文献中的人名时,并不会因为历史人物主要活动于越南而按照越南语转译,活动于中国则以拼音转写。② 不过,在介绍历史人物时,霍氏还是采用了"越南""中国"这样的词汇,殊不知对于时人而言这样的地域划分并无意义。此外,在牵涉政治、文化变革的讨论时,"汉化""越南化"等术语也一再出现。

总之,上文引述的所有论著均无法逃脱中越二元叙事的框架,在追溯汉唐时期的史事时,普遍假定越南社会存在所谓的"群体意识"。然而,这样的"群体意识"直到后世才逐渐生成,对于汉唐时期的越南生民而言并不存在。而且,在中越二元叙事的背景下,现代学术界通行的部分术语在汉唐时期并无对应的表述,因此对于探讨早期历史极具误导性。遍检诸史,"越(Việt/Yue)"这一词汇频现于历史书写中,特别是越南本土的史料书写中,但该词常常会被今人误用,似乎"越"指涉的是一个确切的民族。事实上,汉唐时期,"越"一词可以指涉许多不同的对象,并且用法微妙,仅在少数情形下用于指代红河平原的人群。③

除了用词上的时空倒置外,基于越南民族史观展开的相关研究还

---

① 〔澳〕詹妮弗·霍姆格伦(Jennifer Holmgren):《公元一至六世纪越南北部湾的政区地理与政治演进》(*Chinese Colonization of Northern Vietnam: Administrative Geography and Political Development in the Tongking Delta, First to Sixth Centuries A. D.*),堪培拉:澳大利亚国立大学出版社,1980年。

② 关于转译选择及其内涵,可参〔新西兰〕龚雅华(Michael Churchman):《汉唐时期汉人与越南人形成之前的红河平原》(Before Chinese and Vietnamese in the Red River Plain: The Han-Tang Period),《南方华裔研究杂志》(*Chinese Southern Diaspora Studies*)2010年第4期,第25-37页。

③ Việt与Yue都是对同一个汉字"越"的转译,关于"越"的用例及其与两河地域人群的关系,可参〔新西兰〕龚雅华:《汉唐时期汉人与越南人形成之前的红河平原》,第27-31页。

存在一个严重的问题,那就是,越南学者的研究视野往往只局限于今天的越南国境线内。① 将红河平原从周边地区中剥离出来单独讨论,往往就会推导出"越南人群特性鲜明"的错误结论。诚然,相较于广州稳定的政治局势,华夏王朝对于交州的经略显得更为薄弱。交土的频繁暴动、政权割据以及交州人士对地方事务的把持等等,这些均容易被解读为越南士民对华夏政府的对抗,影射的是他们对于恢复越南自立的企望。

由于俚獠的活动范围超出了今天越南的国境线,因此在以越南为中心的汉唐史论著中,这群铜鼓文化的先民最多只会被一笔带过,而且往往被描述为无关紧要的山地族群。② 实际上,在我看来,要想理解公元1至9世纪越南北属时期的历史,俚獠族群是无法回避的对象。一方面,俚獠可作为参照对象,有助于我们重新考虑越南人群的"特性"问题;另一方面,俚獠作为一个外部因素,对于红河平原前越南国家时代的政治体最终走向自立,起到了助推作用。

六、俚獠与红河平原

如果仔细观察俚獠,将公元1至7世纪俚獠的政治情形依次同红河与珠江河口的人群进行对比,不难发现红河与珠江两河的滨海中心城市存在诸多共性。基于这样的比较,可知红河平原的地方长官似乎与天子治下的广州更为接近,而与散居山地的俚獠酋帅相去较远。

与邻近地区进行横向的历史对比并非越南民族史研究中的唯一挑战。在其他研究场合,笔者曾阐述过这样的观点,即从某种意义上说,

---

① 甚至,北部湾北部地区也不在其关注范围内,尽管这些地区曾被红河平原的交州作为辖县超过两个世纪。

② 凯斯·泰勒(Keith W. Taylor)将这些铜鼓先民称为"部落族群",可参〔美〕凯斯·泰勒:《越南的诞生》(*The Birth of Vietnam*),伯克利:加州大学出版社,1983年,第67页;何肯则将其称为"部族",这些部族聚居的地区称为"飞地",详见〔美〕何肯:《东亚的诞生》,第154页;何肯:《早期中华帝国的南方腹地》,第140—144页。

俚獠势力的存在助推了红河平原的自立。具体而言,俚獠势力切断了红河平原与华夏其他地区的陆路联系,阻挡了北方人口的持续南迁,并且由于外部竞争的缺失,红河平原地方豪族的统治根基不断巩固。为了维持既得特权,这些地方家族在华夏官僚体制之下,形成了一个又一个割据王朝。[①] 不过,这些外部因素到底如何影响到汉唐时期红河平原的政治演进,相关研究还很不充分。

将红河平原与两河地域的俚獠进行比较,容易让人联想到越南"历史特殊论"(Particularism)中的许多主张,而这些正是越南民族史研究的潜在议题。大致来说,这些议题可粗分为三类,分别是地理背景、文化延续性及抵御外敌。

所谓"地理背景",是指将越南史置于更广阔的地理单元中加以考量。例如,可将越南视为东南亚的一部分,甚至是东亚世界中的一角。毕竟,与东亚其他国家一样,越南也使用汉字系统,提倡儒学政治。后殖民时代的越南史学界刻意淡化越南与传统中国的共性,而强调越南与东南亚其他国家的历史渊源。泰勒曾认为,对越南进行这样或那样的地域划分,"恐怕对于越南史的研究毫无启发意义"。然而,他也无法摆脱这样的观察视角。在他看来,越南是东亚与东南亚的特殊结合体,它的根基虽在东南亚,但因为华夏的统治而被迫卷入到东亚的文化漩涡中。[②] 越南学者陈国旺(Trần Quốc Vượng)认为,研究越南的历史

---

① 〔新西兰〕龚雅华:《中间人群:汉隋之际的俚獠》(The People in Between: the Li and Lao from the Han to Sui),载〔澳〕诺拉·库克(Nola Cooke)、李塔娜(Li Tana)、〔美〕安齐毅(James A. Anderson)编:《北部湾通史》(*The Tongking Gulf through History*),费城:宾夕法尼亚大学出版社,2011年,第67-86页。

② 〔美〕凯斯·泰勒:《越南的诞生》,第 xxi 页;此后,泰勒的学术观点有所转变,他强调越南南北之间的区隔,越南南部与东南亚邻国之间的共性更大,详参〔美〕凯斯·泰勒:《越南的表象:民族与地域史之外》(Surface Orientations in Vietnam: Beyond Histories of Nation and Region),《亚洲研究杂志》(*Journal of Asian Studies*)1998年第8卷第4期,第949-978页。

与文化,必须立足于东南亚。① 范德阳(Phạm Đức Dương)更进一步,主张应将越南视为"东南亚的缩影",因为越南基本上囊括了东南亚世界主要的语言人群。② 然而,一旦地理背景发生转变,将两河地域被视为东南亚的东北缘之后,红河平原看上去似乎与华夏文化更为接近,而与俚獠社会相差较远。

所谓"文化延续性",是越南史学界提出的一个论断。他们认为红河平原的早期人群虽被中国统治了近千年,但始终保持了越南的"文化内核",这也使得越南与中国南方的其他人群存在显著差异。正如今天所见,这些华南人群最终融入到了华夏文明之中,并丧失了其原始文化特性。③ 陈国旺将这一文化内核称之为"越南恒定因素"(Việt constant)。对此,他这样表述:"在乡村水田文化的底色背后,还隐藏着古代的越南文化和传说。"④ 就汉唐时期而言,使用"越(Việt)"这一词语虽然语义含混,但是,这一时期红河平原上的人群确实在口头语言及神话传说等方面与其他州县有着显著差异。当然,这样的地域差异

---

① 〔越〕陈国旺(Trần Quốc Vượng):《传说时代的历史》(Từ Truyền Thuyết Ngôn Ngữ Lịch Sử),载河内考古院(Viện Khảo Cổ Học Hanoi)编:《雄王建国》(Hùng Vương Dựng Nước),河内:远方科学出版社(Nhà Xuất Bản Khoa Học Xã Hội),1970年。

② 〔越〕范德阳(Phạm Đức Dương):《东南亚背景下的越南文化》(Văn hóa Việt Nam trong Bối Cảnh Đông Nam Á),河内:远方科学出版社(Nhà Xuất Bản Khoa Học Xã Hội),2000年。对于今天的广西、广东及海南而言也是如此,这里生活着南岛语族(如回族)与南亚语族(如越南人及黎人),以及卡岱语族、苗瑶语族等诸多族群。

③ 费子智指出,与交州相比,"居于北端的'粤人'与汉帝国的联系更为紧密,最终也丧失了其族群特性"。可参〔英〕费子智:《中国人向南扩张》,第1页。

④ 〔越〕陈国旺:《传统、涵化与创新:越南文化的演进模式》(Traditions, Acculturation, Renovation: The Evolutional Pattern of Vietnamese Culture),载戴维·马尔(David G. Marr)、安东尼·米尔纳(A. C. Milner)编:《公元9至14世纪的东南亚》(Southeast Asia in the 9th to 14th Centuries),新加坡:新加坡国立大学东南亚研究所(Institute of Southeast Asian Studies),1986年,第217-218页。

并非仅仅局限于红河平原一隅。最终,经历了漫长的历史演进,至 17 世纪时,俚獠从两河地域上彻底消失。时至今日,俚獠的宗教信仰及语言很大程度上都未能保留下来。虽然岭南酋帅被 8 世纪的唐朝剿灭,活动区域也被纳入帝国疆域,但俚獠及其后裔仍在此地生息繁衍。直至 10 世纪时,两河地域仍有俚獠的身影,且与其他州县的编民迥异。史家之所以对其进行记载,意在提示俚獠姓氏背后的蛮族身份。

越南何以形成并延续其民族意识,"语言"往往被视为一个重要的因素。[①] 作为一个学术概念,"红河平原的语言延续性"最早由越南学者潘东翰(John Duong Phan)提出。他从现代越南语的结构入手,强调汉唐以后越南经历了中古汉语(Middle Chinese)至原始越南语(Proto-Vietnamese)的转变,在这一转变过程中出现了所谓的"混合音"(creolized language),这也意味着在此之前越南当地多数人群的口音可划入汉语族(Sinitic language)的框架之下。[②] 至于俚獠,直至 11 世纪时,两河地域的族群语言仍十分杂乱,文献记载其"有四色语,各别译而方通"。[③]

由于语言、文化不断演变,时至今日,两河地域的人群往往自视为中国人,而红河平原的人群则自视为越南人。当然,这一局面公元一千

[①] 详参〔美〕凯斯·泰勒:《越南的诞生》,"越南语的存在十分重要,因为这意味着无论汉民族在越南有何动向,它都要受到越南语言文化的束缚,并且这一文化恰恰与汉文化圈的思维模式迥然不同",第 300 页。

[②] 〔越〕潘东翰(John Duong Phan):《重思"安南":中越芒语语言接触新探》(Re-Imagining 'Annam': A New Analysis of Sino-Viet-Muong Linguistic Contact),《南方华裔研究杂志》(Chinese Southern Diaspora Studies)2010 年第 4 期,第 3-24 页。

[③] 这一时期两河地域的语言状况,可从 10 世纪末乐史所著的地理总志《太平寰宇记》中得到线索,详参(宋)乐史:《太平寰宇记》卷一六七《岭南道十一·钦州》,"(钦州)俚人不解言语",第 13b 页;而容州(今广西容县)的情况则是"其州原有俚獠,三种言语不同",详参《太平寰宇记》卷一六七《岭南道十一·容州》,第 4b 页;融州(今广西南宁周边)管下亦有俚獠土著,"有四色语,各别译而方通",详参《太平寰宇记》卷一六六《岭南道十·融州》,第 5a 页。

年并未形成,反倒是后来的一千年才逐渐成形。公元头一千年间,所谓越南人对汉化的抵制,更多时候体现为俚獠土著对华夏物质文化及社会结构的疏离。反观红河平原的人群,他们更多时候极为主动地接受了华夏制度。

鉴于近代以来的历史遭遇,越南民族史研究中最突出的主题莫过于"抵御(resistance)"外敌入侵。在这一叙事模式下,越南学界在对红河平原的历史研究中,坚持认为相比于其他地域,红河平原的早期人群在华夏扩张过程中表现得极为难治和抗拒。在给一般英语读者的越南史普及读物中,阮克员(Nguyen Khac Vien)对北属时代的红河平原做了这样的描述:"为反抗外族统治,越南民众武装起义不断。"[①]不过,若将汉唐时期,特别是南朝时期交州民的叛乱与俚獠土著的叛乱进行对照,恐怕会产生相反的认识,而且与越南民族史的叙事迥然有别。显然,交州民的叛乱和起义次数无法与更北端的俚獠土民相提并论,那么将叛乱多寡作为越南民族情绪炽烈的根据就无法站稳脚跟。相反,这促使我们重新思考,红河平原是对抗华夏的"叛乱温床"(a hotbed of revolt)这一传统认识是否可靠。

公元43年,伏波将军马援捣毁交州徵氏姐妹(Trưng Sisters)的地方政权。此后,在相当长的时间内,红河平原都处于郡县体制之下,即便中央权威最薄弱时,红河平原的地方政权也须得到朝廷册封。与之不同,俚獠活动的核心区位于两河之间,公元7世纪唐朝剿平当地俚獠渠帅之前,这一地区从未被纳入朝廷的直接控制。两汉时期,红河平原受到朝廷的直接管辖,交趾郡也成为当地的地方行政中心,人口稠密,

---

① 与其他越南学者一样,阮克员(Nguyen Khac Vien)选择跳过北属时期的越南史,详参〔越〕阮克员(Nguyen Khac Vien):《越南史》(*Vietnam: A Long History*),河内:外语出版社(Foreign Languages Publishing House),1987年,第21页。

辖县多达十二①，反观郁水以南及滨海之间的广阔地域，仅设四县。今天梧州、合浦、阳江所连接而成的三角地带是当时俚獠铜鼓文化的核心区，才有一县。此后多个世纪，苍梧、合浦、郁林三郡之间的其他区域都是边缘之地，"略无编户"，且不向朝廷输送租赋。

马援南征交趾后的两个世纪，红河平原对朝廷一直表现得较为顺服。这一时期，当地并未策动任何一起叛乱，为数不多的五次起义也发生在交趾周边的五郡内。② 唯一一起波及交趾的动乱，则是发生于公元178年交趾、合浦两郡的乌浒蛮叛汉事件。③ 公元248年，九真郡赵贞娘（Triệu Âu，也称 Lady Zhao）聚众起义，虽也蔓延到了交州一带，但这次叛乱最初爆发于九真郡的山区。④ 两个世纪中间，红河平原的治理模式为朝廷直接任命地方长官，这与俚獠土著的酋帅自治模式存在显著不同。南朝时期，皇权衰微，交州离心倾向增强，但当地豪族仍须从朝廷获取正式的册封官职，才能维持其统治的合法性。一旦这样的册封诉求被朝廷拒绝，或者朝廷试图外任刺史干涉当地政治，交州豪帅才会与朝廷发生正面冲突。

当然，地方豪帅即便实力强大，在民族一统的大环境之下，他们很少贸然称王称帝。不过，当朝廷权力衰微时，地方割据势力往往会铤而走险，觊觎皇权的宝座。通常，他们在割据称帝后，会沿用当地重要的历史地名作为国号。就两河地域而言，"越王"（也作"粤王"）无疑是最

---

① 译者按：《后汉书·郡国志五》记载，交趾郡辖龙编、羸娄、安定、苟漏、麓泠、曲阳、北带、稽徐、西于、朱鸢、封溪、望海等十二城。

② 将九真、日南等更南方边郡的叛乱视为越南民族意识的萌发，并无任何依据，唯一可以说通的解释就是九真、日南郡都属于今天的越南版图。同样，公元178年乌浒蛮的起义，最先爆发于合浦等地。相较于日南、九真郡，合浦与红河平原的交州地缘上更加临近，但越南史学界从未将乌浒叛乱视为越南先民对华夏的反抗斗争，具体详参〔澳〕詹妮弗·霍姆格伦：《公元一至六世纪越南北部湾的政区地理与政治演进》，第66—71页。

③ 详参《后汉书》卷八《孝灵帝纪》，第10b、第13a页。

④ 《太平御览》卷三七一《人事部·乳》引刘欣期《交州记》，第3b页。

好的选择。①

　　本书的研究试图厘清这样一个事实,即相比于俚獠自身的权力结构,南朝时期红河平原的人群事实上更为主动地接纳了华夏的政治框架及权力模式。这也是"俚獠"逐渐沦为一种蔑称,并被视为"野蛮"象征的原因所在。而且,这也是俚獠首领被统称"酋帅",而红河平原的人群则与广州一样,被纳为"编民"并由朝廷任命的刺史郡守统一管辖的缘故。直至6世纪末,交州俚帅李佛子(Lý Phật Tử)发动叛乱,红河平原的局势才有所转变。针对交州的地方叛乱,南朝的应对措施虽与应对其他州县的叛将起义或割据政权无异。但是,红河流域的自立趋势愈演愈烈。从某种意义上说,交州的自立与南朝的势衰及经略不当密切相关,而且南朝一直疲于应对来自北朝的军事威胁。

　　与红河平原的其他人群相比,俚獠的情况完全不同。这些土著族群从未完全臣服于汉朝的武力南征。贯穿整个南朝时期,俚獠酋帅牢牢把持地方的资源与土地支配权。由此,他们的统治根基进一步稳固,即便强大的隋唐也无法轻易对其发动军事征伐。两河地域与红河平原之间具体有何差异,可从隋唐如何实现对两河地域的征服来获取绝佳的观察视角。事实上,隋唐对交州的管辖与对俚獠的统治有着本质区别。譬如,隋将刘方平定交州俚帅李佛子的叛乱之后,隋朝很轻易地将丘和扶持为交趾太守,并平息了当地民情;大业末年,丘和归附唐朝,唐廷继续任命他为交州刺史、大总管。丘和之后,唐朝渐渐摆脱交州地方势力的干预,取得了对交州地方官职的任命权。② 相比之下,隋唐无法

---

　　① 两河地域采用"越"为国号的割据势力众多。例如,6世纪中期,交州俚帅李贲自称"越帝";8世纪时,泷州酋帅冯璘僭号"南越王";10世纪初,广州刘䶮称帝,先定国号为"大越",次年才改称"大汉"。关于"越"这一国名的引力及其背后原因,可参〔新西兰〕龚雅华:《汉唐时期汉人与越南人形成之前的红河平原》,第29-30页。

　　② 关于李佛子在交州的活动时间及隋唐之际交州的政治形势,可参〔美〕凯斯·泰勒:《越南的诞生》,第158-162页、166-169页。

垄断两河地域的政治,只能寻求与俚帅酋长的合作,甚至有时还被迫任命当地豪帅为地方长官。直到大唐立国五十年后,中央王朝与两河地域地方豪帅的博弈才逐渐胜出,并由此取得了两河地域的任官权。从朝廷的眼光来看,红河流域的人群或许显得较为难治,但如果与同一时期的俚獠族群相比,交州似乎又显得极为顺从。

七、铜鼓与俚獠

在越南史的探讨中,铜鼓文化是一个极其重要的课题。越南民族史研究者往往将东山文化视为华夏入侵之前越南民族文化的标志性符号。具体来说,东山文化中的黑格尔Ⅰ型铜鼓被今天的越南政府视作前华夏时期越南本土文化传统的象征,它不同于今天被打上了层层华夏烙印的越南文化。而且,它将越南的文化根脉与东南亚紧紧联系在一起,并证明越南也曾孕育过极具影响力的地方文明。[①] 作为越南的国宝文物,东山铜鼓被展示在河内越南国家博物馆的展厅里。而且,它还被制成等比例缩小的文创商品,在河内大街小巷的纪念品商店里售卖。玉缕铜鼓(Ngọc Lũ)的鼓面纹饰也被提取出来,印制在T恤和明信片上。甚至,在全球各地的越南餐厅的窗面上,都能见到这一图案元素。自马援南征交趾之后,红河平原传统的权力结构走向衰微,东山铜鼓文化也全面衰落。此后,很长一段时间,华夏职官体系及其背后的皇权成了当地的权力象征。正当铜鼓浇铸的传统渐渐从红河平原上消失时,两河地域的铜鼓文化逐渐兴盛,并持续了整整五个世纪之久。

作为俚獠先民遗留至今最为重要的遗物,铜鼓诉说着俚獠族群的

[①] 关于东山铜鼓的重要性,可参〔越〕范辉从(Pham Huy Tong)编:《越南东山铜鼓》,第262-267页。

故事,这段故事以往只偶见于汉文史料之中。① 鉴于今天两河地域地缘政治的特殊性,这势必造成黑格尔Ⅱ型铜鼓很少被学界深入研究。与东山文化及其命名权受到越南的高度关注不同,黑格尔Ⅱ型铜鼓的面貌仍然十分模糊。当然,出现这样的情况并不令笔者感到惊讶。站在华夏民族史的立场看,黑格尔Ⅱ型铜鼓同样无足轻重。它并不被视为一种消失族群的象征物,而是被当作华夏民族文化(nationality cultures)特征的组成部分。② 充其量,它只是华夏文化整体中的一个子集,隐藏在华夏历代王朝兴衰演替积累而成的灿烂文化背后。尽管铜鼓也被视作两广地区的文化瑰宝,但就整个中华民族而言,铜鼓仍是一种边缘文化,它对整个华夏文化形成所做的贡献十分有限。作为一种文化符号,铜鼓象征着地域文化与民族文化的多元。③

最为重要的是,铜鼓的相关研究无法跳出国界线的阻隔。中越两

---

① 遗憾的是,除了铜鼓以外,学界一般很少关注其他的俚獠考古遗存。不过,冯孟钦是个例外,他将瓦当、陶瓮、陶器等也纳入了研究视野,具体可参冯孟钦:《广东俚人遗存的考古学观察》,载百越民族史研究会编:《百越研究》第1辑,南宁:广西科学技术出版社,2007年,第216-230页。

② 近年来,汉语中的"民族"一词经常被英译为"ethnic group"或"ethnicity",但这样的处理其实曲解了原文,并且遮蔽了该词的语境联系。在绝大多数大陆著作中,"民族"一词基本上都采用了斯大林的定义,即"民族是人们在历史上形成的有共同语言、共同地域、共同经济生活以及表现于共同的民族文化特点上的共同心理素质这四个基本特征的稳定的共同体。"不过,法国学者李穆安(Jacques Lemoine)对此提出异议,他认为大陆政治语境下的"民族"一词无法译介,具体可参〔法〕李穆安:《世界苗族人口实数》(What Is the Actual Number of the Hmong in the World?),《苗族研究杂志》(Hmong Studies Journal)2005年第6期,第1-8页;同理,越南语中的"dân tộc"一词的内涵与外延其实与汉语中的"民族"术语基本相同。因此,在英文表述中,我倾向采用"nationality"一词,它能传达出"ethnicity"所不具备的政治与思想内涵。

③ 仅在南宁市的广西壮族自治区博物馆中,铜鼓才会展示在突出的位置;而新落成的国家民族博物馆(译者按,实为广西民族博物馆),主体建筑外观被设计成了巨大的铜鼓。而在南宁市中心城区,路面上的窨井盖也装饰成铜鼓鼓面的图案。

国学者都不遗余力地宣称铜鼓最早创制于本国。这样的观点也引发中越两国学界的长期论争,其中中国学者坚持认为黑格尔Ⅱ型铜鼓应是最早期的铜鼓,它的使用时代早于红河平原及云南地区的Ⅰ型铜鼓几个世纪。① 虽然对铜鼓起源的争论有些偏离了主题,但囿于国界线的存在,似乎仍影响到了学界对铜鼓文化分布及传播路线的判断。② 中国学者通常认为黑格尔Ⅱ铜鼓由滇文化中的Ⅰ型铜鼓直接演变而来,而忽视了铜鼓浇铸传统可能由今中国国境以外地区传入的可能性。③

对于铜鼓文化及其浇铸技术如何从红河低地平原向西北方向传播,而不是直接由云南地区向周边扩散的推想,日本学者吉开将人

---

① 韩孝荣对铜鼓起源的争论展开了辨析,详参韩孝荣:《谁发明了铜鼓?——民族主义、政治与 20 世纪 70 年代至 80 年代中越之间的考古学争论》(Who Invented the Bronze Drum? Nationalism, Politics and a Sino-Vietnamese Archaeological Debate of the 1970s and 1980s),《亚洲视角》(Asian Perspectives) 2004 年第 1 期总第 43 卷,第 7 - 33 页。

② 笔者认为,之所以出现争议,恐怕与中越两国学者互相不熟悉对方的语言,无法及时掌握对方最新的考古发现及学术观点存在密切的关系。因此,囿于中越两国的国境线,针对铜鼓的学术研究,也明显地出现了两种截然不同的分类。值得注意的是,以上分类法还被其他国家的学术著作广泛征引。譬如,荷兰学者贝纳特·坎普斯(A. J. Bernet Kempers)采用一页的篇幅介绍了华南地区的黑格尔Ⅱ型铜鼓,详参〔荷〕贝纳特·坎普斯:《东南亚的铜鼓:青铜世界及其余波》(The Kettledrums of Southeast Asia: A Bronze Age World and Its Aftermath),鹿特丹:巴尔克马出版社(A. A. Balkema),1988 年,第 32 页;日本学者西村昌也(Nishimura Masanari)在最近的研究中专门讨论了越南国境内发现的铜鼓,而对中国发现的铜鼓明显关注不足,具体可参〔日〕西村昌也:《从民族史的视角来理解越南北部的铜鼓》(Hokubu vietonamu dōko wo meguru minzokushiteki shiten kara no rikai),《东南亚研究》(Tōnan ajia kenkyū)2008 年第 1 期总第 46 号,第 3 - 42 页

③ 姚舜安、万辅彬、蒋廷瑜编:《北流型铜鼓探秘》,第 24 - 27 页。译者按:此段文字疑前后矛盾,未知作者本意,姑且照译原文。

(Yoshikai Masato)提供了一个极有影响的论说。① 此处,笔者可为吉开将人的论断再补充几点证据,以进一步增强其说服力:广西左江两岸崖壁上绘制的花山岩画,画面中共描绘了 250 多面铜鼓,②而左江正处于红河河谷与珠江水系的连接之处。黑格尔Ⅰ型铜鼓虽然在广西地区时有发现,但主要集中于广西西北部,并与云南毗邻,这足以说明广西铜鼓与滇文化之间的密切联系。③ 再者,两河流域发现的黑格尔Ⅱ型铜鼓,主流鼓面纹饰与东山文化更为接近,而与广西西北部的黑格尔Ⅰ型铜鼓存在较大差距。④ 以上三点,均能佐证吉开将人的判断,即铜鼓最早由红河谷地发源,然后向西北方向传播,进而影响到了两河地域俚

---

① 关于铜鼓浇铸技术的变化,日本学者吉开将人认为,早期阶段铜鼓整铸完成以后,才在鼓面上刻划纹饰;发展到后来,铜鼓采用陶范分铸而成,并预先将纹饰模刻在范上,再将纹饰翻印在铜鼓上,具体可参〔日〕吉开将人(Yoshikai Masato):《铜鼓"再编"的时代——公元一千年的越南与南中国》(Doko saihen no jidai-issennenki no betonamu minamichūgoku),《东洋文化》(Tōyō Bunka)1998 年第 78 期,第 199-218 页;部分中国学者正在研究东山文化中的黑格尔Ⅰ型铜鼓对后来中国各型铜鼓的影响,但又同时主张广西黑格尔Ⅱ型铜鼓应直接来源于滇文化中的黑格尔Ⅰ型铜鼓,可参万辅彬、房明惠、韦冬蕤:《越南东山铜鼓再认识与铜鼓分类新说》,《广西民族学院学报(哲学社会科学报)》,2003 年第 6 期,第 77-83 页。
② 王克荣、邱钟仑、陈远璋:《广西左江岩画》,北京:文物出版社,1988 年,第 193 页。文中还进一步指出,这些岩画中的铜鼓应当属于黑格尔Ⅰ型铜鼓,可参《广西左江岩画》,北京:文物出版社,1988 年,第 204 页。
③ 不过,仅有两面铜鼓发现于俚僚活动区,且出土地点均在广西南宁东部贵县(译者按,今贵港市)的罗泊湾(译者按,文中作"Boluowan",当误)南越时期墓葬中,相关研究可参李龙章:《岭南地区出土青铜器研究》,北京:文物出版社,2006 年,第 119 页;关于不同型式铜鼓的地区分布,可参吉开将人:《铜鼓"再编"的时代——公元一千年的越南与南中国》,图Ⅷ、Ⅸ。
④ 越南学者陶维英(Đào Duy Anh)指出,东山文化铜鼓的铅比例较高,约为 16% 左右,这与中国发现的铜鼓显著不同,可参〔越〕陶维英:《越南古代史》(Lịch sử cổ Đại Việt Nam),第 204 页;在俚僚活动核心区发现的黑格尔Ⅱ型铜鼓同样也属于高铅铜鼓,铅比例达 15%,而这类铜鼓很少发现于广西北部及云南等地。关于广西铜鼓的成分分析,可参黄增庆:《壮族古代铜鼓的铸造工艺》,《广西民族学院学报》1984 年第 1 期,第 41-47 页;关于滇文化中的黑格尔Ⅰ型铜鼓,可参张增祺:《滇国与滇文化》,昆明:云南美术出版社,1997 年,第 90 页。

獠族群的铜鼓铸造传统。

就铜鼓传播的时间而言,东汉时期发生的几起历史事件也能印证铜鼓最早是在这一时期开始由红河平原向外传播。公元1至2世纪,红河平原的地方豪族已与东北合浦等郡的地方势力遥相呼应。譬如,公元40年,徵氏姐妹的叛乱就表现得极为突出。最初,徵氏姐妹起兵于交趾,但很快就得到九真、日南等郡的响应。最重要的是,合浦也参与其中。公元178年,交趾、合浦等地的乌浒蛮起兵反汉,随后兵势迅速向南蔓延至今越南中部,九真、日南二郡的蛮人与之联合,人数达数万之众。这几起事件发生时,正是两河地域铜鼓文化兴起的时间。或许,在红河周边的人群看来,红河平原地方势力的强大向心力让铜鼓成为一种权力身份的象征,并促使左江流域的地方豪酋也仿铸自己的铜鼓。同理,左江流域的铜鼓铸造又进一步影响到了两河地域的人群。客观上讲,两河地域的经济发展水平及丰富的铜矿储藏也助推了当地铜鼓文化的繁荣。

红河平原铜鼓传统与俚獠铜鼓文化之间的联系,还可从现代越南语、卡岱语族中"铜鼓"一词的词源上得到佐证。在现代越南语中,铜鼓一般读作"*trọng*",而在1651年法国传教士亚历山德罗(Alexandre De Rhodes)编著的《越语—葡萄牙语—拉丁语字典》中,该词的古音却作"*tlóu*"。① 至于铜鼓一词更早的读音,可从古代字喃写本的注音中得到启示。所谓"字喃"(Chữ Nôm),是古代越南使用的以汉字为基础的通俗标记文字,也称"汉喃文"。公元15世纪上半叶,越南后黎朝大臣阮廌(Nguyên Trãi,1380—1442)编选《国音诗集》(Quốc Âm Thi Tập)一

---

① 〔法〕亚历山德罗(Alexandre de Rhodes):《越语-葡萄牙语-拉丁语字典》简称《越葡拉字典》(*Dictionarium Annam iticum Lusitanum, et Latinumm ope Sacrae Congregationis de Propaganda fide*),罗马,1651年,第813页。

书,书中将铜鼓一词写作"𪔛"。① 该字实际上由"古""弄"两个汉字组成,越南语中分别读作"*cổ*""*lộng*",由此二字可音读为"*klong*"。② 这足以说明,"铜鼓"一词最早的声母应作"k-",而非后来亚历山德罗笔下的"t-"。③ 同样的,台语系中的岱依族人(Tày)也使用了类似的字喃"*tổng*"来指代铜鼓。④ 在中国南方、东南亚及原始台语等诸台语语族中,铜鼓一词的表述方式有以下几种,分别是"*kjong*""*kong*""*tsong*",而这些读音又可笼统地转写为"*klɔɔŋ*"。⑤ 从其与更疏远的卡岱语族之间的辅音连缀借用关系上判断,这些词最初应是原始台语(proto-Tai)借自于原始越语(proto-Vietic),而不是通常认为的原始越语借用原始台语。⑥ 越南学者已经注意到,原始台语曾对古越南语产生过强烈影响。

---

① 〔法〕施耐德(Paul Schneider):《越南表意文字历史大词典》(*Dictionnaire historique des idéogrammes Vietnamiens*),尼斯:尼斯索菲亚大学东南亚、马达加斯加及印度洋群岛跨学科研究所(Université de Nice-Sophia Antipolis, Unité de recherches interdisciplinaires, Madagascar et les îles de l'océan Indien),1992年,第2册第94页。

② 越南学者黎文贯(Lê Văn Quan)指出,17世纪以后,这类复合词已不再使用,可参〔越〕黎文贯:《喃字研究》(*Nghiên Cứu về chữ nôm*),河内:远方科学出版社(Nhà Xuất Bản Khoa Học Xã Hội),1981年,第88页。

③ 实际上,在部分越族及芒族的方言中,铜鼓一词的首字母仍读作"*kl-*"。例如,Thạch Bi 芒族方言中即作"*Klông*",可参〔越〕黎文贯:《喃字研究》,第109页。

④ 〔越〕黄朝恩(Hoàng Triều Ân)编:《岱族喃字字典》(*Từ Điển chữ Nôm Tày*),河内:远方科学出版社,2003年,第545-546页。

⑤ 对于原始台语的复原研究,特别是以"kl-"为首的台语词汇,可参李方桂(Li Fang-Kuei):《比较台语手册》(*A Handbook of Comparative Tai*),火奴鲁鲁:夏威夷大学出版社,1977年,第221-226页。

⑥ 海南黎语中表示"鱼鳞(fish scales)"和"远(far)"两个词的首字母均为"l-",从同源关系上看,可对应原始台语中的"kl-",或者今南宁东北部现代台语方言中的"tɛ",可参王均:《壮侗语族语言简志》,北京:民族出版社,1984年,第808、858页;此外,澳洲学者哈里·萧图(Harry Shorto)将该词复原为原始南亚语系中的"*jtuuŋ*",详参〔澳〕哈里·萧图著:《孟高棉语比较词典》(*A Mon-Khmer Comparative Dictionary*),堪培拉:澳洲国立大学亚太学院太平洋语言学中心,2006年,第190页。

表面上看,原始台语中铜鼓一词借用南岛语系中的读音,似乎与吉开将人认为的铜鼓传播路线相互矛盾,但仔细考证不难发现,原始台语也曾对原始越南语①中的词汇产生过重要影响,并且两种语言都存在诸多与稻作有关的共通词汇。② 无论两种语言之间的借用关系如何,都能证明这样一点,即原始台语族群与原始越语族群生活的地域毗邻,而且长期以来两河地域上两种语族的人群之间语言混合与借用现象十分普遍。

综合前文,我们有理由对"宣称铜鼓为某个国家、语系、民族的独特文化遗产"这一说法提出质疑。事实上,铜鼓应该是东亚大陆及中南半岛广阔地域上不同人群共同创造的物质文化,并被这一地域上的各种人群普遍视为权力、财富及地位的象征。奥斯卡·塞尔明克注意到,东南亚高地人群的财富源于远距离贸易所获得的某种礼制用器,而铜鼓虽然本地能够生产,但它似乎确实符合这一功能需求。③ 事实上,珠江流域的早期墓葬中曾出土不少周式铜鼎,时代远远早于两汉,而且多为本地所铸。这表明,早在铜鼓兴盛以前,两河地域就存在一种通过占有礼器的数量多寡来显示身份等级的文化传统。④ 俚僚活动的两河地域铜矿丰富,而铜鼓文化的盛行可视为上述文化传统的延续。不过,唯一的区别在于,俚僚族群浇铸的铜鼓并不是仿自中原的礼器,而是效法毗邻的红河流域。虽然马援的南征对交趾当地豪族的冲击巨大,但铜鼓

---

① 〔越〕阮玉山(Nguyễn Ngọc Sơn):《理解越南史》(Tìm Hiểu Tiếng Việt Lịch Sử),河内:河内师范大学出版社(Nhà Xuất Bản Đại Học Sư Phạm),2000年,第135-140页。

② 〔越〕范德阳(Phạm Đức Dương):《亚洲东南部的越南》,第183-228页。

③ 〔丹〕奥斯卡·塞尔明克:《山地视角:正说越南平原与高地关系史》,第31页。

④ 〔美〕罗泰(Lothar von Falkenhausen):《东周时期岭南地区青铜礼器的使用及其意义》(The Use and Significance of Ritual Bronzes in the Lingnan Region during the Eastern Zhou Period),《东亚考古学刊》(Journal of East Asian Archaeology)2001年第3卷第1、2期,第193-236页。

生产的传统并未中断。越南北宁省(Bắc Ninh,古称龙编)陇溪城址(Lũng Khê)附近的赢楼(Luy Lâu)遗址曾出土过一面铜鼓,一同出土的还有陶范,时代为公元 2 至 6 世纪。① 然而,到 3 世纪末,红河平原新的政治势力崛起,这一势力往往由中央授予郡守之职,取得了交州的合法统治权。由于晚期铜鼓未见出土,而史料记载中铜鼓仅在越南中部使用,或许从这一时期开始,时人已将铜鼓视为山地族群的文化器物。② 就两河之间的俚獠而言,铜鼓文化继续繁荣,并渐渐发展出独立的文化传统。

铜鼓是两河土著豪族的权力象征。目前所见大量铸于公元 4 世纪以至唐初的铜鼓就是两河地域土著酋帅地方自治的物质见证,更是南朝政府长期对远离水道、海滨的山村聚落疏于控制的文化见证。(两河地域)铜鼓始铸年代的判定是一个十分关键的问题,笔者推定应不早于(公元前 111 年)汉武帝平定南越两个世纪之后。铜鼓文化的核心区正处于岭南两个最大的城市——交州和广州之间,并且在周边郡县的包围之下兴盛繁荣。

两河地域铜鼓的地理分布及出土数量反映了俚獠社会的诸多面向,如俚獠人群的分布,俚獠社会的复杂结构以及俚獠人群与南朝之间的互动等等。俚獠酋帅的实际控制区域,可结合铜鼓零星出土的郡县与大规模出土的郡县来推定。铜鼓发现数量的多少,显示了俚獠占有财富的多寡以及俚獠内部社会结构的复杂程度。考虑到铜矿品位存在一定的差异,越南学者阮维兴(Nguyen Duy Hinh)曾估算,铸造一面

---

① 〔日〕西村昌也:《红河三角洲的城郭遗迹:关于陇溪城址的新认识与问题》(Kōka Deruta no kaku iseki, Lũng Khê jōshi wo meguru shin ninshiki to mondai),《东南亚历史与文化》(Tōnan ajia rekishi to bunka)2001 年总第 30 号,第 46-49 页。

② 有意思的是,直到 20 世纪,越南学者才注意到铜鼓对于早期红河三角洲人群的社会意义。越南最早的文献,譬如《岭南摭怪列传》及《越史略》等,甚至都未提及铜鼓,遑论将铜鼓与两汉以前传说时代的红河人群联系起来。

72公斤的铜鼓大约需要1000—7000公斤铜矿,而一个劳动力每天所能开采的铜矿仅为10—20公斤。① 由于黑格尔Ⅱ型铜鼓的体量常常是Ⅰ型铜鼓的两倍,那么铸造黑格尔Ⅱ铜鼓所需的铜矿也应是Ⅰ型铜鼓的两倍。可以想见,单是组织这样大规模的人力开凿铜矿,俚獠酋帅内部的社会结构必定极为复杂。更何况,铜鼓的高超工艺也需要不同的工匠分工参与。贯穿六朝时期的几个世纪,两河地域虽被周边的华夏郡县包围,但铜鼓文化主要在两河之间盛行。这就说明,铜鼓文化传统并非受到华夏的影响。而且,铜鼓成为权力与身份的象征物后,反过来又吸引了受到华夏行政管辖与知识体系影响的周边人群。在地域情感与文化趣味的驱使下,铜鼓成了华夏官僚体系之外的又一权力象征。汉隋之间,铜鼓文化既流行于铜矿资源丰富的两河地域,也兴盛于更东端的广州周边地区,虽然这里并不容易获得铜矿。因此,笔者认为,俚獠周边的其他非汉族群并未向广州或其他华夏郡县借鉴社会组织模式。相反,他们转而向俚獠核心区的酋帅效仿铜鼓文化。

八、研究路径与文献资料

由于俚獠族群并未留下自身的文字记载,若想研究俚獠的历史,我们首先必须倚靠汉文史料中的零星记载。然而,这些汉文文献存在诸多问题,即便是最详细的记载,也不过是史家的外部观察。而且,在对这些蛮族进行历史书写时,他们对其内部的政治运作机制毫无兴趣。就目力所及的范围看,他们也从未试图深入调查俚獠族群的历史。那些被记录下来的政治事件,主要关涉俚獠与华夏的冲突。尽管运用相

---

① 〔越〕阮维兴(Nguyen Duy Hinh):《越南史上首个国家的诞生》(The Birth of the First State in Vietnam),载〔新西兰〕唐·贝亚德(Donn Bayard)编:《第15届泛太平洋科学大会东南亚考古学》(Southeast Asian Archaeology at the XV Pacific Science Congress),达尼丁:奥塔哥大学史前人类学研究所(University of Otago Studies in Prehistoric Anthropology),1984年,第183-187页。

对丰富的汉文史料,我们可以对俚獠铜鼓人群进行编年史的探讨,并撰写出单篇论文,或者论著中的单个章节,但是仅仅站在这些零碎的史料上展开立论,所得出的研究结论未免失之片面(one-dimensional)。若要获取有关俚獠族群更为全面细致的图景,就有必要挣脱传统史料的束缚,分析比对不同的文本与材料,特别是要借鉴考古学、历史语言学、人类学的相关研究成果。

早在1939年,徐松石就出版了《粤江流域人民史》一书,成为第一位综合运用文献学、历史语言学、考古学方法对两河地域展开研究的中国学者。相比之下,由于有关红河平原的文献记载十分匮乏,而考古发现又相对丰富,越南历史学界很早就开始借鉴历史学以外的其他学科来展开研究。这其中,还包括民俗学的方法。按照越南学者陈国旺的说法,这是给无声(mute)的考古学"骨骼(bones)"再增加一些"血肉(flesh)"。① 这一研究路径具体体现在《雄王建国》(Hùng Vương Dựng Nước)②一书中,并且已成为壮族史研究的主流范式。③ 但是,问题在于,循此研究路径的学者往往会陷入一种时空倒置的困惑之中。他们往往会不加分辨地征引几个世纪(甚至一千年)后成书的晚期史料,并将其作为一手史料采信。特别是大越(1054—1804)以及明朝(1368—1644)成书的史料,我们在援引时应当慎之又慎。原因在于,两国的史家为了解释本国政治形势的合理性,在对早期历史进行追述时,

---

① 〔越〕陈国旺(Trần Quốc Vượng):《传说时代的历史》(Từ Truyền Thuyết Ngôn Ngữ Lịch Sử),载河内考古院编:《雄王建国》(Hùng Vương Dựng Nước),河内:远方科学出版社,1970年,第1册第148-149页。书中,陈国旺将其称之为融合各种不同学科的"综合研究法(phương pháp vận dụng tổng hợp)"。

② 河内考古院(Viện Khảo Cổ Học Hanoi)编:《雄王建国》(Hùng Vương Dựng Nước)(全4册),河内:远方科学出版社,1970年—1974年。

③ 这一研究路径在不少论著中得到贯彻,可参郑超雄、覃芳:《壮族历史文化的考古学研究》,北京:民族出版社,2006年;张声震编:《壮族通史》(第1册),北京:民族出版社,1997年。

往往缺乏对史料的研判。①

在征引一手史料时,笔者尽可能遵循薛爱华先生的惯例。为了避免造成时空错乱,在对特定时代的文化特征进行描述时,他往往采用同期成书的文献史料。② 除了正史以外,我还征引了大量佚失的史书,虽然它们只是以残篇断简的形式散见于唐宋时期编纂的类书书目中。当然,在处理有关古代动植物资源分布,或者人类无意识传播的语言学史料时,我会试图打破薛爱华的惯例。因为,在笔者看来,这两种史料不太可能受到政治因素的干扰。

九、常见争论与章节概述

从俚獠酋帅及其铜鼓文化的兴衰演替来看,地缘上与华夏中心城市毗邻,军事上遭到华夏政权连年征讨,政治上长期接受朝廷的官职册封,以上几点因素未必会导致俚獠族群主动融入到华夏的行政体系之中,或者完全被华夏的社会政治模式所同化。相反,在大唐建立以前的四个世纪中,俚獠通过与华夏的频繁接触,自身的政治结构日益强化,控制的地域人群愈发辽阔。最终,强如唐朝,也无法在短期内取得对俚獠社会的控制权。立国之初的几十年,唐朝被迫任命当地豪帅为刺史郡守。随着唐廷的实力日益巩固,中央政府转而直接外任官员为当地州郡长官。从以上勾勒出的脉络中不难分辨,俚獠族群跨越南方山区的阻隔,与两河地域以外的华夏人群持续互动了几个世纪之久。

---

① 在对欧洲中世纪神话起源进行研究时,澳洲学者苏珊·雷诺兹(Susan Reynolds)首先假设一个政治体、语言区往往会自认一个祖先,并进而指出神话虚构并不是为了解释现实政治的合理性而进行的刻意附会。相反,它是科学解释现实何以发生的自然产物,具体可参苏珊·雷诺兹:《中古族群起源与区域社会》(*Medieval Origines Gentium and the Community of the Realm*),《历史》1983年第68期,第375-390页。

② 〔美〕薛爱华:《朱雀:唐代的南方意象》,第2页。

接下来的第二章,首先对俚獠社会所处的地理环境进行概述。第一节,笔者对两河地域以东、以南的两座中心城市——广州和交州作了详细考察,特别是交、广二州的内陆腹地,交、广之间的水陆联系,以及交、广二州与南朝其他城市间的交通线路等等。从文献记载和考古材料来看,两汉以后交、广二州的人口、经济与政治结构均有转变。第二节将目光聚焦于两河之间的地域。在周边人群被强力纳入帝国版图的背景下,两河之间的人群如何避开华夏的直接控制。第三章对华夏周边非汉民族的族称问题展开探讨。笔者指出,汉文文本在指涉两河之间的人群时,存在多个族称,且内涵不断变化。其中,"俚""獠"以及"乌浒"三个族名特别值得关注。笔者强调,以上族称在土著语言中均有对应的词源,但都与华夏史家笔下的他称无关。此外,笔者还主张,汉文史料中的不同族称并不是基于语言或文化上的观察和分类。相反,这些族称很可能是用于指涉不同的族群,而他们所处的地理环境、从事的经济活动、采用的统治模式各不相同。而且,对于未接受华夏文明的族群,汉文传统文献存在"矮化"的传统。因此,不同于通行认知,笔者认为"俚獠"这样的蔑称恐怕不太可能对应具体的族群。一旦把握了汉文文本中这些族称的形成原理,就很容易理解这些族称在实际运用时为何总是自相抵牾。

第四章集中探讨俚獠政治与社会结构的演进过程。首先,文章概述俚獠族群自身的政治结构。自汉以降,俚獠在与华夏长期的接触之中,自身的政治结构与治理体系逐渐发生变化。最终,俚獠完全接受了华夏的政治模式,并与华夏融为一体。不过,俚獠的变化并不是历史的全部。与此同时,我们发现,华夏官长也熏染了俚獠酋帅的习气,而且朝廷的治理模式也有所转变,变得愈发依赖于地方土著酋长的世袭权威。最终,世袭刺史与世袭酋帅之间的界限也逐渐模糊。

第五章详述南朝政权如何试图通过军事征伐的方式进入两河地域,而俚獠又如何改变军事策略与之周旋。由于南朝实力衰微,俚獠土著叛服无常,因此给其前哨据点造成了巨大困扰。

第六章专论俚獠族群与华夏的贸易及其对俚獠政治结构的影响。笔者特别关注的是,凭借着对地方金银矿产、象牙及翠羽等珍货的垄断,俚獠在贸易关系中实际上处于优势地位。在此基础上,笔者提出,俚獠政治体的自立及壮大,实际上是俚獠内部斗争的结果,目的是为了垄断地方贸易资源。笔者还主张,通过贸易往来,华夏对两河地域的物产有了更加清晰的认知。对此,文中将举出相应的例证,来说明由南向北的文化输出亦有发生。

第七、八章为末章,讨论公元六、七世纪之交两河地域俚獠政治体的发育。笔者以史料中最具代表性的三个土著姓氏为例,说明这些俚獠著姓的政治身份极为模糊,他们频繁摇摆于"州人"(蛮夷酋帅)与"侨人"(华夏长吏)两种身份之间。最终,两河地域土著酋帅的世袭政治被打破,俚獠酋帅逐渐退出历史舞台。

第二章 地理概况:"两河"及两河之间的地域[①]

临近珠江、红河两大河流的入海口,坐落着两座地方都会——广州和交州。虽然交、广二州的古今地名变迁频繁,但大体上可对应今天的广州市与河内市。公元7世纪30年代[②]成书的《隋书·地理志》对两州的地理概况这样记载:

> 自岭以南二十余郡,大率土地下湿,皆多瘴厉,人尤夭折。南海、交趾,各一都会也,并所处近海,多犀象玳瑁珠玑,奇异珍玮,故商贾至者,多取富焉。[③]

从以上的描述看,南海郡(即广州)、交趾郡(即交州)均为地方上的大都市。换言之,唐初的史官仍将交、广视为重要的贸易港口。然而,作为一个贸易城市,初唐之际交趾的重要性相较于前代已有显著下降。而且,此前长达一个世纪,交趾都处于地方割据自立的状态。直至隋大业年间,交趾才重归朝廷统辖。公元7世纪,唐朝在交州设立"安南都护府",为岭南五管之一,并任命"都护"管理地方军政。据美国学者贺凯(Charles O. Hucker)的定义:"都护府实际上是帝国政府在边疆地区设

[①] 因原书注释为章后附注,现改为页下注,故边码出现跳页现象。
[②] 译者按,原文作630s,应译为公元7世纪30年代,实际上《隋书》纪传部分完成于贞观十年,即636年;而史志部分编修时间较晚,完成于唐高宗显庆元年,即656年。
[③] 《隋书》卷三一《地理志下》,第14b页。

立的特别行政机构,军事色彩浓厚,目的是'抚慰诸藩,辑宁外寇'。"①从唐朝在交州设立都护府这一点不难看出,交州作为刚刚收复的疆域,需要进行特别的军事监管。这意味着,在大唐眼中,交州与其他的普通州邑有所不同。

七个世纪以前,交趾首次被纳入华夏的版图,成为汉朝统治红河平原周边地区的中心城市。公元前111年②,汉平南越。五年之后,今越南河内东北部③的嬴娄(Luy Lâu)作为新设立的交趾郡郡治所在,一跃成为整个两河地域的行政中心。从一个更大的地理单元观察,嬴娄又可泛指"交趾",也就是后来的"交州"。汉朝之所以选择偏远的红河平原一带作为交趾的治所,恐怕是考虑到此地与南越国的旧都番禺(今广州市)距离适中,不易受到南越国残余政治势力的影响。当然,这也表明,当时红河平原周边的人群,甚至两河之间的人群起兵叛汉的可能性微乎其微。公元前106年④,汉廷设交趾刺史部,负责监察岭南九郡,治所迁至苍梧广信县,即今广西东部的梧州市。广信作为水陆枢纽,可取灵渠北上,直抵汉朝的东都洛阳。此处所说的"灵渠",是公元前214年秦始皇为统一岭南而下令开凿完成的一条人工运河,目的是为了沟通湘江与漓江水系,以便于军需物资的运输。此外,广信可经水路与番禺便捷沟通,还可取道多条陆上交通线与交趾往还。公元226年⑤,交趾治所迁至广信一个多世纪后⑥,孙吴首分交州为交、广二州。很快,由于士燮起兵、吕岱被斩,吴复合交、广为交州。公元264年⑦,

---

① 〔美〕贺凯(Charles O. Hucker):《中国古代官名词典》(*A Dictionary of Official Titles in Imperial China*),斯坦福:斯坦福大学出版社,1986年,第539-540页。
② 译者按,汉武帝元鼎六年。
③ 译者按,实为西北部。
④ 译者按,汉武帝元封五年。
⑤ 译者按,三国吴黄武五年。
⑥ 译者按,实为三个世纪后。
⑦ 译者按,三国吴永安七年。

由于交州爆发叛乱,吴最终将交州一分为二。① 此后长达两个世纪,华夏对两河地域的行政管理基本上是以交、广二州为据点展开的。分置后的交州以龙编为治所,亦即今天的越南河内。龙编地理位置绝佳,可沿红河上游的各条支流,对南至越南北部,北抵雷州半岛的地方州县加以监控。② 析置后的广州,则可循着珠江支流而上,进一步威慑苍梧、郁林等郡,或沿着注入南海的其他水系控制雷州半岛上的诸郡县。直至公元 474 年③,刘宋析交州之合浦、广州之临漳等地新置越州,情形才稍有变化。而在此之前,交、广二州实际管辖的区域基本上很少变动。④

7 世纪时,作为早期南方贸易与政治中心的交州,地位进一步下降。唐朝甚至将其视为边陲之地,专门设立了都护府对其实行军事监管。与之形成对照,两汉时期政治脆弱、叛附无常的南海郡则完全成为隋唐版图中不可分割的一部分。自汉朝势力渗入两河地域,到唐朝建立,七个世纪中间,华夏在两河地域的权力平衡发生了显著变化,而这其中许多转变就发生在公元 3 世纪交、广分立至 5 世纪越州析置之前的两个世纪中。为考察背后的动因,我们应首先比较交、广分立到越州析置期间,交、广二州的经济政治形势各有哪些变化。

---

① 交、广二州分治的历史十分错综复杂。约在 226 年至 264 年间,交、广分治的局面一度取消,可见二州合一为当时的必要之举,可参〔英〕鲁惟一(Michael Loewe):《从正史〈史记〉到〈陈书〉所见的广州:文献学的考察》,第 60 页。

② 最主要的政区(如九真、日南二郡)位于类水、九德究水沿岸。汇入北部湾的红河各支流的上游地区及北部湾以南地区基本上都逸出了华夏的有效控制范围。

③ 译者按:南朝宋泰始七年。

④ "交趾"在确指红河平原的郡名之前,名称多有改易。从汉代的史书看,"交趾"可狭义地理解为"交趾郡";也可理解为广义的交趾刺史部,从地理范围上看囊括了后来的广州和交州。同理,"交州"也可作此解释。广州析置后,交、广二州各有明确的地域指涉,概念不可混淆。由于本书探讨的时段,广州已经分治,除特别说明之外,文中提到的"交州"仅指公元 264 年以后的州域;"交趾"也仅指红河平原上所设的郡。

一、交州作为海洋贸易中心城市的衰落

自三国吴永安七年(264)起,直至隋大业初年(605),[1]红河平原上的龙编县一直被作为交州的治所。文献史料及地方州县的地理分布情况均显示,交州与周边郡县的沟通主要沿着水路展开。公元269年,陶璜被孙吴征为交州刺史,并由此控制交州长达三十余年。晋平吴后,陶璜在上表中称"南郡去(交)州海行千有余里"。[2] 交州治下的九德、九真、合浦三郡治所均临水滨海,而下辖诸县也集中分布在郡治周边,显示了对海上交通的重视。此外,《宋书·州郡志》记载交州诸郡与州城的距离时,均取水路之远近,而无陆路道里之数。[3] 汉朝与东南亚进行海上贸易时,也多取道交趾南下。而交趾以南的日南、九真等郡虽有船舶停靠,但最终要抵达的是交趾、合浦等港口。《旧唐书·地理志》载:"自汉武已来朝贡,必由交趾之道。"[4]起初,船舶若要经交趾北上番禺,很可能会横穿海南岛与雷州半岛南端徐闻港之间的琼州海峡。但是,这条海路十分凶险,风向及洋流会随着季节变化。[5] 而且,当时与海南诸国贸易的船只体量较小,这也意味着离岸航行的风险骤增。由于凡与华夏进行海洋贸易的船只都要暂靠交趾,交趾由此一跃成为海上贸易的重要港口。公元3世纪末,由于造船技术改进,船舶吞吐量增加,

---

[1] 《隋书》卷三一《地理志下》,第12b页。
[2] 《晋书》卷五七《陶璜传》,第5b页。
[3] 《宋书》卷三七《州郡志三》,第39a-43b页。
[4] 《旧唐书》卷四一《地理志四》,第43a页。
[5] 〔德〕普塔克(Roderich Ptak):《北部湾:微型的地中海?》(The Gulf of Tongking: A Mini-Mediterranean?),载〔比〕萧婷(Angela Schottenhammer)编:《东亚的"地中海":海上十字路口的文化、贸易与移民》(*The East Asian "Mediterranean": Maritime Crossroads of Culture, Commerce and Human Migration*),威斯巴登(Wiesbaden):赫赫索维茨出版社(Harrassowitz Verlag),2008年,第60-62、70页。

并能在交州以南地区与广州之间的开阔水域航行,交、广之间的海上交通线逐渐东移。由于无须像过去一样紧靠海岸航行,海上船只不再取道北部湾和交州诸郡北上。① 其结果是,交州作为海上贸易门户的战略地位大大下降。由于航线东移,停靠徐闻、合浦港的船只越来越少,两大港口的经济地位进一步下滑,交州也不再是东南亚各国北上贸易的必经之路。② 不过,由于交州素产珍货宝物,经济地位得以维持。直至 7 世纪时,交州仍被视为与南海郡同等重要的地方,这一点从前引《隋书》中的记载可资印证。交趾贸易地位的下降,还有一个重要原因在于,4 世纪中期交趾频频陷入与林邑的战争。③ 由于林邑频繁入寇,交州的港口地位更受打击。自公元 340 年④起,林邑国先率众攻陷日南,后又夺取九真郡大部。日南的彻底陷落意味着交州海外贸易的巨大损失,因为自汉以来日南郡就是当时海上丝绸之路的交通要冲,甚至大秦(即东罗马帝国)等国皆由此道遣使朝贡。由于日南海路贸易的巨大利润,历任日南太守"多贪利侵侮,十折二三"。⑤ 当日南被林邑国侵占后,交州的海上贸易深受影响。随着交州贸易地位的下降,广州随之崛起,成为海上贸易的大港。广州作为海上大港的富实,可从 4 世纪以降史书中频频记载历任广州刺史贪虐海舶之利得到佐证。相反,同一时期的交州却很少见此情形。

---

① 可参杨少祥:《试论合浦徐闻港的兴衰》,载《中国考古集成·华南卷》(二),郑州:中州古籍出版社,2005 年,第 1498-1501 页。
② 〔日〕西村昌也:《史前晚期至 10 世纪红河平原的聚落模式》(Settlements Patterns on the Red River Plain from the Late Prehistoric Period to the Tenth Century AD),《印度-太平洋史前学协会会刊》(Indo-Pacific Prehistory Association Bulletin)2007 年第 25 期,第 99-107 页。
③ 〔澳〕王赓武(Wang Gungwu):《南海贸易:中国早期海贸易的研究》,第 91 页。
④ 译者按,东晋咸康六年。
⑤ 《晋书》卷九七《四夷传》,第 9b 页。

二、交州与北方的陆上交通

除了取道海南、雷州半岛的海上航线之外,交州还可通过其他陆上的水运交通线沟通其他州县。

通过红河水系,交州与西北侧的宁州连为一体。宁州虽设州置县,州治位于今云南昆明,但朝廷对其控制极为薄弱。据《水经注》记载,为加强对交趾郡的管理,马援曾上书汉光武帝开通交州至西南边地的交通线:"从麊泠①水道出进桑王国②,至益州贲古县③,转输通利,盖兵车资运所由矣。"④进桑县地处中越边界,毗邻今越南的老街市(Lào Cai)。⑤"进桑县,牂牁之南部都尉治也。水上有关,故曰进桑关也。"自西汉始,红河水路上设置的进桑关表明这条水路自古以来就是西南疆通往越南的重要贸易通道。⑥ 据近人研究,红河水道"崇山接险",航行不易,仅可通过轻便的舟船(junks)上抵今天的中越边界,因此进桑关的确切位置很可能位于红河上游船行的最高点,船行此处后需要卸下货物转为陆运。⑦ 吴末晋初(266－268),新任交州刺史杨稷(？—

---

① 位于今红河平原下游一带。
② 汉属牂牁郡,三国改为兴古郡,今云南屏边县东。
③ 汉属益州郡,今云南蒙自、个旧一带。
④ 《水经注》卷三七《叶榆水》,第1154页。
⑤ 关于进桑的位置,可参方国瑜:《中国西南历史地理考释》,台北:台湾商务印书馆,1987年,第79-80页。
⑥ 鲁惟一认为进桑关"是为了便于行旅货物进出时的检查而设置的",可参〔英〕鲁惟一:《从正史〈史记〉到〈陈书〉所见的广州:文献学的考察》,第66-67页。
⑦ 20世纪初有关中国的一部地理志这样描述,"纵贯整个云南省,这里几乎都是急流险滩,奔腾在高山深谷之间",详参〔法〕夏之时(L. Richard)著,〔爱尔兰〕甘沛澍(M. Kennelly)译:《中国坤舆详志译本》(*Comprehensive Geography of the Chinese Empire and Dependencies*),上海:土山湾印书馆(T'u se wei Press),1908年,第179页。

271)很可能就是取此道从蜀地率师抵达交州。① 唐以前的各种史料均显示,长期以来,交、宁二州之间多由红河水道沟连。② 不过,由于宁州与南朝都城建康(今南京)之间路途遥远,若交州由红河水路再经宁州通往建康,路线迂曲辽远,因此不太可能成为沟通交州与建康的主要交通线。

红河平原与华夏其他州县的陆路交通,最重要的有两条:一是沿着五岭分界线,往北往西进入郁水流域;一是沿着红河河谷南下,直抵北部湾。对此,《竹谱》一书有详细记载:"余往交州行路所见,兼访旧老,考诸古志。则今南康、始安、临贺为北岭,临漳、宁浦为南岭,五郡界内各有一岭,以隔南北之北,俱通南越之地,南康、临贺、始安三郡通广州;宁浦、临漳二郡在广州西南,通交州。"③《竹谱》是一部竹类植物的专著,成书于公元5世纪,《旧唐书》将其系为晋人戴凯之所作。④ 戴凯之,一名戴凯,事迹不详,应为南朝宋齐之际人士,自称曾南游交州一带。在戴凯之的笔下,宁浦、临漳各有一关,可通交州,"或赵佗所通,或马援所并,厥迹在焉"。⑤

南通交州的陆路交通关口,最负盛名的当属"鬼门关"。基本可以肯定的是,"鬼门关"应即戴凯之所说的"临漳关"。翻越鬼门关,沿着郁

---

① 《晋书》卷五七《陶璜传》,第4b页。
② 关于红河的支流,详见《水经注》卷三七《淹水 叶榆河》,第1152-1159页;陶璜注意到宁州兴古县可与交州水陆沟通,距离为一千六百里,详见《晋书》卷五七《陶璜传》,"又宁州兴古接据上流,去交趾郡千六百里,水陆并通",第6a页;《资治通鉴》卷八一《晋纪三》,武帝太康元年(280)条下,进一步补充道,"又,宁州诸夷,接据上流,水陆并通",第2575页。
③ 译者按,作者仅称《竹谱》一书有详细记载,但未录史料原文。为便于下文展开,译者将史料原文移录如上,可参戴凯之撰:《竹谱》,北京:中华书局,1985年,第2页。
④ 《竹谱》提到了"临漳郡",该郡是471年越州析置之后才首次出现,可知目前推定的《竹谱》一书的成书年代似有疑问。从这些晚期才出现的政区名称来看,《竹谱》或是5世纪末的作品。
⑤ 《竹谱》,第2a-2b页。

水支流(今北流河)南抵苍梧,再顺南流江、廉江往西南行至临漳郡,并在合浦汇入北部湾。"鬼门关"被认为是由马援凿通,这一说法最早出自《后汉书》的记载。东汉建武十六年(40),交趾女子徵侧、徵贰叛乱,伏波将军马援率军远征,"缘海而进,随山勘道千余里"。① 不过,马援本传并未明言此次南征时曾渡过鬼门关。《后汉书·南蛮西南夷列传》的记载提供了更为明确的线索:"光武乃诏长沙、合浦、交趾具车船,修道桥,通障谿,储粮谷。(建武)十八年,遣伏波将军马援、楼船将军段志,发长沙、桂阳、零陵、苍梧兵万余人讨之。"②苍梧郡治广信县,即今广西梧州市。那么,很有可能,马援南征合浦时选取了途径临漳最便捷的陆上交通。如果马援由水路往返苍梧、合浦之间,还需要绕道南海郡,虽然颇费周折。殆及唐时,时人认为这一古老的关口,"昔时趋交趾,皆由此关"。③ 不过,10世纪成书的地志《太平寰宇记》则载,"晋时趋交趾,皆由此关"。两书记载有一字之差。④ 直到20世纪初,这里依然是北部湾往还梧州的重要贸易通道。⑤ 不过,案《资治通鉴》所云,唐武德五年⑥,盘踞合浦以西⑦的俚帅宁氏"以宁越、郁林之地请降于李

---

① 《后汉书》卷二四《马援传》,第12a页。
② 《后汉书》卷八六《南蛮西南夷列传》,第10a页。
③ 《旧唐书》卷四一《地理志四》,载"昔时趋交趾,皆由此关(鬼门关)",第40a页。
④ 《太平寰宇记》卷一六七《岭南道十一·容州》,"晋时趋交趾,皆由此关",第3b页。
⑤ 〔法〕夏之时著,〔爱尔兰〕甘沛澍译:《中国坤舆详志译本》,载"另一条次要的支流——容江(北流水)在梧州府汇入西江,可与北海便捷沟通。从Fomien Foh-wei-k'ü或郁林州西南方向远来的货物抵达廉江(南流江)后,需要由搬运工人转运至容江码头,进而输往北流县及更远地区",第198页。
⑥ 译者按,原文作"622",实际上确切的时间为武德五年(622)夏四月。
⑦ 译者按,这里所说的"合浦以西"即唐代的钦州。确切地说,这里所说的俚帅宁氏应指宁长真。

靖"①,通往交州、爱州②的道路才再次被打通。言外之意,由汉及唐,中间很长一段时间这条陆路都处于闭塞的状态。言及南下交趾的线路,合浦是一处被经常提及的地名,这也说明经由鬼门关③的通道应是当时最为重要、最常使用的陆上交通线。不过,从合浦再到交趾的路线不甚清楚,可能是从海上乘船扬波,也有可能是沿着滨海地带的陆路往还。譬如,案《晋书·卢循传》④载,义熙六年(410),卢循领导的叛军曾进攻交州治所龙编,"循乃袭合浦,克之。进攻交州,至龙编"。⑤ 不过,卢循的叛军如何从合浦抵达交州,史无明文。

关于戴凯之所说的"宁浦关",很有可能对应的是郁水南岸今广西横县及钦江源头之间的地带。此处的钦江向南流经钦州,最终注入北部湾。宁浦关首次见诸史籍,可追溯至东晋初年。《晋书·阮放传》云:"时成帝幼冲,庾氏执政,放求为交州,乃除监交州军事、扬威将军、交州刺史。行达宁浦,逢陶侃将高宝平梁硕自交州还,放设馔请宝,伏兵杀之。……到州少时,暴发渴,见宝为祟,遂卒。"⑥《资治通鉴》将此事系于太宁元年(323)。可见,晋初阮放曾在前往交州的路上途径宁浦。事实上,到南齐建元二年(480)割置宋寿郡以前,钦江河口一带尚无辟置郡县的记载,这也表明经由此道通往交州的路线尚少有人迹,完全无法

---

① 《资治通鉴》卷一九〇《唐纪六》,高祖武德五年(622)夏四月己未条,第5949页。
② 译者按,唐代的爱州即汉代的九真郡一带。
③ 译者按,鬼门关在今广西北流市,汉时属合浦郡合浦县。
④ 译者按,该注称引自《晋书》卷九二《文苑列传》,当误,实为《晋书》卷七〇《卢循传》。
⑤ 《晋书》卷七〇《卢循传》,第5a页。
⑥ 《晋书》卷四九《阮放传》,第5b页;《资治通鉴》卷九二《晋纪十四》,元帝太宁元年(323)六月壬子条,第2912页。

与途经鬼门关连接合浦、苍梧的路线相提并论。①

　　戴凯之在《竹谱》一书中还提及了一条陆路通道，它位于宁浦郡以西，基本上是沿着左江②南行直抵越南东北部的谅山市（Lạng Sơn）。南朝时期，这条线路基本上不见于史载，但两汉时期却十分重要。据美国学者毕汉斯（Hans Bielenstein）的考察，汉代左江流域曾设置临尘③、雍鸡④两县，因此他推断北民迁往红河流域定居时，曾沿此线向南迁徙。⑤ 此处所说的雍鸡县地处今中越边界，汉时曾设雍鸡关，这意味着左江沿线应是当时的一条贸易通道。临尘县废置于东汉建初元年（76），雍鸡县的废置时间不详。6世纪初，北魏地理学家郦道元（466—527）在《水经注》中这样记载："斤江水出交阯龙编县，东北至郁林领方县。"⑥这就说明，南北朝之际，时人已清楚取道左江可通交州。⑦ 不过，由于并无其他文献佐证，而且几个世纪中间左江沿线不见政区设置，似可证明这条线路无足轻重。不仅如此，这条线路还经常处于闭塞状态。据《太平寰宇记》载，自汉首开此道将近五个世纪后，隋将刘方才重开此路，但很快再次遭到废弃。到唐贞观十二年（637），"清平公李弘节遣钦州首领宁师京，寻刘方故道，行达交趾，开拓夷僚，置瀼州"。⑧

---

① 《南齐书》卷一四《州郡志上》"宋寿郡"下，称其"建元二年（480），割越州属"，第25b页。不过，"建元二年"已是南齐立国后的第二年，揆之情理，南齐不太可能会以"宋寿"（意为"刘宋长寿"）来命名一郡。因此，"宋寿郡"可能辟置于刘宋（420—479）末年。

② "左江"当时称"斤南江"或"斤江"。

③ 译者按，汉属郁林郡，即今广西崇左市。

④ 译者按，汉属郁林郡，即今广西龙州、凭祥一带。

⑤ 〔美〕毕汉斯（Hans Bielenstein）：《公元2至742年中国的人口统计》（The Census of China during the Period 2 - 742 A. D.），《远东古物博物馆馆刊》（Bulletin of the Museum of Far Eastern Antiquities）1947年第19辑，第137页。

⑥ 译者按，此处的"斤江水"即所谓的斤南水，为左江的干流。

⑦ 《水经注》卷四〇《斤江水》，第1269页。

⑧ 《太平寰宇记》卷一六七《岭南道十一·瀼州》，第14b-15a页；《旧唐书》卷四一《地理志四》，第42a页。瀼州位于今广西龙州县附近。

而瀼州也是东汉以后朝廷在左江沿线设置的第一个政区。①

总体而言,从红河平原出发,通往东北方向的陆路交通线路寥寥可数,而且一旦线路受阻,交州很容易与华夏切断联系。譬如,东晋太元五年(380),交趾豪强、时任九真太守李逊(Lý Tôn)听闻刺史腾遁之即将到任,便"遣二子断遏水陆津要",企图阻止新任刺史进入交州。②

三、公元1至6世纪交州的移民与权力结构

两汉时期,红河平原上的交趾郡及其南端的九真、日南二郡,土地肥沃,编户众多,为朝廷输送了大量租赋。西汉元始二年(2)的户口统计表明,交趾郡的人口甚至比两河之间其他郡县的总和还多。③

这一时期,北方人口大量涌入交趾、合浦等地。从考古发掘来看,红河平原及其西南的低山地区发现了大量汉代的砖室墓,总数超过120座,可资印证。这些砖室墓可能是由北方移民砌筑,也可能是由受到华夏文化影响的当地土民建造。总之,都可说明当时北方移民的数量较为可观。值得关注的是,这些砖室墓并未出土铜鼓。④ 如果说这些墓葬归属于当地土著,那么这也意味汉以前当地流行的东山文化在

---

① 谭其骧编:《中国历史地图集》第四册,图版 31,北京:中国地图出版社,1982年。在这幅南齐时期(479—501)两河地域的地图上,在今南宁市西南标出了"晋城县"。从地名的含义判断,该县可能是晋朝所置,并在宋齐的地志中出现,隋时罢废。但关于它的具体位置,笔者遍检史籍,尚未找到明确的记载。

② 《宋书》卷九二《良吏列传·杜慧度》,第 4a 页。

③ 《汉书》卷二八上《地理志上》,第 10a - 11b 页。据载,"交趾郡,户九万二千四百四十,口七十四万六千二百三十七",相比之下南海郡(94253)、郁林郡(71162)、苍梧郡(146160)、合浦郡(78980)、九真郡(166013)、日南郡(69485)的人口总数仅为 626053。

④ 关于越南发现的砖室墓,可参〔日〕后藤均平(Gotō Kimpei):《越南救国抗争史》,131 - 135 页。关于越南清化省(Thanh Hóa)及义安省(Nghệ An)的砖室墓,详参〔瑞典〕秦西(Olov. R. T. Janse):《中南半岛的考古学研究》(全 3 册)(*Archaeological Research in Indo-China*),剑桥:哈佛大学出版社,1947—1958 年。

很短一段时间内就发生了改易。即便僻在南土的九真、日南二郡,也有汉人移民社会的寄居活动。4 世纪下半叶,寄寓交土的豫章人士俞益期在给友人韩康伯的信笺中,描述了他所亲眼见闻的汉人遗民:

> 马文渊(即马援)立两铜柱于林邑岸北,有遗兵十余家不反,居寿泠岸南而对铜柱。悉姓马,自婚姻,今有二百户。交州以其流寓,号曰马流。①

可见,这群土民眼中的"马流",实际上是东汉马援部下兵士的后裔,繁衍到东晋中期时,规模达到了 200 余户。即便定居交土长达三个世纪,他们依然"言语饮食,尚与华同"。

尽管俞益期的《交州笺》仍有不少失实的记载,②但从近年越南中部广南省会安镇(Hội An)查乔(Trà Kiệu)等地发掘出土的汉代瓦当、汉印等情况来看,两汉时期北方移民确曾移居此地。③ 公元 1 至 2 世纪,在时人眼中,交趾更多时候只是贸易都会。然而,随着汉朝的瓦解,北民为逃避战乱纷纷南迁。对于北人而言,交趾和平安宁的环境无疑充满了吸引力。据《三国志》载,公元 2 世纪末,士燮割据交土的二十余年间,"中国士人往依避难者以百数"。④

---

① 《水经注》卷三六《郁水》,第 1146 页。书中所用的"华"一词与今天意义上的"中国"意义十分接近,这也是笔者目力能及的中古早期史料中的罕见用例。

② 譬如,俞益期称马援所立的铜柱,因为山川移易,"今复在海中";又如,他认为这批遗民最初只有十余兵家,通过世代通婚才繁衍至两百余家。

③ 〔日〕山形真理子(Mariko Yamagata):《越南中部广南省查乔、Go Cam 的发掘》(Excavations at Trà Kiệu and Go Cam, Quang Nam Province, Central Viet Nam),载〔英〕伊贝可(E. A. Bacus)、〔英〕伊恩·葛鲁夫(Ian C. Glover)、〔英〕皮戈特(V. C. Pigott)编:《揭秘东南亚的过去:第 10 届欧洲东南亚考古学家协会论文选集》(Uncovering Southeast Asia's Past-Selected Papers from the 10th Conference of the European Association of Southeast Asian Archaeologists),新加坡:新加坡国立大学出版社,2006 年,第 216 - 231 页。

④ 《三国志》卷四九《吴书四·士燮传》,第 9b 页。

第二章 地理概况:"两河"及两河之间的地域 67

自汉亡至唐兴之间,中央政府曾在全国范围内进行过两次大规模的户籍统计,这为观察两河地域的政区及户口演变提供了重要史料。首先,据《晋书》所载,晋太康元年(280)平吴之后,全国登记在册的户籍数为"户二百四十五万九千八百四十,口一千六百一十六万三千八百六十三";①其次,5世纪中期(南朝宋大明八年,464),刘宋政权臻于鼎盛,当时"户一十四万三千二百九十六,口一百四十万万五千六百八十五"。②从以上两次户籍统计来看,交州编户人数出现了锐减。晋太康时,交州郡注籍户数为"一万二千",远比两河地域其他郡县,如合浦(二千)③、新昌(三千)、武平(五千)、九真(三千)、九德(无户)、日南(六百)、南海(九千五百)、临贺(二千五百)、始安(六千)、始兴(五千)、苍梧(七千七百)、郁林(六千)、桂林(二千)、高凉(二千)、高兴(一千二百)、宁浦(一千二百二十)等郡的在籍户数更多。④然而,这一户数到了刘宋时期则进一步减少。其中,交趾在籍户数仅有"四千二百三十三",较晋太康元年减少了一半以上,而两河上游的新昌、武平(一千四百九十)两郡更是减少了五分之四。⑤关于汉元始二年与晋太康元年两次户籍统计之间的巨大差异,毕汉斯认为存在两种可能性:"第一,西晋的地方官可能仅统计了城区及其周边的人口;第二,西晋的户口统计不实,与实际编户数量出入较大。"⑥对于晋宋之际交州户籍人数偏低的情形,片仓穰(Katakura Minoru)指出,这应该是交州地方官刻意隐瞒了输租

---

① 〔美〕毕汉斯:《公元2至1982年中国的历史人口统计》(Chinese Historical Demography A. D. 2—1982),《远东古物博物馆馆刊》1967年第59辑,第16-17页。
② 《宋书》卷三五《州郡志一》,第2b页。
③ 译者按,括号中合浦的户籍数是译者据《汉书》卷二八《地理志》所补,下同。
④ 毕汉斯指出,西晋太康元年的户口统计"只是华夏重新一统后西晋政府所能统计出的纳税户籍人数",可参〔美〕毕汉斯:《公元2至742年中国的人口统计》,第125-130页。此时,始兴郡从南海郡中分置而出,但如果将新割置的始兴与南海两郡合并统计的话,户数为14500;不过,交趾郡及析出的武平、新昌二郡约与秦汉之际的交趾郡辖土相当,三郡户籍总数仍为20000户。
⑤ 南朝宋大明八年户籍统计中,并无新昌郡。
⑥ 〔美〕毕汉斯:《公元2至742年中国的人口统计》,第145页。

户口,原因在于注籍户口的多寡直接影响了他们苛取的多少。①

晋宋之际,交州户籍人数锐减的同时,北人南迁交州的势头也明显放缓。从考古发掘来看,东汉以降越南北部发现的中原式样的砖室墓数量骤减,而且为数不多的墓葬主要集中分布在今越南河内、北宁省(Bắc Ninh,汉属龙编)周边。② 同样的情形也见于合浦郡,这似乎说明北人南迁交州诸郡的人数显著下降。不过,直至南朝时期,珠江流域的砖室墓营造传统仍然得到了延续,③这也反映了侨民南迁的势头虽然减缓,但并未完全停止。据晋人张华(232—300)《博物志》一书所载,至公元3世纪,南渡交州的北人仍不绝如缕:"今渡南海至交趾者,不绝也。"④虽然晋以后北人大规模南徙交州的记载阙如,但红河平原周边局势相对平稳,对于饱受国家分裂、割据战乱及胡族入侵之苦的中原北人而言,交州无疑是一处理想的避难地。据载,西晋光熙元年(306),"宁州频岁饥疫,死者以十万计。五苓夷强盛,州兵屡败"。此时,可能正是循着红

---

① 〔日〕片仓穰(Katakura Minoru):《中国支配下的越南——中国诸王朝的掠夺及相关试论的考察》,第33页;吕士朋:《北属时代的越南》,香港:香港中文大学新亚研究所,1964年,第97页。

② 西村昌也注意到越南北部中原式样的砖室墓数量出现了锐减,并认为这与交州精英阶层贸易模式及文化取向的转变有关,导致他们摒弃了原来的墓葬营造方式,详参〔日〕西村昌也:《史前晚期至10世纪红河平原的聚落模式》,第106页。

③ 德国学者安然(Annette Kieser)指出,越南北部相关考古发现较少,可能是因为越南考古学者对这一时期考古发现的刻意忽视,可参〔德〕安然:《广东的平静与安定:广东六朝时期的墓葬与移民迁徙》(Nur Guangdong istruhig und friedlich: Grabkult und Migration während der Sechs Dynastien imheutigen Guangdong),载〔德〕宋馨(Shing Müller)、贺东劢(Thomas Höllmann)等编:《华南与海上亚洲丛刊》(South China and Maritime Asia Series)第13辑(译者按,此条与书末的参考文献不同),威斯巴登:哈拉索维茨出版社,2004年,第101-124页;关于越南考古学界对这一时期考古发现的极端不重视,可从越南考古院历年编写的考古发掘报告中很有限的篇幅得到印证,这些报告每辑厚达800页以上,但对于上起东山文化、下止大越国的千年历史几乎一笔带过,至可参〔越〕越南考古院(Viện Khảo Cổhọc)编:《考古学的新发现》(Những Phát Hiện Mới Về Khảo Cổ Học),河内:远方科学出版社(Nhà Xuất Bản Khoa Học Xã Hội),1972—2009年。

④ 《博物志》卷一《水》,第11页。

河水系,"吏民流入交州者甚众"。① 又如,5世纪上半叶,交趾人杜慧度曾兼任交州主簿、流民督护。从其官职来看,不难看出当时应有南迁的北方难民。② 在正史记载中,"流民督护"一词仅出现过两次,分别是曾任此职的杜慧度以及接替父职的杜弘文。③ 虽然这些流民的来源无法详考,但从政府两次委任此职来看,当时的流民数量应相当可观,所以需要专门设官加以管理。廖幼华认为,这些流民应是从交州以南诸郡迁徙而来,目的是躲避林邑国的频繁侵扰。④ 交州再次出现流民迁徙的记载,要晚至刘宋末年。刘宋泰始四年(468)三月初,"刺史张牧⑤卒,交趾人李长仁(Lý Trương Nhân)杀牧北来部曲,据交州叛"。⑥ 此处,所谓的"北来部曲"可能是从北方迁徙而来的难民,也可能是交州刺史张牧的随军部下。这也表明,迟至5世纪后半叶,或因为从军征伐,或出于乱世避难,仍有北民陆续南徙交州。

到5世纪末时,交州的权力结构已与南朝治下的其他州县高度相似。随着汉伏波将军马援对交趾徵氏叛乱的平定,终汉一朝红河流域基本上未能再次掀起大规模叛乱。此后的四个世纪中间,交州(交趾)成了汉朝及后续吴晋政权不可分割的疆土。澳洲学者詹妮弗·霍姆格伦将其视为一个时代的终结:"一个新兴的越南精英阶层正在缓慢形成,并且受制于华夏社会的准则与结构,他们也渴望在既有的体系下获

---

① 《资治通鉴》卷八六《晋纪八》,惠帝光熙元年(306)三月条,第2718-2719页。
② 《宋书》卷九二《良吏列传·杜慧度》,第4b、6a页。
③ 译者按,据载,"(杜)慧度板弘文为鹰扬将军、流民督护",可见杜弘文得任此职是由其父板授。所谓"板授",是指诸王大臣权授下属官职,有别于皇帝的诏敕任命。
④ 廖幼华:《历史地理学的应用:岭南地区早期发展之探讨》,第63-64页。
⑤ 译者按,原文作"刘牧",当误。
⑥ 《南齐书》卷五八《东南夷传》,称张牧的军队为"北来部曲",第15b页;同一史事也见于《宋书》卷九四《恩幸列传·徐爰》,但称其为"北来流寓",第15a页;《资治通鉴》卷132《宋纪十四》,将此事系于"泰始四年三月",并延续了《南齐书》的说法。

得财富与地位。"①当然,官修史书的编纂者势必也如此看待这群交州土豪。一旦交州发生地方叛乱,正史径称这群豪帅为逆臣,并且在措辞上与其他州县的叛乱事件毫无二致。而在越南民族史中被奉为自立运动的著名领袖,如李长仁、李叔献(Lý Thúc Hiên)二人曾起兵称王,李贲甚至一度称帝,但以上人物在中国史书中通常被贬斥为叛臣。

少数家族崛起并连续几代都垄断地方权力的现象,并不仅仅出现在交州,对于整个六朝时期而言,这一现象都十分普遍,甚至都城建康及其周边也是如此。但是,交州的特殊之处在于,刘宋以后交州豪帅基本上把持了地方权力,而同一时期其他州郡往往都由朝廷直接任命宗室成员驻守。对于岭北的州县而言,当地豪强及其拥护者一旦起兵,所面临的风险极大,因为他们会受到效命朝廷的各种势力的围攻。从地理环境上看,红河平原与世隔绝,流民纷纷慕名涌入,这也造成交州郡姓豪强极容易实现地方权力的垄断。当政局动荡、国家分裂时,他们一度公然违抗朝廷的命令。六朝时代的终结,主要特征在于频频陷入军事动荡、政治混乱中,囤聚在都城建康及其周边地区的宗室成员权力坐大,朝廷甚至无力控制近畿地区的局势。公元6世纪上半叶,红河平原取得了实质性的自立。对于交州的割据自立,我们应将其置于六朝皇权衰微、交州地势隔绝的大背景下加以理解。交州孤立隔绝的状态,不能简单归结为地理因素,它还与栖身交、广之间的族群活动有关。在正式转入族群的话题之前,我们不妨先比较一下交、广二州的异同。

---

① 〔澳〕詹妮弗·霍姆格伦:《公元一至六世纪越南北部湾的政区地理与政治演进》,第136页。

四、广州的地理概况及其与帝国其他地区的联系

与交州得名于最初的治所"交趾"相同,广州之名也得于最早的州治"广信",尽管很快迁治于珠江河口的"番禺(即今广州)",但"广州"一名却得以保留。"番禺"也一度是南海郡的郡治,因此"番禺""南海"二名常常可以互用,但总体而言,东汉以降,"南海"一词渐有取代"番禺"之势。"番禺"原是南越国(前204—前111)的国都,今城区之内尚有许多南越国时期的大型建筑遗址,如宫署、船坞、水门等,这足以说明早在秦汉之际番禺就是一座重要的政治与贸易都会。公元264年,①广州从交州辖土中分立;454年,②始安郡及离水沿岸的大部分聚落度属湘州,广州就此控制了珠江水系东、西支流流经的区域。这一时期,广州的侨民聚落及政区拓置往往是以番禺为中心,沿着主要的水路向西、向东北两个方向扩张。广州所辖诸郡多将郡治设在郁水干流与支流的交汇处③,其中最重要的当属广信县,它即处于郁水与离水的交汇点上。广信是苍梧郡的治所,但曾被短暂地立为交趾刺史部(领地实际包含了此后的交、广二州)的州治。沿着西南滨海地带直抵雷州半岛,尚有少量的大型聚落。譬如高凉郡,也属广州统辖。

正如上文所云,随着航海技术的改进,南洋而来的商船不再取道北部湾,而是直接沿着开阔的海域扬帆北上南海郡,因此广州的蕃商海舶云集。作为华夏与东南亚海上贸易的中心城市,地方长吏为求私利者,觊觎广州之任逐渐甚于交州。据载,5世纪初④,广州多出珍货,"一箧

---

① 译者按,原文作"246年",当误,实为264年,即孙吴永安七年。
② 译者按,原文作"424年",实为454年,即南朝宋元嘉三十年。
③ 例如,郁林郡处于牂牁水与潭水的交汇处,晋兴郡处于右江(郁水)与左江(朱厓水)的交汇处,四会郡也因处于四水(西江、北江、绥江和龙江)的会流之地得名。译者按,括号内的河流古名为译者所补。
④ 译者按,确切地说,是晋安帝隆安年间(397—401)。

之宝,可资数世"。① 5、6世纪之交,广土沃实,在任长吏常能罗致大量财富,世传"广州刺史但经城门一过,便得三千万"。②

对此,《梁书》卷三三《王僧孺传》亦有记载:

> 郡常有高凉生口及海舶每岁数至,外国贾人以通货易。旧时州郡以半价就市,又买而即卖,其利数倍,历政以为常。③

广州主政官员的贪腐太过寻常,因此如果当地长吏不恃权取纳,反倒被视为凤毛麟角的廉官。据传,在南通广州的大庾岭附近,还有一汪"贪泉",一旦新赴任的广州刺史饮下贪泉的水,便会"怀无厌之欲"。④

南朝时期,广州治于南海郡,可通过水路与都城建康及北方诸州联系。在《竹谱》一书中,戴凯之提及了三条连通广州的陆路交通线,分别取道南康、始安(沿灵渠一线)、临贺三郡。⑤ 经由始安、临贺二郡,可与北方便捷沟通,这一点可从454年⑥两郡被划入湘州一事得到佐证。⑦ 始安、临贺二郡的治所均位于珠江水系以北,而析荆州而置的湘州将州治设于临湘(即今湖南长沙),湘水则属长江的重要支流。从某种意义上说,两郡划归湘州也说明了从始安、临贺通往州治临湘的交通路线十分通畅。

不过,公元317年(晋愍帝建兴五年),西晋灭亡,继立的东晋政权将都城由北方的洛阳迁往建康。此时,始安、临贺两道的使用频率大大

---

① 《晋书》卷九〇《良吏列传·吴隐之》记载了一段5世纪初的史料,"广州包带山海,珍异所出,一箧之宝,可资数世,然多瘴疫,人情惮焉",第9b页。
② 《南齐书》卷三二《王琨传》,第2a页。
③ 《梁书》卷三三《王僧孺传》,第2b—3a页。
④ 《晋书》卷九〇《良吏列传·吴隐之》,第9b页。
⑤ 《竹谱》,第2a—2b页。
⑥ 译者按,原文作"424年",实为454年,即南朝宋元嘉三十年。
⑦ 《宋书》卷三七《州郡志三》,第21a—23b页。

第二章　地理概况："两河"及两河之间的地域　　73

降低,而取道南康①、径向东北的陆路则成为沟通岭南与建康的主要路线。南康道途经珠江支流(溱水)沿岸的始兴郡(今广东韶关),再折向东北穿越大庾岭,直抵赣水沿岸的南康。除戴凯之提及此道之外,其他史料中也不乏记载,可见南康道应是沟通广州与都城建康的一条常路。公元410年(晋安帝义熙六年),徐道覆、卢循起兵作乱时,曾将南康山中伐得的木材秘密运往始兴营造战船。②又如,梁武帝中大通年间(529—534),广州刺史萧劢③(一作萧励)应召归朝,从其途径新淦县的行进方向看,他一定也曾取道南康。④

当然,从广州港出发沿海北上的海路无疑是连接番禺(南海)与华夏腹心地带的最主要、最频繁的交通线路。两汉时期,文献就有记载,"旧交阯七郡贡献转运,皆从东冶,泛海而至"。⑤东冶后改为东侯官,即今天的福建福州。不过,这条海上航线风浪巨大,常有船只沉没。到东汉郑弘任大司农时,曾奏旨汉章帝,请求凿通零陵、桂阳二郡之间的山路。此路由此取代海路,成为连通交阯七郡与中原地区贸易往来的常路。不过,南朝时期,广州港北上航线的重要性再获认可,这一点可从珠江河口东侧滨海地带大量增置的郡县政区得以印证。这些据点包括海丰、海宁、潮阳等县,皆属东晋义熙九年(413)析置而出的义安郡,今属广东潮州市。⑥此前,西晋一朝,西起珠江河口、东至同安(今福建

①　译者按,南康位于今江西赣县一带。
②　《资治通鉴》卷一一五《晋纪三十七》,安帝义熙六年(410)春正月丁亥条下,载"(徐)道覆使人伐船材于南康山,至始兴,贱卖之,居人争市之,船材大积而人不疑。至是,悉取以装舰,旬日而办",第3628页。
③　萧劢有时亦作萧励,劢、励字形相近,或有此误。
④　《南史》卷五一《梁宗室上·萧劢传》,载"(萧劢)去郡之日,吏人悲泣,数百里中,舟乘填塞,各赍酒肴以送劢。劢人为纳受,随以钱帛与之。至新淦县岍山村,有一老姥以盘擎鳟鱼,自送舟侧奉上,童儿数十人入水扳舟,或歌或泣",第3b-4a页。
⑤　《后汉书》卷三三《郑弘传》,第20b-21a页。由于这段史料早至汉代,因此文中所说的交阯应当是指交、广分置之前的交州。
⑥　《宋书》卷三八《州郡志四》,第34b页。

泉州)的广阔滨海地区,基本上是管辖的空白地带。《新唐书·陆龟蒙传》记载了这样一则故事:

> 陆氏在姑苏,其门有巨石。远祖(陆)绩,尝事吴为郁林太守,罢归无装,舟轻不可越海,取石为重。人称其廉,号"郁林石",世保其居云。①

可见,早在孙吴时期,时人仅乘轻舟,就能从广州出发泛海北上。

五、公元1至6世纪广州的人口、移民与权力结构

不同于交州,广州及所属诸郡在与南朝都城建康及岭北诸州联系时,可供选择的交通线路十分多样。交通的便捷也促使广州与华夏更紧密地联系在一起,而这一优势远非交州可以比拟。因此,六朝时期广州的编户人口骤增,辖郡不断拓置。与红河平原相似,南海、苍梧二郡之所以能够吸引侨民不断涌入,并不仅仅是因为海贸之利,也与北人逃避战乱有关。与交州的情形相同,珠江下游地区也发现了大量的汉代砖室墓,这些墓葬主要集中分布于广州连通内地的河流沿线。广州城内的汉墓数量也很密集,截至20世纪90年代中期,考古发掘出土的汉代砖室墓多达800余座。② 尽管广州发现的汉墓远远多于红河平原,

---

① 《新唐书》卷一九六《隐逸列传·陆羽》,第11b页。陆绩取石压舱,实则反映了他为官交州的清廉,足以说明他在郁林郡守的任上并未渎权贪腐。
② 〔美〕安赋诗(Francis Allard):《边疆与边界:汉帝国的南方周边》(Frontiers and Boundaries: The Han Empire from Its Southern Periphery),载〔美〕米里亚姆·史塔克(Miriam T. Stark)编:《亚洲考古》(Archaeology of Asia),莫尔登:布莱克威尔出版公司,2006年,第240页。安氏统计了广西发掘的近2000座汉代砖室墓,这其中也包括合浦发现的汉墓。但是,在当时的语境中,合浦应属交州或红河平原。

但据西汉元始二年(2)的户口统计,珠江流域所统诸郡的户口仅为红河平原的五分之一。这也说明,相比于交趾郡(交州),南海郡(广州)的编民大多是很晚才从北方迁至此地。① 直到晋太康元年(280),南海、苍梧两郡的注籍人数也不过稍稍超过交趾。然而,公元4世纪发生的一系列事件将这样的局面彻底打破。史载,公元317年,"永嘉之乱"爆发,西晋覆亡,衣冠士族纷纷避乱南渡,由此出现了史上最为剧烈的移民潮。直至公元386年北魏政权建立之前,中原流民为躲避战乱,只得远离故土,不断地向立国江左的东晋迁徙。②

关于永嘉移民潮中广州户籍的变化,史料记载较为贫乏。据《太平寰宇记》卷一五八引沈怀远《南越志》所云,义安郡曾设有"流人营",到义熙元年(405)才改为义(昭)县。③ 同书又载,义安郡西南、地靠合浦郡的地方还有一处流人营,义熙元年在此设"招义县",但旋遭废置。④ 这些流民的来源地很不明晰,但既然史书称其为"流人营",恐怕应受到朝廷的管治。而且,从两处流人营后来都升格为县来判断,这些流民应当受到朝廷有组织的整顿安置。此外,据载,5世纪前期,东海人徐道期流寓广州时,因为"无士行,为侨旧所陵侮"。⑤ 这也表明,当时广州城内应当生活着一支避乱寄居的侨民团体。

当然,移民的方向也不总是局限于北人南迁,交州亦有北迁广州寻求避难的人士。为此,南朝宋元嘉十八年(441),刘宋政府专门辟置宋

---

① 《汉书》卷二八下《地理志下》,第10a-11b页。交趾、九真、日南、合浦四郡的户籍总数为159041户,而南海、郁林、苍梧三郡的户数为56407户。其中,交趾一郡的户数就达到了92440户。相比之下,南海郡、苍梧郡分别仅有19613、24379户。

② 周一良:《南朝境内之各种人及政府对待之政策》,载其《魏晋南北朝史论集》,北京:中华书局,1963年,第32-39页。

③ 《太平寰宇记》卷一五八《岭南道二·潮州》引沈怀远《南越志》,第3b-4a页。

④ 《太平寰宇记》卷一六七《岭南道十一·化州》引沈怀远《南越志》,第9b页。

⑤ 《宋书》卷五〇《刘康祖传》,第5a页。文中记载义熙十五年(419)刘谦之平定徐道期之乱时,提及了广州侨旧人群的情况。

熙郡,以安顿交州流民。宋熙郡下领四县,①但很快便更名为宋隆郡。大明八年(464),该郡口数达到"六千四百五十",②下辖七县③。④ 新辟宋熙郡以安置交州流民的时间,正好与公元430—440年前后交州南端林邑国的崛起并不断北扰的时间重合。⑤ 至于交州流民抵达广州的具体线路,我们无从得知,但是从宋熙郡所辖诸县均毗邻南海郡的滨海地带来看,似乎可以推断他们应是浮海而来。

如将西晋太康元年、刘宋大明八年两次户口统计的数据相互对照,不难发现,经历永嘉之乱后,临近珠江三角洲及郁水支流交汇处的苍梧等郡的编户增长速度最快。同样的,这一地区新增政区的数量也最多,特别是南海、苍梧二郡。原来广州附近的南海郡一分为五,著籍人数增加了73%。苍梧郡则一分为七,编户人数几乎增长了三倍。临贺郡的户籍数也较西晋太康元年上涨了近一半,而始兴郡则翻了两番以上。总之,两河地域东部诸郡的编户人数均有明显增加,这些郡县均可通过水路连通广州,并可取道多条陆路与北方州县,乃至都城建康往还。尽管交通如此便利,东晋及刘宋政权实际控制的南海、苍梧两郡的编户数量仍不及东汉的一半。

考古资料表明,东晋南朝时期,广州的砖室墓营造传统得以延续。这一时期,砖室墓主要分布于重要的水道及其交汇处,特别是通向北方的河流要道。南朝时期,远离水网的地区亦有砖室墓的发现,这也说明东晋、刘宋政权逐渐向此前未曾占领的区域扩张政区。⑥

---

① 译者按,宋熙郡所领四县为昌国、义怀、绥宁、新建。
② 译者按,原文将口数误为户数,此改。实际上,宋隆郡的编户数为"二千八十四"。
③ 译者按,即平兴、初宁、建宁、招兴、崇化、熙穆、崇德等七县。
④ 《宋书》卷三八《州郡志四》,第33a页。
⑤ 〔澳〕詹妮弗·霍姆格伦:《公元一世纪至六世纪越南北部湾的政区地理与政治演进》,125-126页;〔美〕凯斯·泰勒:《越南的诞生》,第115-118页。
⑥ 关于广东六朝砖室墓的概况及地理分布图,详参〔德〕安然:《广东的平静与安定:广东六朝时期的墓葬与移民迁徙》,第121-122页。

同样的,广州的地方权力结构也有所转变。5世纪初,广州的地方长吏多由外州调任,或是由长期活动在都城建康的广州地方人士补任。到5世纪中期,这些外任的官员在广州的政治根基日益牢固,朝廷转而从这些地方家族内部选拔刺史、郡守。从东晋时期开始,广州的地方要任逐渐被王氏①、修氏②、滕氏③等几大家族垄断④,刘宋时期又有张⑤、刘⑥二姓步其后踵。⑦ 刘宋中期以后,朝廷转变对广州的统治策略,转而选用宗室成员出镇,齐梁两代因之不变。萧梁政权对外任宗室的策略极为热衷。譬如,梁武帝曾先后将四名从侄、从兄弟调往广州担任刺史。前文提及的萧劢,即是其中一例。⑧ 重用宗室成员而非广州地方家族的做法足以说明,宋齐梁三朝均极为重视对广州的经略。不过,这样的政策却无法在交州复制。相反,我们看到朝廷愈发依赖交州的地方大姓,以维持当地的稳定。

　　总体而言,自4世纪初以来,珠江下游涌入了大量北方移民,造成户籍人口的显著增加以及大批郡县的辟置。尽管广州出现了地方家族统治的趋势,但从5世纪中期开始,朝廷凭借外任宗室把持广州地方要职的策略,将中央权威大为提升。

---

① 译者按,代表人物有王毅、王矩、王机等。
② 译者按,代表人物有修则、修允、修湛等。
③ 译者按,代表人物有滕修、滕含、滕遯之等。
④ 胡守为:《岭南古史》,第130-149页。书中列出了珠江流域世袭刺守之职的修、王、二刘等四姓。
⑤ 译者按,代表人物有张彭祖、张裕、张辩等。
⑥ 译者按,代表人物有刘谦之、刘道赐;刘勔、刘俊、刘览等。
⑦ 〔德〕安然:《广东的平静与安定:广东六朝时期的墓葬与移民迁徙》,第131-132,139-142页。
⑧ 除萧劢之外,还有萧元简(514年任广州刺史、都督广交越三州诸军事,《梁书》卷二三《萧元简传》,第7b页)、萧昂(曾任广州刺史,《梁书》卷九《王茂传》,第5b页)、萧誉(《陈书》卷一〇《周铁虎传》,第5b页。译者按,原文作《陈书》卷一七,今改)三人。对以上四人岭南任职情况的讨论,详见《岭南古史》,第176-191页。

六、交州及两河之间的地域

如将南朝时期交、广二州的政治与经济发展状况进行对照,就能很清晰地看出交州的政治自立趋势,并且逐渐丧失了对侨民的吸引力。交州注籍人数锐减,政区扩张陷入停滞,地方权力也垄断在少数家族手中。梁大同七年(541),梁武帝曾试图将从侄萧谘调任交州刺史,却引发了当地豪族的大规模反叛①,一度造成交州地方的剧烈动荡。对此,第四章将详细展开,此不赘述。

两相对比,交州权力地方化的趋势更加凸显,这也让所谓的"交州的叛乱是为了反抗华夏统治、追求民族独立"的说法有几分真切了。然而,如果仔细观察交、广二州之间的地域,我们便能找到另一种解释,即南朝时期广州所见的侨民流入、行政结构、地方统治等情形为何不见于同一时期的交州。交、广二州的变化极不同步,因此也让两州的差异愈发显著。相比于东北方向隔绝广州的两河地域,交州似乎可被视为华夏郡县体系中的重要一环。

这一时期,交州权力的地方化并不完全由其内部对抗外来势力所致,这一局面恐怕也与红河流域地缘上孤立于南朝疆域之外存在莫大的关联。《南齐书》记载:"交州斗绝海岛,控带外国,故恃险数不宾。"②又云:"交州复绝一垂,实惟荒服,恃远后宾,固亦恒事。"③同书又载:"交州,镇交趾,在海涨岛中。……交州荒,水与天接,外接南夷,宝货所出。民恃险远,数好反叛。"④上引三则史料中使用了"(海)岛"一词,似乎也意味着交州对外沟通的主要方式是通过海路,而陆上交通可能经

---

① 译者按,即"李贲之乱"。
② 《南齐书》卷五八《东南夷传》,第 15a-15b 页。
③ 《南齐书》卷四〇《武十七王·萧子良传》,第 6b 页。
④ 《南齐书》卷一四《州郡志上》,第 24b 页。此则引文中故意脱漏了一段扬雄《十二州箴》的原文,原因在于这段文字与5世纪的交州关联不大。

常阻断,也可能难以通行。

红河平原的东北面群山不断,因此从陆路之上不便与广州诸郡往来。绵延的山区及其间活动的山地人群,也与交、广二州平地居民的面貌相差悬殊。虽然晚期成书的地志坚称这些山险地带自汉代以来就被纳入到华夏版图中,但直至6世纪初,这一广袤无垠的山区仍游离于朝廷的有效控制之外。自5世纪后半叶开始,朝廷开始在两河地域设置行政据点,但政区拓置的进展缓慢,主要是沿着重要的水道,或者滨海地带增设郡县,而且彼此之间的距离极为疏远。两河地域华夏势力的薄弱,或许无法直接从史书记载中得到反映,这应当与后世史家纂修地志时习惯于回顾政区沿革的传统有关。这样的做法会给人造成一种错觉,即误认为新设的郡县不过是在原有政区的框架下割置而出,而非华夏势力向该地扩张后所致。① 地理学家在编纂历史地图时,譬如《中国历史地图集》,也容易落入这一陷阱,习惯用大的色块标注政区及其边界②,再用黑体字标出各级行政中心,以显示这些区域处于中央的控

---

① 譬如,13世纪成书的地理总志《舆地纪胜》对高州的地理沿革这样描述,高州秦属南海郡,汉属高凉郡,但直至刘宋元嘉十六年(439)析置海昌郡前,6个世纪中间高凉郡并未设置任何政区。同样地,据《南齐书》卷一四《州郡志上》所载,宋寿郡是齐建元二年(480)割越州而置。不过,《宋书》卷三八《州郡志四》则称,"宋寿太守,先属交州"。由于齐建元二年以前,宋寿郡并无属县。恐怕宋寿郡并不属越州或交州,它应当是华夏向外扩张后的结果。详见《舆地纪胜》卷一一七《广南西路·高州》,第1a页;《南齐书》卷一四《州郡志上》,第25b页注31;《宋书》卷三八《州郡志四》,第44b页。

② 韦杰夫也对这样的地图编绘习惯进行了探讨,可参〔澳〕韦杰夫:《历史上中国的南部边疆》(The Southern Chinese Borders in History),载〔英〕格兰特·埃文斯(Grant Evans)、克里斯托弗·哈顿(Christopher Hutton)、柯群英(Kuah Khun Eng)编:《中国与东南亚的交汇:边界地区的社会与文化变迁》(*Where China Meets Southeast Asia: Social and Cultural Change in the Border Region*),新加坡:新加坡国立大学东南亚研究所,2000年,第28-50页。

之下。① 图2-1是根据《晋书·地理志》的文字记载,将西晋疆域下两河地域的郡治分别标注在图上,可以直观地看出郁水南侧及晋兴郡(今广西南宁)以西,合浦以西直至今中越边境,合浦以东至高兴郡(今广东阳江市),以及河内以北广大区域内华夏势力的空虚。两汉之际,在沟通中原与交趾时,时人往往绕过以上地区。两晋南朝时期,这些地区依然脱离华夏的实际控制。

交州之所以孤绝,还有一个原因在于,对于进入两河地域的外部人群而言,交州的地理环境极为凶险。《南齐书》在描述合浦北界、越州临漳郡的瘴疠时,追述了汉代交州的情形:"汉世交州刺史每暑月辄避处高,今交土调和,越瘴独甚。"②文中所说的"瘴气",可能是指夏季南方湿热的丛林地区所见的有害雾霾,但真正令人致死的恐怕应该是疟疾。作为一种传染疾病,疟疾高发于两河地域,特别是北纬26°以南的广大丘陵地带,亦即云南昆明一线以南地区。疟疾一般在仲夏时分最为流行,这也正是史书中瘴疫危害最大的季节。③ 交、广二州之间的地域,特别是鬼门关以南的地区,瘴害最为严重。汉代马援南征时,曾目睹江上低空飞行的鸢鸟因瘴气而毙命:"(容州)瘴江水,即马援云'仰视飞鸢跕跕堕水中',即此地也。"④而且,至马援平定岭南班师回朝时,随军将士中"经瘴疫死者十四五"。⑤ 在广西南流水的支流中,还有所谓的"瘴

---

① 可参谭其骧主编:《中国历史地图集》第三册,第57-58页,及第四册,第31-33页。在交、广的相关地图中间,除了河流交汇处、滨海地带的郡县之外,仍有广阔的政区空白地带。

② 《南齐书》卷一四《州郡志上》,第26a页。引文中首次说到的"交州"是指囊括整个两河地域的交趾刺史部,而第二个交州则仅指红河三角洲一带。

③ 〔美〕约瑟夫·史宾赛(Joseph Earle Spencer):《亚洲东南部的人文地理》(*Asia, East by South: A Cultural Geography*),纽约:约翰威利出版社,1954年,第108-109页。

④ 《太平寰宇记》卷一六七《岭南道十一·容州》,第3a页。马援所说的"瘴江"位于容州,即鬼门关的北面。飞鸢遇瘴堕水的故事最早见载于《后汉书》卷二四《马援传》,第13a-13b页。

⑤ 《后汉书》卷二四《马援传》,第14a页。

第二章 地理概况:"两河"及两河之间的地域 81

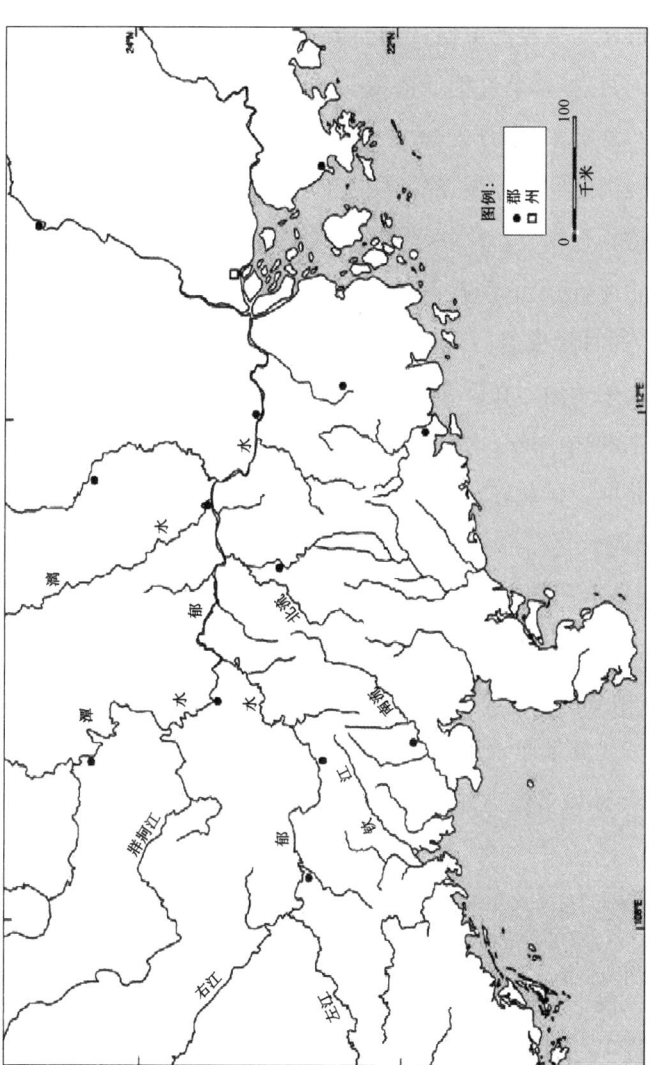

图 2-1 公元 300 年前后两河地域的州郡中心①

① 译者按,原图未注明郡名,此为译者所加。图中水系(自西向东,自北向南)依次为:左江、右江、牂牁江、郁江、钦江、潭水、南流、北流、漓水;郡名(自西向东,自北向南):晋兴郡、桂林郡、郁林郡、宁浦郡、苍梧郡、临贺郡、永平郡、晋康郡、新宁郡、高凉郡、始兴郡、东官郡;州名:广州。

江"。而刘宋设置的"临漳郡"亦名"临獐郡","以界内獐江为名"。① 6世纪中期,交州李贲叛乱时,杜僧明之子杜子雄领命南讨,"时春草已生,瘴疠方起",大军甫至合浦时,"死者十六七"。② 华夏史官已注意到两河地域的人群应对瘴疫的策略,他们"多居干栏以避时疫"③;或是在每年最为暑热的月份,季节性地迁徙到别处:"苍梧高要县,郡下人避瘴气,乘筏来停此,六月来,十月去,岁岁如此。"④

若要穿越两河之间的地域,除了要应对凶险的自然环境外,还要与此地的土著族群顽强周旋。从朝廷的视角看,此处虽是一片空白,但绝非荒无人烟。相反,这里活动着各种族群,他们往往对过往行旅及邻近部落虎视眈眈,而且经由鬼门关、宁浦关等沟通交、广之间的主要陆路都需要行经他们的领地。在汉文史料中,此地环境险恶,族群野蛮。由于传入史家耳中的往往是夸大的言辞,或是行旅的见闻,似可说明一手认知资料极难获取。据载,广州以南曾活动着一群"啖人"的乌浒部落,常"生首子辄解而食之",并且"以人掌趾为珍异"⑤,野蛮习性由此可知。交、广之间还有所谓的"俚子"族群,俚人部落内如有人病死,常有飞虫来食亡者,虽然尽力扑杀,但"来者如风雨,前后相寻续,不可断截,肌肉都尽,唯余骨在,便去尽"。⑥ 而且,这群俚人习用毒箭,"涂毒药于镝锋,中人即死"。如果死者殓葬不及时,肌肉会立即溃烂,直至筋骨外露。⑦ 此外,两河地域多产大蛇蜈蚣,土人常剥取其皮以作鼓面。⑧

---

① 《太平寰宇记》卷一六九《岭南道十三·废廉州》,第 2b 页。
② 《陈书》卷八《杜僧明传》,第 1b 页。
③ 《太平寰宇记》卷一六九《岭南道十三·雷州》,第 6a 页;《太平寰宇记》卷一六一《岭南道五·贺州》,第 2a 页。
④ 《太平御览》卷七七一《舟车部四·筏》引《吴录地理志》,第 2a 页。文中所载的避瘴之地高要,即今天的广东肇庆市。
⑤ 《后汉书》卷八六《南蛮西南夷传》引万震《南州异物志》,第 7b 页。
⑥ 《博物志》卷二《异俗》,第 25 页。
⑦ 《后汉书》卷三三《郑弘传》,第 20b-21a 页。
⑧ 《太平御览》卷九四六《虫豸部三·蜈蚣》引刘欣期《交州记》,第 7b 页。

两河之间的地域往往独立于华夏的行政及军事体系之外。关于这一点,可从历仕交趾(交州)长吏数十年的薛综、陶璜二人的奏文中得见一斑。汉光和元年(178),交趾、合浦等郡乌浒蛮起兵叛汉,众至数万,直至光和四年才被平定。吴黄龙三年(231),距乌浒叛乱已过去半个世纪,但交趾的形势仍不乐观。对此,交趾太守薛综上书吴大帝孙权,称:

> 今日交州虽名粗定,尚有高凉宿贼;其南海、苍梧、郁林、珠官四郡界未绥,依作寇盗,专为亡叛逋逃之薮。①

这则奏文中,薛综言及的四郡正是吴国管辖的空白地带,而且通往交州最主要的通道——鬼门关道正处于四郡中间。数十年后,交州牧陶璜在西晋意图普减州郡兵的背景下,也上书晋武帝,极言交州形势之严峻:

> 又广州南岸,周旋六千余里,不宾属者乃五万余户;及桂林不羁之辈,复当万户。至于服从官役,才五千余家。二州唇齿,唯兵是镇。②

此处所说的广州"南岸",是指郁水以西、以南的广大地区,而通向交州的所有陆路均需要途经此地。由于这里正处于陶璜控制的交州及北方的版图之间,所以他一定对此地再为熟悉不过了。陶璜奏文的史料价值在于,他对脱离西晋控制的户口数进行了估测。依据晋太康元年的户口统计,整个两河地域纳入朝廷实际控制的注籍户数仅有66720

---

① 《三国志》卷五三《吴书八·薛综传》,第10b页。凯斯·泰勒在论著中也引了薛综的奏文,但篡改省略了关键的内容,可参〔美〕凯斯·泰勒:《越南的诞生》,第75-76页。

② 《晋书》卷五七《陶璜传》,第6a页。

户①；而按陶璜的说法，在郁水南岸，仅桂林郡的脱籍户数是这一数字的近两倍。而且，依《南齐书·州郡志》所载，这一状况两个世纪之后基本未有改变：

> 广州镇南海，滨际海隅，委输交部，虽民户不多，而俚獠猥杂，皆楼居山险，不肯宾服。西南二江，川源深远，别置督护，专征讨之。②

引文中提及的"督护"，亦即史书中所说的"西江督护"。这一官职的设立可视为中央王朝对俚獠族群实施军事震慑的重要举措。对此，第五章将会详细探讨。

除"俚""獠"等带有明确蔑称的意味之外，前文引述的各种史料都将交、广之间的土著描述为好斗不羁的族群，拒绝接受华夏文明的熏陶。充其量，这些言辞只是对俚獠一般性的抱怨。然而，至5世纪中期，吴郡张融南下交州为官时，对两河地域的人群如何妨碍行旅有了更为细致的记载：

> （宋）孝武起新安寺，僚佐多儭钱帛，融独儭百钱。帝曰："融殊贫，当序以佳禄。"出为封溪令……广越嶂崄，獠贼执融，将杀食之，融神色不动，方作洛生咏，贼异之而不害也。浮海至交州，于海中作《海赋》。③

从这段文字中我们看到，张融在穿行广、越之间的山地时，曾被当地的獠族劫去。6世纪中后期④，越州析交、广而立，治于临漳郡。张融的

---

① 译者按，交州，户二万五千六百；广州，户四万三千一百二十。
② 《南齐书》卷一四《州郡志上》，第20a-20b页。
③ 《南齐书》卷四一《张融传》，第1a-1b页。
④ 译者按，确切的时间是471年，即刘宋泰始七年。

第二章 地理概况:"两河"及两河之间的地域 85

南行路线应当途径鬼门关道,这也说明沿途的俚獠族群确实会给踏入此地的行旅造成巨大的威胁。

从前引各种史料中不难得知,公元3至5世纪,两河地域的面貌总体较为稳定。活动于此的俚獠族群,有的规模相当可观。他们大多脱离朝廷的控制,朝廷对其族群认知也较为有限。晋宋之际,中央政府对两河地域的经略日渐松弛,这一点从晋太康元年、刘宋大明八年的户口统计结果中不难推知。这期间,尽管两河地域的州县数量有所增加,但交、广诸郡的注籍户数却出现了锐减。如果将晋宋时期交、广诸郡的户口逐一比对,就会发现编户人数骤减的地区并不仅仅局限于越南北部的交州一带。① 相反,编户数量下降最多的是郁林、武平②二郡,均骤减了80%以上。桂林、交趾两郡则分别锐降75%、64%。合浦郡也急剧下降了70%,即便将高兴郡剔除在外,合浦的户口也缩减了53%。③ 统计结果表明,南朝对于两河地域的赋税征收、动员能力极为有限,但总体而言,活跃于红河平原与苍梧郡之间的俚獠活动区是朝廷控制最为薄弱、下降也最为显著的地区。(表1)

---

① 凯斯·泰勒仅统计了交州诸郡(即今越南境内)的户数变化,进而得出华夏帝国仅在交州势力有所减弱的结论,详参〔美〕凯斯·泰勒:《越南的诞生》,第120页。在第121页中,泰勒总结道:"公元5世纪,岭南的人口、政区剧增,但仅局限于广州及新置的越州。"在第122页中,他还称:"宋泰始七年(471),析交、广二州等地新置越州,目的是为了伸张帝国对交州部分郡县的控制权……越州实际上已经成为帝国版图的最南疆。"不过,如将交、广诸郡的户口逐一比对,很容易推翻这一结论。

② 武平、新昌二郡的距离很近,刘宋时期新昌郡的户数不见记载。在计算武平郡户数减少的比例时,我们须先统计晋太康元年武平、新昌二郡的编户数,再统计刘宋大明八年武平郡的户数。

③ 合浦郡户数下降的比例多少,与是否将高兴郡计算在内有关。同样的,高凉郡户口下降比例的高低,也与是否剔除高兴郡的户数有关。

表1 两河地域编户数的变化(280—464年)

郡名	晋太康元年编户数	宋大明八年编户数	编户增减比例	备注
南海	9500	南海　8574 新会　1739 东官　1332 绥建　3764 合计:16528	73.90%	
临贺	2500	度属湘州, 更名临庆 3715	48.60%	
始安 (始建)	6000	度属湘州,3830	−36.20%	
始兴 (广兴)	5000	度属湘州,11756	135.20%	
苍梧	7700	新宁　2653 晋康　4547 永平　1609 苍梧　6593 海昌　1724 宋康　1513 宋熙　2814	178.60%	
郁林	6000	1121	−81.30%	
桂林	2000	558	−72.10%	
高凉	2000	1429	−55.30%	含高兴郡
高兴	1200		−28.60%	不含高兴郡
宁浦	1220	无	无	
合浦	2000	938	−70.70%	含高兴郡
交趾	12000	4233	−53.10%	不含高兴郡
新昌	3000	皆属武平,1490	−64.70%	
武平	5000		−81.40%	
九真	3000	2328	−22.40%	
九德	无	809	无	
日南	600	402	−33%	

如果将5世纪初的交州及两河地域与其他州郡相比较,可以清晰地看到,交州民众的叛逆多是因为地缘阻隔所致,而不是因为当地充斥着不肯宾服的土民。红河平原长期孤悬一隅,这也能解释为何东汉以降交州的叛乱日益地方化,并且诸如徵氏起义这样波及范围广大的动乱为何无法再度出现。与徵氏政权不同,东汉以后,交州的统治阶层已与广州高度相似,他们多是半教养化的官僚贵族,与所谓的俚獠土著全然不同。在红河平原以西、以北的深山之中,山地族群大有环伺之势。而且,想要动员这些山地土著对抗官府,绝非易事。对于他们而言,交州的地方长吏及平地人群不过是华夏势力的代表。今天红河平原有一支民族,名为"京族(Kinh)",也称"*kon kɛɛu*",又因其曾属华夏的交趾郡,亦名"交趾人"。在今天的台语语系中,该词仍然通行,并且还保留了"交"的汉语中古音"*kɛɛw*"。这也说明,"交"字大约在3至6世纪时曾被京族的先民借用。对于南朝的史官而言,活动于交州以北的这些俚獠族群面貌特殊,因此华夏的地方长吏往往将其目为难制的土著首帅,而非叛逆的官民。

从交州出发,通往东北方向的主要陆路要道上,基本上都有俚獠蛮族的身影,这也给避难南迁的中原北人造成了巨大困扰。通常,北人可轻易地通过陆路抵达南海、苍梧等郡,但如果无法乘船沿海南下交州的话,他们就需要从陆地上穿行俚獠族群的活动区。然而,截至4世纪时,这段旅途对于独行者而言可谓凶险异常。就这一点而论,俚獠土著实际上扮演的是"过滤器"(filter)的角色。经过他们的过滤后,只有官员、自备武装或是能够负担镖费的行旅才能够顺利通行。正是因为俚獠的"过滤"作用,4世纪中叶以降,流入红河平原的北方侨民人数十分有限。由于再无移民的大规模涌入,红河平原的语言、政治面貌趋于稳定,其结果是交州地区演变为地方豪族的"压力场"(pressure cooker)。在南朝政权无力对其施加管控的孤立环境下,少数地方大姓实际上垄断了交州的官职。公元10世纪,红河平原上建立起第一个政权——吴朝。自此以后,当地早期的自立运动常常被解读为当地族群对中原朝廷的抗衡。不过,从保存至今的早期史料来看,红河平原的地方长吏往往表现得较为温顺。相反,将交州地区与南朝版图隔绝开来的两河人群则显得桀骜不驯。

当然,俚獠族群的存在并非4世纪以后侨民涌入日渐枯竭的唯一原因。热带疾病的高发、航海技术改进引发的交州经济衰退、林邑国的频频北扰等等,都是很重要的因素。以上这些,都让南迁北人望而生畏,从而选择在南海、苍梧、始兴郡等地停下脚步。由于珠江三角洲充斥着北方移民,而且相比于交州日衰的形势,当地的经济日益繁荣,这也让广州与南朝其他州郡的联系更为紧密。在地理阻隔、经济衰退、俚獠侵扰等多重因素的交织之下,红河平原开始在相对孤立的环境中发展出自身的轨迹。那么,阻断交州与北境沟通的俚獠族群到底是何面貌?这是下一章将要讨论的话题。

第三章　何以俚獠？
——基于族名变迁的观察

自公元前后开始,汉文史料在描述两河地域不受华夏控制的土著人群时,所采用的名称繁多。有时,文献称其为盗寇,但大多数时候,则会根据其活动区域与华夏腹心地带的相对位置,而采用"夷""蛮"这样的泛称,抑或采用"俚""獠"或"乌浒"这样具有明确地域指涉的词语。

在英文学术圈内,汉文中这些不同的"外族(foreigner)"称谓往往会被不加鉴别地通称为"barbarian(蛮族)"。对此,历史学者白桂思(Christopher Beckwith)近来予以批判,他指出这一做法背后所反映出的欧洲思维模式,并认为"barbarian"一词源于古希腊、古罗马人对周边游牧民族的称呼,与华夏的异族认知或书写无关。[1] 白桂思的立论有其合理性,但摈弃西方的"barbarian"概念,而代之以"foreign"的表述,似乎并不能完整地传递出华夏史书中对异族的贬斥色彩。"蛮"是古代华夏对南方非汉民族的称呼,显示出华夏视角下南方民族的"尚未开化"。蛮字的字形从虫从蛇,按公元2世纪成书的《说文解字》解释:"蛮,从虫,说从虫之所由,以其蛇种也。蛇者,虫也。"[2] 从华夏的异族书写来看,他们往往认为"外族"的属性中总带有"化外""低劣"的成分。

---

[1] 〔美〕白桂思(Christopher I. Beckwith):《丝绸之路上的帝国:青铜时代至今的中央欧亚历史》(*Empires of the Silk Road: A History of Central Euraisa from the Bronze Age to the Present*),普林斯顿:普林斯顿大学出版社,2009年,第356-360页。译者按,中译本见付马译:《丝绸之路上的帝国:青铜时代至今的中央欧亚史》,北京:中信出版社,2020年。

[2] 《说文解字》卷一三上,第25a页。

正如前文所述，华夏史书中对两河地域特定族群的各种称谓，也包含了"未化""野蛮"的族群认知，这些族群显然与华夏自认的"人""民"迥然有别。

如果谨记以上所述，那么即便我们不将汉文史料中指涉两河地域人群的族称，如"蛮""夷""俚""獠""乌浒"等词转译为"barbarian"，也能体会出这些词汇背后潜在的贬斥意味。关于这一点，相比于古希腊、古罗马，我们似乎可从西方殖民主义者"savage（蒙昧）""native（本土）"的措辞心理中得到更好的体认。如果无法使用"barbarian"一词涵盖所有的异族人群，那么至少我们还是需要将华夏史书不同的族群，依据"未化""野蛮"的程度加以区分。对于两河地域而言，文献中各种不同的称谓确实能够传递出这样微妙的内涵。

"夷""蛮"二词在中国文献中的使用十分广泛，它体现的是先秦时期华夏人对四方主要异族的合称，包含西戎、北狄、东夷、南蛮。因此，泛指东方、南方族群的"夷""蛮"二词就自然而然地被用于指代两河地域的人群。"蛮"一般特指华夏南疆内外的族群，而"夷"的词义则在频繁使用中趋于泛化，华夏东北部的日韩、西南部的云南以及两河地域都可囊入其框架之内。公元 6 世纪以降，"夷"进而演变成所有非华夏民族的通称。[①] 随着"夷""蛮"两词的语义泛化，学界往往都认为它是对非汉族群的一般性称谓，不用于指涉具体的族群。相反，至于"俚""獠""乌浒"等地域相对明确的族群，一般仍认为这些族称背后指涉的应是内部稳定的族群实体。

关于族称与当地族群实体之间的差异，在两河地域以外的史学研究中已被充分揭示。特别是在东南亚史的研究中，族群他称与族群自认几无关联已成为学界共识。有些族称被作为官方称谓其实是很晚近

---

① 例如，唐上元本(760)《玉篇》及宋真宗大中祥符元年(1008)的韵书字典《广韵》均载："蛮，南夷名。"

的事情,它们主要得名于这一族群的活动地域①及其在国家治理中的地位②,抑或邻近人群对他们的贬称③。甚至,在今天中国的华南地区,仍有许多语言习惯与自我认同自成一派的人群,但其"民族"身份却不被政府认可。这其中,即包括侗台语系(台—卡岱语系)、南亚语系的人群,但官方一般将其认定为汉族、苗族④,而被划入所谓壮族范畴的人群通常自称为"雅伊(Yay)""侬(Nung)""土(Tu)""沙(Sha)"等。当用官方认定的民族文字——壮语进行播报时,这些人甚至无法理解其义。⑤ 古代文献的书写者大概不太可能具备现代意义上的人种学知识,因此这些汉文族称也不可能反映出清晰地族类认知。对于前近代汉文史料中的各种族名,我们在使用时应当始终保持警惕。

除了几通7世纪的唐碑,中国古代文献中的"俚""獠"族群并未留

---

① 可参〔美〕凯斯·泰勒(Keith W. Taylor):《芒语化》(On Being Muonged),《亚洲族群》(Asian Ethnicity)2001年第1期第2卷,第25-34页。

② 例如,有学者认为,明代的"瑶"民一开始只是一种政治身份,而非特定的族群。瑶民与普通平民的差异,实与明朝的地方行政管理方式有关。瑶人的聚居地由瑶人自治,而普通平民则由政府选拔官员进行治理。详参科大卫(David Faure):《明中期的瑶民起义及其对瑶族族群特征的影响》(The Yao Wars in the Mid-Ming and Their Impact on Yao Ethnicity),载〔美〕柯娇燕(Pamela Kyle Crossley)等编:《帝国边缘:近代中国的文化、族群与边界》(Empire at the Margins: Culture, Ethnicity and Frontier in Early Modern China),伯克利:加州大学出版社,2006年,第187-189页。

③ 可参越南的山地族群卡图(Katu)人的事例,〔丹〕奥斯卡·塞尔明克(Oscar Salemink):《越南中部高地人群的民族志:1850年至1990年的历史语境》(The Ethnography of Vietnam's Central Highlanders: A Historical Contextualization 1850—1990),火奴鲁鲁:夏威夷大学出版社,2003年,第30-31页。

④ 这些人群包括广东西北部的标人(Pao/Peu)以及广西西部的俫人,可参梁敏、张均如:《标话研究》,北京:中央民族大学出版社,2002年,第1页;李旭练:《俫语研究》,北京:中央民族大学出版社,1999年,第2页。

⑤ 这一点主要根据笔者在广西的考察经历得出。关于官方认定的壮族具体如何自称,相关地图可参张均如编:《壮语方言研究》,成都:四川民族出版社,1999年,第318页。

下太多自己的文字记载,因此这些族群最初到底如何自认,我们已无从得知。不过,他们大概率不会使用"俚""獠"等词自称。否则,在漫长的历史长河中,这群地域分布广泛、内部差异显著的族群何以频频见于史载,但汉文在指涉这些族群时用词却常常前后抵牾。显然,俚獠族群的内部语言芜杂①,物质文化共性较低,而且政治结构松散。频现于史书的"岭南俚獠世相攻伐"②的表述,也表明其并非统一的族群共同体。对于两河地域的人群而言,"俚""獠"等词或许毫无意义,但对于使用这些词的华夏人而言,却意义重大。与其简单地回答"何为俚獠"这一问题,我们不妨像莱曼(F. K. Lehman)追索缅甸克伦人(Karen)族群身份时发出"谁是克伦族?何为克伦族?"③之问时那样,也将问题进一步推展开来,究明:"谁是俚獠?何为俚獠?"

借用"俚""獠"来指涉相关族群的主要立足点在于,华夏将这些族群视为缺乏礼教的外族。"俚""獠"两字的共性在于它们都具有明显的

---

① 考虑到俚獠的分布范围广大,俚獠的语言不太可能属于单一语言或单一语族。罗杰瑞(Jerry Norman)、梅祖麟(Tsu-lin Mei)二人曾认为南亚语系(比如越南语)的分布范围最北可抵长江流域,但这一观点被沙加尔(Laurent Sagart)驳斥。可参〔美〕罗杰瑞、梅祖麟:《古代华南的南亚语系》(The Austroasiatics in Ancient South China, Some Lexical Evidence),《华裔学志》(Monumenta Serica)1976 年第 32 期,第 274 - 301 页;〔法〕沙加尔(Laurent Sagart):《东亚粟种植的扩张:语言学与考古学的观察》(The Expansion of Setaria Farmers in East Aisa—A Linguistic and Archaeological Model),载〔瑞士〕艾莉西亚·马扎(Alicia Sanchez-Mazas)编:《东亚古代的人口迁徙:考古学、语言学与遗传学的综合分析》(Past Human Migrations in East Asia: Matching Archaeology, Linguistics and Genetics),伦敦:劳特里奇(Routledge)出版社,2003 年,第 133 - 181 页。

② 《陈书》卷二三《沈君理传》,第 3b 页;《太平御览》卷七八五《四夷部六·南蛮一·俚》,第 8b 页;《隋书》卷八〇《列女传·谯国夫人》,第 4b 页。

③ 〔美〕F. K. 莱曼(F. K. Lehman):《谁是克伦族?何为克伦族?——克伦族民族史与族群形成理论》(Who are the Karen, and If so, Why? Karen Ethnohistory and a Formal Theory of Ethnicity),载〔美〕查理斯·奇兹(Charles F. Keyes)编:《族群适应与身份:泰缅边界的克伦族》(Ethnic Adaptation and Identity: The Karen on the Thai Frontier with Burma),费城:人类问题研究所,1979 年,第 215 - 253 页。

负面含义。"乌浒"一词与之稍有不同,下文将会具体涉及。"俚"的部首为"里",意为"乡里之人"或"鄙俗之人";"獠"则为反犬旁,可知该词有"野蛮"之义。虽有野蛮、鄙俗的语义内涵,但"俚""獠"两词的使用模式并不相同,特别是在两河地域的语境之下,两词似乎各有所指,互不混淆。

在探讨与中原互动的北方、西域诸族时,狄宇宙(Nichola di Cosmo)注意到,两汉时期对于这些族群的称谓大致出现了从华夏中心视角下的"戎狄"到人类学意义上的"胡"的转变。不过,采用"胡"这一称谓并不能说明他们是一支种族、语言紧密的族群共同体。[①] 作为华夏中心视角下的模糊族称,"蛮""夷"的地域指涉也很不固定。不过,在"俚""獠""乌浒"等词进入历史书写以后,"蛮""夷"二词的使用仍很普遍。与"胡"相同,"俚""獠"应显示出了华夏的族类认知,而"乌浒"一词的地域、语义似乎更为明确。俚獠的内涵会因时因地而变,很难归纳出具体的文化特征,唯一能够确认的是俚獠的政治社会组织形式与华夏有别。[②] 而且,"俚""獠""乌浒"三词均与华夏中心视角下的"蛮""夷"表述不同。随着时代更迭,蛮夷的内涵逐渐发生变化,所指涉的族群距离华夏中心愈来愈远。公元前一千年,它用于指代楚人;两汉时期,两河地域的人群也被冠以此称;最后,所有居于华夏以南的人群都可泛称为蛮夷。与之形成对照,"俚""獠""乌浒"的语义并不会这么宽泛,只有特定地域的人群才会被冠以相应的称谓。并且,在以上三个族称中,"乌浒"的时空范围最为具体;"獠"则最为宽泛,它的使用时间最早、涵

[①] 关于戎狄及胡等族称的使用,可参〔美〕狄宇宙(Nicola Di Cosmo):《古代中国与其强邻:东亚历史上游牧力量的兴起》(*Ancient China and Its Enemies: The Rise of Nomadic Power in East Asian History*),剑桥:剑桥大学出版社,2002年,第102、129页。据狄宇宙的解读,"胡是一个总称,可涵盖所有以游牧为生的骑射民族"。译者按,中译本见贺严、高书文译:《古代中国与其强邻:东亚历史上游牧力量的兴起》,北京:中国社会科学出版社,2010年。

[②] 芮逸夫(Ruey Yih-fu)认为僚人的文化特征包括使用铜鼓、干栏穴居,但这些特征并未覆盖整个俚獠的活动区域,可参芮逸夫:《僚人考》,第727-771页。

盖地域也最广;至于"俚",它所指涉的地域相对明确,但在具体用例中却经常出现前后抵牾的情形。

一、乌浒、獠、俚的词源及其族群分布

"乌浒"一词,最早见于《南州异物志》的记载,该书由三国吴丹阳太守万震所撰。书载,"交、广之界,民曰乌浒。东界在广州之南、交州之北"。① 可知,万震已注意到,"乌浒"最初应是一个地名,而乌浒族群亦得名于所处的地域。后世史书也可为证,见载于史的乌浒族群,其活动区域主要局限于郁水及其周边。"乌""浒"二字分别可作"黑色""河边"来解,但合为一词时并不能将之理解为某一待定地域,所以它很可能是汉语对某种土著语言的转写。《太平御览》同卷引《后汉书》曰:"交趾西有啖人国……今乌浒人是也。"② 不过,《后汉书》其他卷次则载乌浒人活动于郁林、合浦、交趾三郡。汉时,郁林郡辖土广大,下设十二县,控制了郁水、潭水、牂牁水在内的广阔地域。因此,《后汉书》中所说的乌浒人很可能活动于潭水、郁水临近地域,二水的交汇处即是郁林郡治。③ 栖身交趾、合浦两郡的乌浒人发动了汉光和元年(178)的大叛乱,④东晋裴渊的《广州记》记载晋兴郡也有乌浒人的活动。此外,5世纪成书的《荆州记》也载,"舞阳有詹辰、新丰二县,其乌浒万余家"。⑤

---

① 《太平御览》卷七八六《四夷部七·南蛮二·乌浒》,第3b页。
② 《后汉书》卷八六《南蛮西南夷列传》引万震《南州异物志》曰,"乌浒,地名也。在广州之南,交州之北",第7b页。不过,《太平御览》引文所说的"广州"西可能是指红河三角洲的交趾郡西,也可能是东汉交趾部州治所在的广州以西。
③ 笔者推论的依据在于汉晋时期新置县区的位置。比如,《后汉书》卷八六记载十余万乌浒人内属后,汉在乌浒旧地"开置七县",第14a页;清人顾祖禹将其中的一县比定为后来被废的"郁平废县",即今广西桂县。可参顾祖禹:《读史方舆纪要》卷一〇八,第4438页。
④ 《后汉书》卷八六《南蛮西南夷列传》,第14a页。
⑤ 《太平寰宇记》卷一二二《江南西道二十·沅州》引盛弘之《荆州记》,第12a页。

书中的舞阳位于始兴郡的东北,地处深山之中,远离华夏的控制。除了《荆州记》的记载略显反常之外,其他史料所记载的乌浒活动地域及时空分布均较为集中,这表明乌浒应当是一个民族语言相对确定的族群。公元4世纪以前,乌浒一词常见于史载,但此后很快便从文献中消失。只有唐宋以后的历史文本在引用早期文献时,才会出现"乌浒"的字眼。有时,甚至还会径用"俚""獠"等词替换"乌浒"。

"獠"的首次出现,见于《后汉书》,但与"夷"组合出现,称为"夷獠"。在此前的文献中,"獠"可通"燎",意为"夜间打猎"。① 与"乌浒"一词相同,"獠"可能也是土著语言的转写。相关研究指出,"獠"可能是两个汉字的简略说法,原本应作"葛獠",其读音可比对为复辅音的"Klao"。② 这一推测极有可能是接近史实的,因为复辅音连缀的外来词在被汉语引入以后,第一个辅音被舍弃的例证比比皆是。③ "獠"作为复辅音的简写,始见于4世纪中期成书的《华阳国志》,该书称兴古、永昌二郡有所谓的"鸠獠"人,而两郡的位置正处于交州西北、两河上游的山区。④ 5、6世纪时,《宋书·孔觊传》记载南徐州⑤民听闻蜀地"狐獠"进城而

---

① 蒲立本对"獠"一词进行了详细研究,并注意到"獠"常被错误转写为"liao (燎/僚)",有时也误作"姥"或"狫"。"燎"与"獠"音近而误,意为"夜猎"。反犬旁的"獠"进一步误写为单人旁的"僚",应与汉字简化运动有关,后来"僚"大有在文献中取代"獠"的趋势。"僚"的字义为"官僚""同僚"。"獠""僚"二字在越南语中分别读为"*liêu*""*lão*"。可参〔加〕蒲立本:《史前及早期历史时期的中国及其近邻》,第411 - 466页。

② 蒲立本认为,汉语拼音罗马字母化模糊了普通话的字音,"葛獠"在国际音标中应作[kɣlau]。可参〔加〕蒲立本:《史前及早期历史时期的中国及其近邻》,第431页。

③ 譬如,"蒌叶"在中古早期文献中一般被记载为"扶留(藤)"。但第一个音节"*f-*"逐渐被弃舍,"扶留藤"也因此成了现代汉语中的"蒌(lou)"或"荖(lao)"。可参李惠林(Li Hui-lin):《南方草木状:4世纪东南亚的植物》(*Nan-fang ts'ao-mu chuang: A Fourth-Century Flora of Southeast Asia*),香港:香港大学出版社,1979年,第112 - 113页。

④ 《华阳国志》卷四《南中志》,第57页。

⑤ 南徐州位于长江以南、都城建康的东面。

大为惊恐的故事:"龙骧将军阮佃夫募得蜀人数百,多壮勇善战,皆著犀皮铠,执短兵……旧传狐獠食人,每见之,辄奔走。"①《梁书》《陈书》则有"屈獠"的记载,他们居住在交趾的屈獠洞②中,地缘上靠近黑水河、红河的交汇处。③ 正是这群獠民将梁大同十二年(546)战败溃逃的越帝李贲斩杀,并传首京师。④ 汉文史书中的"鸠獠""狐獠""屈獠"三种称谓,在中古早期的汉音中可大致拟为"kɔlawʔ""ɣɔlawʔ""k'utlawʔ",均可视为对"klao"这一初始音节的转写。⑤ 及至晚唐,汉语中带有明显复辅音转写痕迹的族称基本消失。⑥ 如果说"klao"是所有转写词汇的原点,不太容易说通的是为何早期文献多作"獠",而稍晚的史书却出现了"鸠獠"等形式。不过,"鸠獠"等族称的第二个字十分稳定,似乎说明"獠"作为单音节词最早被引入汉语,后来的"葛獠"等词实际上有意识地保留了"獠"的称谓。考虑到"鸠""狐"的词义差别,或许在史书书写者看来,这些词汇中的第一个音节是用于描述不同类别的"獠"人。不过,这三组族称中的第一个音节所存在的相似性,似乎又表明它们均是对土著口音而非文本的转写。而且,它们很可能对应地就

---

① 阮佃夫从蜀地募兵一事,发生于5世纪下半叶。文中的"狐獠"恐怕也应是"孤獠"之误,详参《宋书》卷八四《孔觊传》,第43a页及注33。

② 《梁书》卷三《武帝纪下》,第33b页;《陈书》卷一《高祖纪上》,第3b-4a页。不过,《梁书》卷三,又将其简称为"獠",第29a页。

③ 〔越〕陶维英(Đào Duy Anh):《越南历代疆域:越南历史地理研究》(Đất nước Việt Nam qua các đời nghiên cứu địa lý học lịch sử Việt Nam),顺化(Huế):顺化大学出版社(Thuận Hóa),1994年,第68页。

④ 文中关于早期中古汉音的复原,均引自〔加〕蒲立本《史前及早期历史时期的中国及其近邻》一书。

⑤ 凯斯·泰勒将此地名为"Khuất Liệu Valley",头两个音应即"屈僚"。不过,泰勒的转写有误,应作"Khuất Lão",可参〔美〕凯斯·泰勒:《越南的诞生》,第143页。

⑥ 用于指涉同一地域(如贵州)土著人群的族称还有"葛獠""葛姥"等,可参《新唐书》卷二二二下《南蛮传下》,第19a页;《太平寰宇记》卷一二〇《江南西道十八·黔州》,第12b页;《太平寰宇记》卷一〇八《江南西道六·防州》,第6a页。生于新州的禅宗六祖慧能被认为是"獦獠"出身,可参《六祖坛经笺注》卷一,第4页。

是"*klao*"一词,该词属于卡岱语系卡拉语族(Kra branch)中的一种,字义可理解为"人"。① 如果说这三组族称确实被证明是对土著口音的转写,那么这也意味着使用这一土著语言的人群广泛分布于两河地域的群山之间。不同于狄宇宙的解释,李锦芳的词源研究认为"獠"是对代词"我们(us/we)"的音译。"rao"②(原始台语作"rəu")在台语系诸语言中十分常见,而第一个字母"k-"取自"人"这一词汇,因此"klao"的诸多转写形式都可做"我们的人"来解释。③

单音节的"獠"字可以指涉的人群,地域分布广大,延续时间较长。该词最早见于陈寿《三国志》及张华《博物志》两书的记载,时间均早至3世纪中后期。并且,直至17世纪时,"獠"都可用于描述中国南方的山地人群。据《三国志》卷四一《霍峻传》载:"永昌郡夷獠恃险不宾,数为寇害。"④这里所说的永昌郡位于云南西部的湄公河⑤上游地区。晋人张华记载:"荆州极西南界至蜀,诸民曰獠子。"⑥可知"獠子"的活动地域呈狭长形分布,东起荆州最南的广东北部,西至今天的四川一带。《后汉书·西南夷传》有所谓"竹王"的记载,竹王据传生于竹节之中,统治着牂牁、夜郎郡的"夷獠"部落。⑦ 此处的夜郎郡位于今广西北部、贵

---

① 在台—卡岱语系(即侗台语系)中,表示"头(head)""房屋(house)"的字词发音基本相同,详参〔泰〕许家平(Weera Ostapirat):《原始卡岱语》(Proto Kra),《藏缅区域语言学》(*Linguistics of the Tibeto-Burman Area*)2000年第23期,第13-18页。

② 译者按,结合上下文,此处的"rao"或即"lao"。

③ 李锦芳:《侗台语言与文化》,北京:民族出版社,2002年,第38-42页。

④ 《三国志》卷四一《蜀书十一·霍峻传》,第1b页。公元前2世纪至公元1世纪末,生活在湄公河上游地区的"哀牢"人,可能对后来生息于此的"獠"人族名有直接影响。不过,"哀牢"与"獠"的具体关系尚不明确。汉语字音中,"獠"是上声,而"牢"是平声,而且"牢"的前缀"哀"仅见于云南,其他地区未见这一用法。

⑤ 译者按,中国段称澜沧江,古称黑水,又作兰仓水。

⑥ 《博物志》卷二《异俗》,第24页。

⑦ 《后汉书》卷八六《南蛮西南夷列传》,第19b-20a页。这段记载应该引用了早期文献,但《后汉书》的成书时间要晚至5世纪前期,大概比《博物志》《三国志》晚了两个世纪。

州南部地区。关于"竹王"的传说,《水经注》亦有记载,但云其兴起于牂牁江,当时称为"夜郎豚水",系属郁水北侧的支流。① 《晋书》对僚人的活动范围也有记述:"武平、九德、新昌土地阻险,夷僚劲悍,历世不宾。"② 可见,晋时的夷僚族群散布在红河平原的武平、九德、新昌三郡的深山之中,凭险不肯向中央臣服。

大约东晋时期(317—420)成书的《广州记》述及了俚僚的铜鼓文化:"俚僚贵铜鼓,唯高大为贵,面阔丈余,方以为奇。"③ 不过,文中所说的"俚僚",主要是指广州以西、郁水以南的土著人群。《宋书》亦云,"广州诸山并俚、僚,种类繁炽",④ 又记合浦、交趾之间的"石碕",也有俚僚族群的盘踞,⑤ 并且南方的广大地区皆有蛮僚的分布。⑥ 案《南齐书》载,僚人主要活动于益州(今四川)、宁州(今云南)两地⑦,但越州、广州也有僚人的身影。⑧《陈书》卷三四《阮卓传》云,在交趾地区:"夷僚往往相聚为寇抄。"⑨ 同书卷三六又记,始兴王陈叔陵在都督湘、衡、桂、武(即今湖南及两广北部)四州诸军事的任上,曾发军征伐夷僚。⑩ 在《隋书》的记载中,僚人多出现于两河地域北部,但偶尔也会兼及两河南部:"时番州⑪总管赵讷贪虐,诸俚僚多有亡叛。"番州时治广东韶关,地处

---

① 《水经注》卷三六《郁水》,第 1128-1129 页。
② 《晋书》卷五七《陶璜传》,第 5b 页。
③ 《太平御览》卷七八五《四夷部六·南蛮一·俚》引裴渊《广州记》,第 8b 页。但这则史料似乎暗示铜鼓主要铸造于广州,两河地域的其他地区则不可见。
④ 《宋书》卷九七《夷蛮传》,第 4a 页。
⑤ 《宋书》卷九二《良吏列传·杜慧度》,第 4b-5a 页。
⑥ 《宋书》卷六一《武三王恭传·刘义》,第 14a-14b 页。
⑦ 《南齐书》卷一五《州郡志下》,记载益州地区设有五个僚郡,第 29a-29b 页;《梁书》卷一七《马仙琕传》,第 7b-8a 页;《晋书》卷九《孝武帝纪》,第 1b 页;《梁书》卷五三《良吏列传·孙谦》,第 10a-10b 页。
⑧ 《南齐书》卷一四《州郡志上》,第 26a;卷四一《张融传》,第 1b 页,均有"僚贼"的记载。
⑨ 《陈书》卷三四《文学列传·阮卓》,第 24a 页。
⑩ 《陈书》卷三六《始兴王叔陵传》,第 2a 页。
⑪ 后来更名为"韶州",靠近今天的广东韶关一带。

广州以北。这起叛乱最终在冼夫人的招慰之下才得以平定。① 同书还记,隋炀帝继位时,"番禺夷獠相聚为乱",后为薛世雄的大军讨平。② 通观以上记载,7世纪以前,獠人的活动范围极广,东至广州、南至越南清化(Thanh Hóa)的广阔地域内皆有獠人的身影。不过,就獠人始见于文献的时间以及最集中的分布地区来看,应该距离两河地域较远,而主要活动于两河地域西北的长江上游地区,而非红河与珠江流域。如果认为这群地域分布广泛的獠人同属一个种族、语言,恐怕很难令人信服。

相比于"獠",南朝时期的"俚"族分布范围要小得多,仅用于指涉两河地域的土著人群。与"獠"相同,在汉以前的文献中间,"俚"还有另一个字义,即"乡里(之人)"或"鄙俗(之人)"。后来,"俚"才引申开来,特指散居两河地域的山地人群。"俚"的词源尚不明晰,但很可能与"獠"一样都是对土著语言的转译。③ 中国大多数学者都认为,有关俚人的最早记载见于《后汉书》:"建武十二年(36),九真徼外蛮里张游,率种人慕化内属。"④文中的"里",在唐人的注中被解释为"蛮之别号,今呼为俚人"。不过,这恐怕不能成为定论,毕竟原文中的字眼作"里",也能解释为"乡里"或"村里"。⑤

---

① 《隋书》卷八〇《列女传·谯国夫人》,第7a页。
② 《隋书》卷六五《薛世雄传》,第12b页。
③ 白耀天认为"俚"一词源于广西北部、贵州南部的台语系语言中的"Yay",并对此展开了长篇论述,可惜说服力不足。详参白耀天:《俚论》,《广西民族研究》1990年第4期,第28-38页;白耀天:《俚论(续)》,《广西民族研究》1990年第5期,第52-64页。
④ 译者按,为便于行文,译者移录引文如上,可参《后汉书》卷八六《南蛮西南夷传》。
⑤ 《后汉书》卷八六《南蛮西南夷列传》载,"建武十二年(36),九真徼外蛮里张游,率种人慕化内属,封为归汉里君",第9b页。文中对蛮"里"的补注为,"里,蛮之别号,今呼为俚人"。此注可能是南朝梁刘昭或唐人李贤所补。笔者的解读是,原文的"里"应释为"乡里",而与族称无关。张游归附后,他的受衔应该是"归汉蛮君"。在《太平寰宇记》乾隆五十八年(1793)万廷兰刻本中写作"蛮里",但其他版本则记为"蛮俚"。

由于俚獠二字常以并称的形式见于史传,所以上文中獠的活动区域也基本适用于俚。"俚"单独出现于史籍,最早也最明确的文献是万震《南州异物志》一书,"广州南有贼曰俚",①可惜该书并未提供太多俚人活动地区的细节。② 关于刘宋时期俚人的具体地域分布,可参《宋书》及沈怀远所撰《南越志》。据《宋书》卷九二《徐豁传》云,始兴郡"逼接蛮、俚,去就益易"③,而且明言郡内的中宿县有"俚民巢居"。④ 同书卷五四《羊玄保传》载,晋康太守刘思道曾领军讨伐郡内的俚人;⑤而且,卢循叛乱时,靠近交州的地方也有俚人盘结。⑥《南越志》则记载晋康郡所辖的端溪⑦、夫阮⑧二县,南海郡西南的高州(电白县)⑨、西北的桂州(丰水县)⑩,以及九德郡宋昌县⑪等地,均有俚人部落的存在。此外,滨海地区也有俚人的身影。案《南齐书》所载:"越州南高凉俚人海中网鱼,获铜兽一头。"⑫《梁书》也数次记载俚人,但只有两处言及俚人的活动地域,分别是在始兴郡边界处,范云为始兴内史

---

① 《太平御览》卷七八五《四夷部六·南蛮一·俚》,第 8a-8b 页。
② 译者按,《南州异物志》记载较详:"此贼在广州之南,苍梧、郁林、合浦、宁浦、高凉五郡中央,地方数千里。往往别村各有长帅,无君主,恃在山险,不用城。自古及今,弥历年纪。民俗蠢愚,惟知贪利,无有仁义道理……债家惭惧,因以牛犊、财物谢之数十倍,死家乃自收死者罢去,不以为恨。"应当说,万震对俚人的活动地区、政治结构、民风习俗都有一定的描述,细节较为丰富。
③ 《宋书》卷九二《良吏传·杜慧度》,第 7b-8a 页。
④ 《宋书》卷九二《良吏传·杜慧度》,第 8a 页。
⑤ 《宋书》卷五四《羊玄保传》,第 10a 页。
⑥ 《宋书》卷九二《良吏传·杜慧度》,第 5a 页。
⑦ 《初学记》卷八《州郡部·岭南道十一》,第 40a 页。
⑧ 《太平御览》卷七八五《四夷部六·南蛮一·俚》,第 8a 页。据这则史料,俚又别称"帶(世尺切)",但这一别称语义模糊,并且不见于他书记载,很可能也是对土著语音的转译。
⑨ 《太平寰宇记》卷一六一《岭南道五·高州》,第 8a-8b 页。
⑩ 《太平御览》卷八二〇《布帛部七·布》引《南越志》,第 6b 页。文中的"桂州"即今广西柳州。
⑪ 《太平御览》卷三四七《兵部七十八·弓》引沈怀远《南越志》,第 8a 页。
⑫ 《南齐书》卷一八《祥瑞志》,第 20a 页。

时,"边带蛮俚,尤多盗寇,前内史皆以兵刃自卫"。① 《南史》也称,在广州海岸,"俚人不宾,多为海暴"。② 6世纪时,中央政府多次发动对俚族的武力征伐,并且主要集中在郁水以南、广州西南的区域。不过,只有唐代的文献中"俚"可指代广州以东的土著人群。③ 到10世纪时,对于俚人的描述又重新限定在珠江上游到广州以西的地理范围内。④

二、俚、獠内涵管窥

在唐以前的史书中,俚、獠二词的使用规律大致可以归纳如下。"獠"可指涉整个两河地域的人群,特别是远离华夏政区的山地人群;而且,僻在云南、贵州、四川的山地族群也可用"獠"来指称。"俚"则主要形容广州以西、以北的土著,但红河流域的山地、平原人群也可以用"俚"来描述。不过,俚、獠的用法总体较为含混。有时,记载同一事件,不同文献对同一群人会采用不同的族称,甚至同样的文献也会出现前后抵牾之处。比如,《南方草木状》与《齐民要术》等早期文献都记载岭南土民常将所产的一种"菽藤"卖出交换,前者称是"俚人",后者则说是"乌浒"所为。⑤ 俚、獠两名也很容易混淆。案《陈书》所云,兰钦擒讨陈

---

① 《梁书》卷一三《范云传》,第7b页及注63。译者按,另一处见于《梁书》卷三二《兰钦传》:"(兰钦)经广州,因破俚帅陈文彻兄弟,并擒之。"
② 《南史》卷五一《梁宗室传上·萧励》,第4a页。
③ 岭南俚帅杨世略以循、潮二州归降大唐,事在唐武德五年(622)正月,可参《资治通鉴》卷一九〇,第5943页。译者按,史料原文见于《资治通鉴》卷一九〇《唐纪六》,高祖武德五年(622)春正月己酉条,"岭南俚帅杨世略以循、潮二州来降"。
④ 例外也有,比如黔州(即今贵州北部的彭水县)境内的诸多蛮族中赫然出现了"俚人",可参《太平寰宇记》卷一二〇《江南西道十八·黔州》,第12a-12b页;此外,距黔州很远的桂州、昆明两地也有俚人。
⑤ 《艺文类聚》卷八二《草部下·藤》引嵇含《南方草木状》,第11a页;《齐民要术》卷一〇,第36a-36b页;《太平寰宇记》卷一六六《岭南道十·贵州》载,"(郁平)郡连山数百里有里人,皆以乌浒",第10b页。可知,乌浒是俚人的一种。

文彻时,目的是为了"南征夷獠";①但是,到了《梁书》的记载中,陈文彻的身份变成了"俚帅",《南史》则径称其为"西江俚帅"。② 此外,汉文史书中多习惯于将"夷""獠"或"蛮""獠"并称。这些用例均可表明,华夏史书的书写者在描述南方人群时,选用何种族名全凭其所掌握的辞藻,并不是基于对这些人群及其风俗习惯的观察与甄别。

正如前文所言,蒲立本曾推测,这些族称应与台语系诸人群的语言有关,特别是最早见于文献中的"獠"与"葛獠",其中的"Lao(獠)"很可能借自土著语言。不过,"獠"的词源并不能与它此后的用法完全等同。獠的词义扩大,进而用于指涉西南的山地人群,恐怕也与华夏的语言族群辨识无关,应当另有其他原因。泰勒认为,俚与獠的差别主要在于聚居地的不同。相比于俚,獠人是山地人群,俚则是"定居在低地的土著人群"。③ 泰勒基于对俚、獠史料中地名的观察,所取得的研究成果有其可取之处,但如果将观察视角再向前推进一步,我们会发现俚、獠的区别并不仅仅局限于栖息地这一点。细梳6、7世纪的史料,不难发现史书书写者更有可能是基于土著人群的政治架构及政治身份而做出的不太严谨的族群区分。俚、獠所栖息的地域催生了不同聚落模式、社会组织的生成。

贯穿整个六朝时期,不同族称的一般使用规律可概述为:"俚"是指地缘上临近华夏中心城市的土著人群,且其文化面貌渐向华夏靠拢;与之形成对照,"獠"则多散居在深山中,远离华夏中心城市。言外之意,獠人不仅地理上与华夏疏离,文化面目也与华夏迥异。考虑到汉文史料,尤其是6至8世纪的史料中对于某些俚人的身份描述较为模棱两可,俚、獠之间的族群差异似乎更加清晰可辨。譬如,对于隋开皇十年(590)起兵作乱的番禺土帅王仲宣,文献中对其身份的描述存在四种不

---

① 《陈书》卷九《欧阳𫖯传》,第6b页。
② 《梁书》卷三二《兰钦传》,第11b页。
③ 〔美〕凯斯·泰勒:《越南的诞生》,第149页。

同的记载,或称"番禺夷",或作"岭南酋长",或曰"俚帅",或云"番禺人"。① 6世纪后半叶,盘踞交州多年的地方豪族李佛子(Lý Phật Tử)于隋仁寿二年(602)发动了反隋起义。对于李佛子的身份,文献记载亦不统一,或记为"交州人",或称"交州俚人",或云"交州渠帅"。②

从王仲宣、李佛子的事例中可知,同一个俚族人物的身份,在有些文献中被标示为俚人,但在其他史料中则可能是华夏的编民。进入7世纪以后,在描述两河地域的地方豪族,如宁氏、冯氏、陈氏时,这一趋势愈发明显。在汉文文献中,普通编民一般居住在濒临河海的城市聚落内,向国家缴纳租税、服从徭役,而接受朝廷官职名号的非汉民族有时也可称之为"人"。之所以俚族的身份经常与"编民"混淆,恐怕是因为俚人在政治身份、社会习惯等层面与编民无异。在华夏史官看来,俚人的蛮族特征基本消失,可被接纳为一般的臣民。

至7世纪后期,俚人的编民身份得到了大唐正式承认。原本,岭南"俚户"旧例只输半课。③ 唐垂拱三年(687),刘延祐担任交趾都护时,要求俚户缴纳全课,从而引发了当地土民的不满,"其党李思慎等作乱,攻破安南府城,杀延祐"。④ 据上文所述,俚人已被纳入朝廷的行政体系,并且"俚户"的表述显然也与编户齐民近同。从俚户被大唐征收课税来看,这则史料不失为反映俚人与华夏紧密联系的又一例证。就两河地域的背景而言,獠几乎很少与编民的概念混淆。"獠"往往以群体的面目出现,一般很少具名,而俚族中则不少人物被冠以汉名。在为数

---

① 《隋书》卷四七《韦洸传》,第4a页;卷六五《慕容三藏传》,第10b页;卷六七《裴矩传》,第9a-9b页;卷八〇《列女传·谯国夫人》,第6a页。

② 《隋书》卷二《高祖纪下》,第16b-17a页;卷五三《刘方传》,第9a页;卷五六《令狐熙传》,第5a页。关于李佛子的政治活动,可参〔美〕凯斯·泰勒:《越南的诞生》,第152-155,158-162页。

③ 《资治通鉴》卷二〇四《唐纪二十》,武则天垂拱三年(687)秋七月壬辰条,第6445页。

④ 《资治通鉴》卷二〇四,第6445页;《旧唐书》卷一九〇上《文苑传上·刘延祐》,第8b页。

不多的"獠""民"联用的事例中,同一人物在其他文献中几乎都被记载为"俚"人。而且,与"獠"组合的词汇通常都带有强烈的贬义色彩,比如夷獠、蛮獠等等。据此可知,"獠"的蛮夷特征较"俚"更为浓厚。文献中"俚獠"两字可组合使用,但"夷俚"或"蛮俚"等词绝不会出现。

从两词的使用语境来看,俚、獠的族群差异并不在于语言,抑或地域。相反,二者的主要差异在于"化外"的程度,这有点接近后世所谓"生蕃""熟蕃"的说法。① "生蕃"一般处于部落自治阶段,文化习性与华夏相去甚远;"熟蕃"虽然仍被视为外族,但已接受了华夏礼仪的改造,蕃中的首领在一定程度上接纳了华夏文明,臣服于朝廷的至高权威。② 从俚、獠的用例来看,自6世纪以降,两河地域的俚、獠差异可基本对应于后世的"熟蕃""生蕃"概念,而不体现于语言、物质文化与族群身份等层面。③

更有意思的是,上文所举的俚人李佛子事例中,李佛子据载是交州李贲的同姓部将,但李贲却很少被视为外族或者土著。这就说明,对于一个家族及其内部成员而言,华夷的身份是可以左右摇摆的,具体指向哪一侧完全取决于他的政治动向。隋朝立国后,不少自称世代华民的

---

① 荷兰学者冯客(Frank Dikötter)指出,"生蕃""熟蕃"的概念与食物烹制的"生熟"观念有关,美国学者马思中(Magnus Fiskesjö)对"生蕃"的内涵进行了深入探讨,认为这一概念的思想根源在于华夏的君权至上与文明普惠等观念,与蛮族自身的特质关联较少。不过,马思中的讨论时间段主要聚焦于唐以后。详参〔荷〕冯客:《近代中国之种族概念》(*The Discourse of Race in Modern China*),斯坦福:斯坦福大学,1992年,第9-10页;〔美〕马思中:《华夏帝国的"生蕃"与"熟蕃"》(On the "Raw"and the "Cooked" Barbarians of Imperial China),《内亚史》(*Inner Asia*)1991年第1期,第139-136页(译者按,页码有误,应为139-168页)。

② 7世纪以前,"生蕃""熟蕃"的概念在文献中仅出现了两次。"生獠"最早见载于《魏书》卷一〇一《獠传》,第32b页;"生蛮"初载于《宋书》卷三七《州郡志三》,第24b页。

③ "熟獠"一词可见于早期文献记载,但并不在两河地域的范围内。譬如《隋书》卷四六《韦沙罗传》,记载了云南越巂有所谓的"熟獠",第11a页。"熟俚"的说法则从未见诸史书。

姓氏中,实际上却与两河地域存在很深的渊源。比如,第七章中将要讨论的宁氏、冯氏等,都是显例。不过,在唐朝的史官眼中,它们都被甄别为蕃姓异族。据《南齐书》卷五八《东南夷传》所载:"交州斗绝海岛,控带外国,故恃险数不宾。"①可知,当时整个两河地域被笼统地称为一州,因被括入土著的势力范围内,常被视为异域一般的存在。《南齐书》约成书于梁天监十三年(514)至普通七年(526)间。这一时期,交州的地方大族开始摆脱朝廷控制,寻求政治自立。② 因此,《南齐书》笔下的交州面貌,实与当地豪族的政治动向及梁对交州多年的经略不力存在紧密关联。

当华夏的历史书写中不再采用贬义的族称时,通常说明这些土著人群的日常习惯、政治结构已与其他地区的编民十分接近,它们最多会被看作是华夏的地方变体。然而,一旦这群土民酋帅的政治动向、社会文化开始偏离华夏标准,它们很容易倒退为华夏眼中的"蛮族"。俚人与其他不具族称的编民之间界限模糊,这不仅体现在它们都是从蛮族/土民的身份转为编户齐民,而且还表现在转变以后的编民时而靠近、时而疏离蛮族/土民的习性。由于华夏眼中的文明标准不断变化,某个时代被认定为未化的俚族,到了另一个时代则被认为再寻常不过了。如果谨记这一点,我们对化与不化的认识就会更加准确。与其说俚人日益华夏化,不如说俚人总处在华夏与地方两种文化面目之间。最终,俚帅酋长的后裔成长为其他地区的地方大姓,但这样的身份转变更多时候应该视为华夏治理方式转变、吸纳地方豪族进行治理的结果,而不应该理解为俚僚族群对华夏政治规范、治理模式的主动接受。下一章,我们将围绕俚僚转变的具体过程及其政治背景展开探讨。

---

① 《南齐书》卷五八《东南夷传》,第 15a-16b 页。
② 〔澳〕詹妮弗·霍姆格伦:《公元一至六世纪越南北部湾的政区地理与政治演进》,第 125-136 页。

第四章 "雄踞一方"：俚獠权力的本土与外来传统

从公元3、4世纪有关俚獠的早期记载来看，在华夏史官眼中，俚、獠、乌浒的政治结构与华夏迥异，野蛮习俗也令人不解。这一时期，铜鼓酋帅的土著领导结构可以很轻易地与华夏州郡官僚体制区分。然而，到6世纪末，这一局面基本改变，以至于两河地域俚獠族群的政治结构与华夏其他地区的地方管理模式日益趋同。对于两河地域以外的王朝史官而言，俚獠土著豪酋与地方长吏的界线十分模糊。一方面，俚獠酋帅开始采用汉姓，接受朝廷的官爵名号；另一方面，郡望系出别处、但世居两河地域的地方大姓也受任朝廷官职。有时，两类人群还会相互通婚。华夏权力结构的内在变化，也成为模糊两类人群的重要因素。两汉时期，地方长吏多由朝廷选任官僚精英进行治理，但这一制度渐由地方大姓世袭州郡要职的模式所替代。由此，这些地方家族跻身为地方上的特权阶层。俚獠酋帅与地方豪族的日益趋同，并不是俚獠族群单向地接收华夏文化与统治的结果，它也与华夏自身政治结构演变及俚獠权力结构对南迁大姓的影响有关。红河平原的政治演变与珠江下游及俚獠核心区稍有不同，需要单独加以说明。

一、部落政治结构："洞"与"都老"

正如前章所述，公元3、4世纪，散居交、广二州且脱离政府控制的户数数以万计。遗憾的是，相较于文献中对华夏政治体的详尽叙述，汉文史书对于俚獠社会的政治结构只有只言片语的介绍，因此很有必要充分挖掘史料中字里行间的内涵,并将目光转移到文献之外。

公元6世纪以前,两河地域尚未有大规模的俚僚政治体发育。这一时期的文献留下了部分俚僚酋帅的姓名,但两河地域规模大到足以自立"王国"的政治体并不见于史载。对俚僚政治结构最常见的表述是"洞",它可能是一个台语系词汇,意为"山谷"或"溪流穿过崖谷之间的平地"。① 在山谷或崖谷的平地上可以农耕,而谷间丛林覆盖、未经开垦的山地就成了阻隔不同种群的天然屏障。因此,原本只是基于地理特征而被当地人命名的山谷,后来渐渐成了土著部落的政治单元,并进而被转写为汉文(中的"洞")。② 两河地域所见的俚洞、僚洞数量繁多,各自的领地范围很难具体划分,但从不同文献的记载中仍可看出一些端倪。据三国吴人万震的描述,俚的地理分布及政治组织主要是小型村落,且互不统辖:

　　广州南有贼曰俚。此贼在广州之南,苍梧、郁林、合浦、宁浦、

---

① 〔加〕蒲立本:《史前及早期历史时期的中国及其近邻》,第430页。汉语中俚僚政治体常以"洞"的形式出现,这一字词与洞穴的"洞"写法相同。为区分二者,薛爱华等西方学者将洞多译为"grotto"。越南语中表示旱地时,采用的词是"đồng"。阮玉山(Nguyễn Ngọc Sơn)认为,"đồng"的词源对应原始台语中的"toŋ",二者词义相同。李方桂(Li Fang-Kuei)的复原结果显示,原始台语中的"dioŋ",意为"平原"或"开阔地带"。李锦芳讨论了"long(垄)"与"dong(洞)"之间的关系,指出二者均可解释为"平地",只是发音不同。贺大卫(David Holm)比较了"dong(洞)"与"Zhuang(壮)"的古字,主张"壮"的词源指向为"平坦肥沃的河谷",且"dong"与"zhuang"二者同义。详见〔越〕阮玉山:《理解越南史》(Tìm Hiểu Tiếng Việt Lịch Sử),第140页;李方桂:《比较台语手册》,第105页;李锦芳:《侗台语言与文化》,第290页;〔澳〕贺大卫:《杀牛祭祖:中国西南地区古壮字文献研究》(Killing a Buffalo for the Ancestors: A Zhuang Cosmological Text from Southwest China),迪卡尔布:北伊利诺伊大学东南亚研究中心,2003年,第6页。

② 已有证据表明,汉文史书的书写者已经注意到了"洞"的地貌内涵。譬如,10世纪的地理总志《太平寰宇记》卷一五八就明载,"(恩平县)土地多风少旱,耕种多在洞中",第6a页。这则史料暗示了"洞"所具备的地理特征,似与政治结构无关。

高凉五郡中央,地方数千里。往往别村各有长帅,无君主,恃在山险,不用城。①

案《南州异物志》的这段记载,俚人游离于五郡的边缘地带,而且直至5世纪中后期,华夏王朝才在此处设立州郡县等层级的政区。这一地域范围是黑格尔Ⅱ型铜鼓的主要发现地,而且也具备文献中所载的"洞"的诸多地貌特征。譬如,这里山脉纵横分布,多座山峰的海拔高达1000米以上,而在山地的坡面有众多河流、小溪流经,由此形成的险绝山谷为俚獠各部的独立发育营造了良好的地理环境。至于"洞"的范围大小及具体位置,也可从文献的几处记载来加以推断。《太平御览》卷一七二引《南越志》载:"党州隆仁县有京观,即古征党洞杀俘虏处。"②这里的党州隆仁县即位于今广西玉林市西北。同卷引"窦州"条又云:"汉苍梧郡之端溪县,先管罗窦洞,因为名。"③至唐武德五年(622),才在此地置南扶州,位置即在今广东省信宜至湛江之间的区域。梁大同年间(535—546),南朝将建州一处名为"双头洞"的地方分置为双州。④此双州即位于今广东罗定市南。唐贞观八年(634),原属合浦郡的越州更名为廉州,"以本大廉洞地"。⑤ 贞观十二年(638),李弘节招降獠民,

---

① 《太平御览》卷七八五《四夷部六·南蛮一·俚》,第8a页。
② 《太平御览》卷一七二《州郡部十八·岭南道·党州》,第8a页;《太平寰宇记》卷一六五《岭南道九·郁林州》,第4b页。《太平寰宇记》卷一五八称这则史料引自《南越志》,但考虑到党州设置于大唐,很可能这条引文出自唐晚期成书的《续南越志》。就目前所知,《太平御览》与《太平寰宇记》均引述了《续南越志》的相关记载。
③ 《太平御览》卷一七二《州郡部十八·岭南道·窦州》,第5a页。同卷又载:"贞观八年(634),(南扶州)改为窦州。"
④ 《太平寰宇记》卷一六四《岭南道八·康州》,第4b页;《太平御览》卷一七二,第4a-4b页。《太平御览》的史料来源为《南越志》,但《太平寰宇记》也称引自《南越志》,恐怕仍是同名而误。双州即今广东罗定一带。
⑤ 《新唐书》卷四三上《地理志七上》,第9a页。

"置笼州,以笼洞为名",①即今广西南宁西南的左江沿岸。最终,上述的"洞"演变为大唐疆域内的党州、窦州、双州、廉州与笼州,而且诸州改置时都沿用了此前"洞"的旧名。这些州的辖土范围均较为狭小,似乎能够说明原来"洞"的地理空间极为有限。

在《广州记》一书中,晋人裴渊对俚獠酋长铸成铜鼓后的庆祝仪式有所观察:

> 俚獠贵铜鼓,惟高大为贵,面阔丈余,方以为奇。初成,县于庭,克晨置酒,招致同类,来者盈门。其中豪富子女,以金银为大叉,执以叩鼓,竟留遗主人,名为铜鼓钗。风俗好杀,多构仇怨。欲相攻击,鸣此鼓集众,到者如云。有是鼓者,极为豪强。②

《广州记》成书于东晋(317—420),而铜鼓的铸造传统传播到郁水以北地区,至少要再晚两三百年。③ 因此,文中所述之事必发生于两河地域。同样的描述也见于《隋书·地理志》,但在此基础上又做了补充:

> 有鼓者号为"都老",群情推服。本之旧事,尉陀于汉,自称"蛮夷大酋长、老夫臣",故俚人犹呼其所尊为"倒老"也。言讹,故又称"都老"云。④

笔者以为,《隋书》这段文字的史源肯定也出自裴渊的《广州记》,但无疑较宋人所编类书《太平御览》保留了更多原文的面貌。"都老"常被解读

---

① 《太平御览》卷一七二《州郡部十八·岭南道·笼州》,第13a页。
② 《太平御览》卷七八五引裴渊《广州记》,第8b页。
③ 日本学者吉开将人将铜鼓文化北移郁水以北的时间推定为9至10世纪,可参〔日〕吉开将人:《铜鼓"再编"的时代——公元一千年的越南与南中国》,第211-213页。
④ 《隋书》卷三一《地理志下》,第15a页。

为是对台语系词汇的转写,意为"大人物(great man)",①但窃以为将其理解为对"大贵族(great noble)"一词的转译更为恰当,原本可能读作"*taaw-laau*",这也与《隋书》所记的"倒老"读音更为接近。时至今日,在台语系的诸语言中,将"*taaw*"用于称呼贵族成员的用法仍很常见。②

上引两则史料描绘了两晋南朝俚獠活动区的一般图景,并涉及了不少俚獠权力结构的二手资料。比如,铜鼓拥有者在战时可鸣鼓集会,通过宴飨彰显身份,并从其他贵族子弟处接受金银贡奉。"都老"的政治地位如何确立,这一点尚不明确。不过,所谓的"群情推服",可能是指一小群经过推举上来的实力较强的酋长聚集在一起,共同推选更有威望的"都老"。如果一般的土著平民也有资格受到推举,实在令人无法想象。从"风俗好杀"的描述来看,土著酋帅对武力手段十分倚重,这种军事斗争可能发生于酋帅之间,也可能是酋长联合起来共同对抗华夏的势力南渐。俚獠的战争动员规模到底有多大,也可通过零散的史料来推测。据载,宋义熙七年(411),交州刺史杜慧度曾率军抵制卢循的叛军,"乃率文武六千人距循于石碕"。③ 据此可知,合浦、交州之间的俚獠酋帅动员的兵力达到了6000人。至7世纪时,远离州郡的蛮洞

---

① 韦杰夫、李锦芳两位学者对"*tue*"一词的内涵进行了解释,该词现在只用于对动物或人的分类,且一般为蔑称,但在过去则可用来描述众神,详参〔澳〕韦杰夫:《冼夫人与六世纪中国的南方扩张》,第133页;李锦芳:《侗台语言与文化》,第159页。现代台语系诸语言中,"*lau*"一词还能作"大"或"伟大"来理解的地区仅局限于云南及广西西北部,其他台语系方言一般作"*lung*"或"*hung*"。不过,在其他侗台语族中"*lau*"仍在沿用,这就说明该词曾在俚獠活动区广泛流传,因此对"都老""倒老"的解释也更为可信,可参张均如编:《壮语方言研究》,第756页;王均:《壮侗语族语言简志》,北京:民族出版社,1984年,第858-859页。

② 法国学者孔铎将"*tao*"释为"贵族"或"贵族男子",可参〔法〕孔铎著:《从拉瓦族到孟族,从 saa'族到傣族:历史学与人类学视角下的东南亚社会空间》,第113页。从"倒"到"都"的字词转变不是孤例,比如,古汉语中山竹被称为"都念子",原作"倒捻子"。至于其得名由来,《岭表录异》中卷载,"食者必捻其蒂,故谓之倒捻子,或呼为都捻子,盖语讹也",第10页。

③ 《宋书》卷九二《良吏列传·杜慧度》,第5a页。

甚至能够一次性调遣上万人应征。唐贞观五年（631），罗、窦诸洞逾万人叛乱，冯盎"率众二万为诸军先锋""斩首千余级"。① 贞观十四年（640），罗、窦诸洞蛮獠又叛，广州都督党仁弘率军将其击破，共"虏男女七千余人"。② 参战的蛮军规模动辄数千，恐怕应是多个溪洞联合作战的结果。

如将4世纪史书所载的"都老"与五百年前汉代的交趾土著豪帅相较，不难发现二者存在许多共性。譬如，汉代红河平原的地方土豪占有铜鼓，而且以"推服"的方式选举"都老"应该流行于整个两河地域。因此，这样推举上来的酋帅能够在极短的时间内将不同地域的蛮民大规模调动起来。汉建武十六年（40），交趾女子徵侧、徵贰姐妹作乱，"九真、日南、合浦蛮里皆应之"。③ 汉光和元年（178）春正月，"合浦、交趾乌浒蛮叛，招引九真、日南，合数万人，攻没郡县"，直到光和四年二月，才被刺史朱俊讨平。④ 笔者以为，合浦的乌浒人与九真、交趾的蛮民恐怕不太可能同属一个族群或语言集团，然而这些叛乱却能得到如此广阔地域范围内的蛮民响应，这正好印证了沃尔特斯（O. W. Wolters）的观点：前近代的东南亚社会在推举领袖时，对于直系血缘亲属较为冷漠，更看重的是个人能力与成就。⑤ 汉建武十九年（43），徵氏叛乱最终被伏波将军马援平定，红河平原旧有的领导秩序被完全摧毁。随后的两个世纪中间，交州的地方长吏均由朝廷任命。等到晋人裴渊详述俚獠酋帅的铜鼓文化时，红河平原旧有的统治秩序已消亡了将近四个世纪。在交州人的脑海里，留存下来有关领袖的唯一记忆恐怕就是刺史郡守这样的华夏职官。除了久远的传说之外，它们恐怕对于历史上的领袖一无所知。考虑到俚獠活动区并未遭受这样的打击，占有铜鼓的

---

① 《新唐书》卷一一〇《诸夷蕃将列传·冯盎》，第2a页。
② 《新唐书》卷二二二下《南蛮下》，第19a页。
③ 《后汉书》卷八六《南蛮西南夷列传》，第14a页。
④ 《后汉书》卷八《孝灵帝纪》，第10a页。
⑤ 〔美〕沃尔特斯：《东南亚视角下的历史、文化与地域》，第151页。

"都老"在垄断地方权力层面,较交州地方酋帅继续绵延了近五百年。由于并无大规模的动乱及武力征服,"都老"权力终结的方式也与交州决然不同。相反,这一变化的进程显得较为缓慢而且地方化,而华夏行政体系也不得不在"都老"的要求下做出诸多让步。

二、汉晋之间:"初郡"与"左郡"

通过不同方式的合作,比如从形式上将俚獠活动区纳入华夏行政体系中,朝廷由此获得了俚獠土豪的支持。尽管纳入华夏行政体系的过程常被描述为土著酋长承认了朝廷的至高权威,但最终的结果往往是土豪酋帅一方面实现了对其地方人口的直接控制,另一方面在租赋的名义下向朝廷进献土贡方物。而接受合作的酋帅将会被朝廷赐予印绶、冠带,甚至还被授予朝廷的官爵名号。① 就两河地域而言,这样的华夷结盟历史悠久。日人吉开将人通过研究两河地域所发现的南越国时期的古玺印,指出南越王在其边境地区与朝廷达成了盟约,而此后的朝廷只是袭用了南越国的成功做法。② 对于接受结盟的部落政治体,华夏政权在不同时期采用了不同的称谓指代,以示其与普通的州郡有别。具体说来,则有"初郡""属国"与"左郡"等。③ 公元7世纪,唐朝实行的羁縻政策也是一例,而所谓的"羁縻州"即是这一政策下的特殊政

---

① 《后汉书》所记载的华夏向地方蛮夷授予印绶的事例多达7例,这其中就包括日南、夜郎与长沙的蛮夷酋长,可参《后汉书》卷八六《南蛮西南夷列传》,第2b-36b页。

② 〔日〕吉开将人:《印所见的南越世界(前篇、中篇、后篇)——岭南古玺印考》(Shirushi kara mita nanetsu sekai(zenpen;chūhen;kōhen)-ryōnan kojiin kō),《东洋文化研究所纪要》(Tōyō bunka kenkyūjo kiyō)1998年第136期,第89-135页;1999年第137期,第1-45页;2000年第139期,第1-38页。

③ 关于汉到两宋中国特殊政区的总体概述及其基本特征,可参〔日〕冈田宏二(Okada Kōji)著,赵令志、李德龙译:《中国华南民族社会史研究》,北京:民族出版社,2002年,第1-18页。

区。远离俚獠活动地域的西南边疆,就有不少羁縻州县,不过两河地域则不见设置。从华夏的角度看,虽然这些特殊的州县将权力下放给土著酋长,但仍被描述为华夏行政体系中行之有效的一环。然而,实际的情况是,这些州县的权力依然牢牢控制在酋帅手中。对于华夏而言,通过这样的结盟,就可以在不动用武力及耗费巨额财力的前提下,获得蛮民的贡赋与拱卫;对于土豪酋帅而言,则可从华夏获取强力支持和贸易伙伴。

西汉时期,两河地域的情况如何,史料阙如。但是,地方酋长应该在汉朝的"初郡"制度下,继续控制了两河地域的大部分地区。按司马迁《史记》所载,"汉连兵三岁,诛羌,灭南越,番禺以西至蜀南者置初郡十七","且以其故俗治,毋赋税"。① 在这十七个初郡中,交趾、九真、日南等三郡位于今越南境内,但地位并不特殊。在汉朝的行政框架下,今属越南的交趾等三郡与北部的南海等诸郡同属初郡,行政地位基本相当。尽管史书中称初郡无须缴纳贡赋、服从徭役,但这并不意味着他们的土贡义务也被一并免除,而且土著酋长也并不能够完全做到"蛮人治蛮"。土豪酋帅负责辖区内的土贡征收,但在红河平原的人口密集地区,汉朝已经派遣官员与地方酋帅共同治理。

"初郡"制度何时废止,史无明言,但就红河平原而论,这一制度随着马援平定徵氏之乱、摧毁旧有的地方秩序而宣告消亡,因为此后交州的地方治理重任就落在了华夏官僚身上。其实,早在马援南征以前,西汉末年的交州地区已有华夏长吏的记载,这表明当时土豪酋帅对交趾的治理权已开始松动,②而徵氏姐妹的叛乱很可能就是交州土豪与华夏官僚之间权力拉锯的结果。两汉时期,交州的华夏政区主要集中分布于平原之上,而在平原以外地区,政区建置较为稀疏,且彼此孤立,基

---

① 《史记》卷三〇《平准书》,第18a-18b页。关于初郡的研究,可参胡绍华:《中国南方民族史研究》,北京:民族出版社,2004年,第34-36页。
② 例如,文献所见红河平原的第一例地方长官是汉中人锡光,他于汉平帝担任交趾太守,见于《后汉书》卷七六《循吏列传》,第6b页。

本上是循着主要水道或滨海沿岸呈线状分布。在远离河道的内陆,仅有零星的县级据点。除此之外,两河地域的广大空间基本上还是郡县政区的空白,栖身于这些地带的人群完全脱离朝廷的控制。

在两河地域远离华夏郡县的周边地带,朝廷寻求结盟的努力大致始于2世纪后半叶。最初,这种努力表现为类似"初郡"的设置,即在蛮族的领地之内拓置行政据点(如县)。最早见于文献的例证是谷永所置的七县,位于郁林郡治西南的郁水上游地区。据《后汉书》卷八六《南蛮西南夷传》载:"灵帝建宁三年(170),郁林太守谷永以恩信招降乌浒人十余万内属,皆受冠带,开置七县。"① 不过,对于谷永所置七县的地名及其位置,史无明文,宋人② 作注时认为应即贵州郁林县(今广西贵县)。③ 比对不同史料可知,三国吴世郁林郡属县减为六县,而汉时多达十二县。④ 与西汉元始二年(2)郁林郡的属县相比,西晋太康元年(280)郁林郡辖县增加7个,但户籍人口却不增反减。⑤ 由于这些属县的地名及户数都不具载,很可能说明它们都不是华夏行政体系内正常运作的政区。与初郡一样,郁林七县的政治权力仍掌握在地方酋帅手中,唯一的区别在于七县的范围不足以覆盖整个郁林郡,且其自治权局

---

① 《后汉书》卷八六《南蛮西南夷列传》,第14a页。显然,并不是所有内属的乌浒人都对这样的安排感到满意。因此,文献又载:"光和元年(178),交址、合浦乌浒蛮反叛,招诱九真、日南,合数万人,攻没郡县。"
② 译者按,原文作"唐人",但考虑所征文献为《太平寰宇记》,疑为笔误。
③ 《太平寰宇记》卷一六六《岭南道十·贵州》,第11a页;《后汉书》卷二三《窦融列传》,第21b;《晋书》卷一五《地理志下》,第9b页。尽管史书中未载明七县,但通过对比《后汉书·郡国志》及《晋书·地理志》的记载,可知汉代的郁林郡废置四县,增置十一县。这些属县中只有郁平县的位置较为明确。再通过比对东汉永和五年(140)、晋太康元年(280)郁林郡属县的地名与位置,可推知谷永开置的七县应该在郁水、潭水的交汇处,亦即郁林郡治的周边。
④ 廖幼华:《历史地理学的应用:岭南地区早期发展之探讨》,第115-116,122-123页。
⑤ 西汉元始二年(2)的郁林郡,户口数为12415,相当于晋太康二年的郁林、桂林二郡,户口数合计为8000。可参《汉书》卷二八下《地理志下》,第10a-11b页;《晋书》卷一五《地理志下》,第9b页。

第四章 "雄踞一方"：俚獠权力的本土与外来传统　115

限于相对较小的地理空间内。

此后,孙吴在红河平原以南设置九德郡的过程也基本相同。据《水经注》所云:"蛮卢举居其地,死,子宝纲代,孙党服从吴化,定为九德郡。"① 这段文字虽然未系年月,但通过比对《宋书》的相关记载可知,蛮帅宝纲款附孙吴,应与交州刺史陶璜讨伐临蛮有关。吴建衡三年(271),陶璜"讨扶严夷,以其地立(武平郡)",领有六县。② 不过,案《晋书·陶璜传》所载,武平郡的辟置与九德、新昌二郡联系密切,"武平、九德、新昌土地阻险,夷獠劲悍,历世不宾。"③ 与剿平北部乌浒部落、设置郁林六县相同,九德郡的开置似乎并未能够将宝纲的故土转变为孙吴版图内的普通政区。十年之后,也就是西晋的太康元年,九德郡的户口数仍显示为"无户",这似乎说明九德只是朝廷名义上的郡县,西晋朝廷不能也无力在此地征收租税。④

陶璜的军事活动直接推动了吴建衡三年武平、新昌与九德三郡的辟置,也促使九真"属国"及其三十余县的设立,"(陶)璜征讨,开置三郡,及九真属国三十余县"。⑤ 这段文字史料价值重大,因为它是史书中第一次记载华夏王朝为应对两河地域的非汉族群而尝试探索的新型政区。据研究,文中的"属国"是指承认中国宗主地位、臣服于华夏君主的非汉族群及其政治体。⑥ 翻检诸史,两河地域共记载了两处"属国",分别位于九真和合浦。九真属国的具体位置不明,但与郁林六县的性

---

① 《水经注》卷三六《郁水》,第1136页。
② 《宋书》卷三八,第40b页。此地所设之郡名为"武平郡",意为"武力平复"而设置的郡。
③ 《晋书》卷五七《陶璜传》,第5b页。
④ 《晋书》卷一五《地理志下》,第9a页。译者按,此处所引应是《晋书》卷一五《地理志下》,而原文误作《晋书》卷一六《律历志上》,今改。
⑤ 《晋书》卷五七《陶璜传》,第5b页。泰勒将这段史料解读为"开置三郡"下设三十余县,这其实是误解了原文"九真属国三十县"的本义。
⑥ "属国"是指"承认中国宗主国地位、向中国君主缴纳贡赋的非汉国家或族群",详参〔美〕贺凯:《中国古代官名词典》,第435页。

质相同,九真属国三十余县恐怕也不是晋朝行政体系中正常运作的政区。《晋书·地理志》仅记载九真郡下辖七县,这也表明其他属县仍由蛮帅控制,不同于交州其他承担赋税义务的县。合浦属国的文献记载同样十分隐晦。合浦即宁浦关北界、围绕郁水的一小块区域,今属横县。案《宋书·州郡志》所引的三种早期史料所载,"汉献帝建安二十三年(218),吴分郁林立,治平山县";"孙休永安三年(260),分合浦立为合浦北部尉,领平山、兴道、宁浦三县";"晋武帝太康七年(286),改合浦属国都尉立宁浦郡"。① 初郡和普通郡县都可任命"都尉",而合浦北部尉很可能是由朝廷选派,目的是确保宁浦—交州一线的道路通畅。这一时期,合浦由"属国"转变为宁浦郡,可视为西晋太康年间(280—289)沿着郁水不断向上游地区扩张势力的结果,最终也因此扭转了自西汉以来朝廷对两河地域影响日渐式微的局面。东晋太兴元年(318),晋兴郡分郁林而立②,郡治位于今广西南宁市,这也是自汉以来郁林郡领方县(今广西宾阳县)以西地区再度新增政区。此外,早在汉末晋初,朝廷通过擢任地方豪帅为"都尉"的方式,以寻求与边地的结盟。③ 据载,东汉延康元年(220),④吕岱代步骘转任交州刺史,"高凉贼帅钱博乞降,岱因承制,以博为高凉西部都尉。"⑤西晋太康七年,郁林偏北的苍梧郡分立丁留(亦作丁溜)县,原因是"苍梧蛮夷宾服"。⑥

尽管隐伏在"宾服内属""新立政区"这样的表述之下,汉晋时期

---

① 《宋书》卷三八,第38a页。文中引用了《晋太康地志》(常作《晋太康地记》)、晋人张勃《吴录地理志》《广州记》等三种史料。

② 《宋书》卷三八《州郡志四》,称晋兴郡分郁林而立,事在晋太兴元年(318),第32b页。但白耀天经过考证,认为晋兴郡的析置时间更早,结论较有说服力,详参白耀天:《晋置晋兴郡时间考》,《广西地方志》1997年第1期,第46-49页。

③ 译者按,此句笔者所加。原文作"与东晋分置晋兴郡大致同时",但语句不通。

④ 译者按,原文误作晋永平元年,即291年。

⑤ 《三国志》卷六〇《吴书十五·吕岱传》,第8a-8b页。

⑥ 《宋书》卷三八《州郡志四》,第25b页。

朝廷与边蛮之间的结盟,似乎仅是将蛮民牢牢控制的领地更名为华夏的"初郡""初县"或"属国"等。通过这一转变,地方酋帅在与朝廷的交往中,政治合法性及权威得以确立。与此同时,他们也不必像朝廷任命的地方长官那样承担相应的行政义务。不过,自郁水以南的俚獠故地第一次被华夏整编,直至5世纪末,六个世纪中间特殊政区的设立仍未超出华夏州郡的周边区域。从极其有限的初郡记载及晋朝岭南政区的大片空白来看,远离主要水系的俚獠族群仍然处于地方酋帅的控制之下,且与其他州郡之间的往来并不密切。从俚獠的人群分布及规模判断,相较于印绶、官爵而言,铜鼓仍是主要的身份象征物。

三、由宋迄隋:特殊政区到普通郡县的转变

紧步西晋的脚步,刘宋政权继续沿着支流水系向俚獠山地开拓政区。宋泰始七年(471),越州析交、广二州之地而置,治于临漳郡(今广西合浦一带)。越州的设立,应与武力征服有关,不能理解为朝廷与边蛮之间的战略结盟。对此,下一章将会详论。刘宋时期,特殊政区的形式表现为"左郡""左县"。与"初郡"或更早的"属国"相同,"左郡"也是普通郡县以外的辅助性政区,行政权力仍被地方酋帅把持。[①] 案《南齐书·州郡志》载,在长江上游河谷地带的獠人活动区,朝廷设置了五个[②]特殊的獠郡[③],但在两河流域的俚人领地,仅于齐永明六年(488)

[①] 〔日〕河原正博(kawahara Masahiro):《汉民族华南发展史研究》(*Kan minzoku kanan hattenshi kenkyū*),东京:吉川弘文馆,1984年,第65-81页。文中,河原氏对左郡制度进行了细致考察,但他对左郡的"左"的考证结论是它源于楚国国名,这似乎有些牵强附会了。

[②] 译者按,这五个獠郡分别为"东宕渠獠郡"(辖宕渠、平州、汉初三县)、"越巂獠郡""沈黎獠郡"(蚕陵令,无户数)、"甘松獠郡""始平獠郡"等。

[③] 《南齐书》卷一五《州郡志下》,第29a-29b页。

在越州境内设置了一处"吴春俚郡"①。而且,吴春俚郡明载"无属县",这就表明作为一个政区,它与吴晋时期的"初郡"性质相似,免缴赋税、地方自治。

南朝时期,两河地域俚獠自治的特殊政区走向消亡。自此以后,华夏行政体系内只区分为普通的"州""郡",或者俚獠自立的政治体——"洞"。一说到"洞",基本可以肯定所处理的文本与俚獠的领地有关。但是,一旦涉及俚獠领地周边的州郡,问题就不这么简单了。在很多情况下,这些州郡可能指涉的是俚獠活动区,但也可能是华夏的普通政区。州郡性质的模糊紧接着带来另一个问题,那就是基于结盟考虑而接受华夏官职的俚獠酋帅,与同样接受官号的州郡地方豪族身份不易区分。关于南朝政府的俚獠民族政策,《隋书·食货志》记载:

> 江南之俗,火耕水耨,土地卑湿,无有蓄积之资。诸蛮陬俚洞,沾沐王化者,各随轻重,收其赕物,以裨国用。又岭外酋帅,因生口翡翠明珠犀象之饶,雄于乡曲者,朝廷多因而署之,以收其利。历宋、齐、梁、陈,皆因而不改。②

所谓"岭外酋帅",自然是指两河地域的俚獠部落首领。③ 俚獠酋首雄厚的经济实力,使其一方面得以"雄于乡曲",另一方面还有余力向朝廷输送所觊觎的"赕物",以求官号之封。

尽管汉文史料通常将这样的结盟体系描述为文明化的过程,由此

---

① 《南齐书》卷一四《州郡志上》,第 28a 页。
② 《隋书》卷二四《食货志》,第 3b 页。
③ 由于原文记作"岭外",片仓穰(Katakura Minoru)与吕士朋均认为左郡制度只适用于红河平原特殊政区的讨论。不过,"酋帅"一词只用于描述那些在朝廷眼中不具备统治合法性的蛮族首领,在讨论红河平原的统治人群时基本不会采用该词。

赋予了地方酋帅统治的外部合法性。但是，通过设置"左郡"，授以华夏官号，地方酋帅对其部民的统治权并未因此受到剥夺，而且这样的过程本身也不会必然导致其主动华夏化。通过这样一种折中的方式，一方面华夏政府在政治军事实力不足的前提下也能获取俚獠酋帅输送的贡赋，另一方面也让俚獠酋帅有利可图，他们可借此积累更多财富，巩固对部民的支配权，扩大其在地方上的影响力。总之，这是一个合作双方都能从中得利的安排。至7世纪初，俚獠酋帅控制的地域有些规模可与华夏的州相当，成为实际意义上的"地方王国"。与以往不具名讳的乌浒蛮帅相比，7世纪时，这类"地方王国"的大权均控制在地方大族手中。因此，为了顺利穿行俚獠的领地，追逐岭南的宝货奇珍，并且避免与当地发生冲突，朝廷很有必要与这些地方大族展开合作。这种结盟具有明显的"临时性"，这一点可从后来隋唐应对郁水以南的俚獠关系上得到印证。至7世纪中期，两河流域频频出现俚獠族群的叛乱，尽管此地不再被视为华夏新征服的地区。中央政府最后一次深入俚獠领地拓置政区，大约发生于一百年以前，亦即公元6世纪30年代。图4展示的就是这一时期增置的郡县，可见俚獠蛮洞之间的空隙明显减少，即便在北流、信宜的山区也呈现出这一的特征。梁武帝（464—549）死后四十年，隋朝（581—618）建立，并于开皇十年（590）平陈并统一全国。尽管隋朝的军力强盛，但它依然重视与两河地域俚獠酋帅的结盟，来实现对这一地区的和平统治。直至大唐（618—907）立国六十年内，想要实现对俚獠族群的控制仍是一件十分棘手的事情。

就俚獠故地华夏政区拓置的数量和速度来看，梁武帝在位期间（502—549）是政区扩张的高峰。梁天监十年（511），南朝疆域内共有23州；到梁大同末年（535—546），这一数字增加到107州。[1] 单就俚獠

---

[1] 《隋书》卷二九《地理志上》，第2a-2b页。

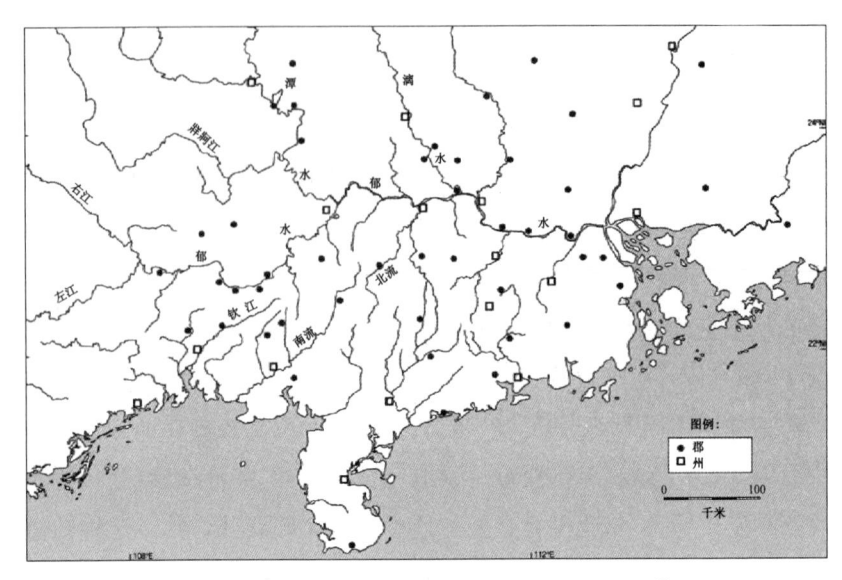

图 4-1 公元 550 年前后两河地域的州郡中心①

活动区而言,政区的大规模扩张并未有效地增强朝廷对两河地域的控制。这样看似矛盾的说法,可以从政区扩张的方式以及地方长吏的来源两个层面加以解释。廖幼华认为,萧梁政区的急剧扩张,只是徒具其表,而非事出必要,因为这一时期郡以下的次级政区(特别是县)的数量并未显著增加。② 这一观点还可从唐人李百药《北齐书》所载的一则诏文中得到旁证,在萧梁的五岭之地,"但要荒之所,旧多浮伪,百室之邑,

---

① 译者按,原图未注明郡名,此为译者所加。图中水系(自西向东、自北向南)依次为:左江、右江、牂牁江、郁水、钦江、潭水、南流、北流、漓水;郡名(自西向东、自北向南):晋兴郡、安京郡、领方郡、岭山郡、宋广郡、马平郡、安成郡、简阳郡、梁化郡、象郡、韶阳郡、乐阳郡、宁浦郡、龙苏郡、封山郡、石南郡、定川郡、百梁郡、阴石郡、齐康郡、开江郡、梁寿郡、绥越郡、苍梧郡、建陵郡、梁德郡、电白郡、南巴郡、临贺郡、南静郡、梁信郡、晋康郡、高要郡、永业郡、开阳郡、阳春郡、海昌郡、齐乐郡、梁乐郡、绥建郡、宋隆郡、齐安郡、清远郡、梁泰郡、新会郡、东官郡、梁化郡;州名(自西向东、自北向南):黄州、安州、龙州、南定州、越州、静州、石州、罗州、合州、成州、建州、双州、高州、新州、东衡州、西衡州、广州。

② 《舆地广记》卷三七《广南西路下》,第 3b 页。译者按,《舆地广记》的略称"YDGJ"未收入书末的索引中,应补充。

第四章 "雄踞一方":俚獠权力的本土与外来传统

便立州名,三户之民,空张郡目。"① 面对这样"空张郡目"的现状,梁大同五年(539),散骑常侍朱异请旨予以整顿,他在给梁武帝的奏文中这样说:"顷来置州稍广,而小大不伦,请分为五品,其位秩高卑,参僚多少,皆以是为差,于是上品二十州,次品十州,次品八州,次品二十三州,下品二十一州。"据此可知,到6世纪时,"州"的大小并不总是完全相同。由于朱异整顿政区的目的只是为了将不同等次的"州"以政令的形式确立下来,因此对于如何界定前面四类州的等次,奏文并未明言,只有"下品"的二十一州情况才相对较为清晰:

> 时上方事征伐,恢拓境宇,北喻淮、汝,东距彭城,西开牂河,南平俚洞,纷纶甚众,故异请分之。其下品皆异国之人,徒有州名而无土地,或因荒徼之民所居村落置州及郡县,刺史守令皆用彼人为之,尚书不能悉领,山川险远,职贡罕通。五品之外,又有二十余州不知处所。凡一百七州。又以边境镇戍,虽领民不多,欲重其将帅,皆建为郡,或一人领二三郡太守,州郡虽多而户口日耗矣。②

由此可知,最下品的"州"多处于"荒徼"之地,或是"异国之人"聚居的区域。文中之所以提及西拓牂牁、南平俚洞之事,也是为了说明下品的州多集中分布在这些地区。至于北境与东线的军事行动,主要是为了与北朝周旋,这些行动或出于被动防御,或意在收复故土,而与收服"荒徼之民"无关。更重要的是,这些下品州郡并不由都城建康派遣官员加以治理。相反,这里的刺史守令多由土民担任。把握住这一点,是理解此后一个半世纪内俚獠权力长期自立的关键。

梁武帝在位期间,两河地域内州镇的数量由4个骤增至13个。其

---

① 《北齐书》卷四《文宣帝纪》,第25b页。
② 《资治通鉴》卷一五八《梁纪十四》,武帝大同五年(539)十一月乙亥条,第4903—4904页。朱异的奏文称:"刺史守令皆用彼人为之。"对此,胡三省注为:"就彼土以土人为之。"

中,郁水以南地区新增了6州,分别是罗州、双州、建州、新州、南合州与高州。相比于先前的州郡,这6州的治所地缘上更靠近铜鼓文化的核心区。除了新增不少"州"之外,萧梁政府在郁水以南还增置18郡,①这其中最为重要的则属梁德郡②与建陵郡③。在这些新增郡县的治所周边,正是黑格尔Ⅱ型铜鼓的密集发现地。从表面上来看,两河流域政区数量的剧增,似乎反映了萧梁政权对两河支流上游俚獠活动区控制力的加强。但是,朱异的政区整顿行动表明,萧梁行政体系在俚獠领地的拓展,不过是对此前华夷结盟政策的延续。在接受华夏官爵名号的同时,俚獠酋帅仍然牢牢支配着当地人口。萧梁政府在两河地域新增郡县的主要特征在于:这些郡的规模普遍较小,有些甚至只领一县,④而且它们多位于此前郡县体系的空白地带。尽管这些政区也冠以"州""郡"之名,表面上看似乎与都城建康周边的州郡相同,但从功能上看,它们其实与此前所推行的"属国""初郡"更为相似。随着隋平南陈并在全国施行郡县二元体制,萧梁时期在郁水以南增设的郡大多被废置,或降格为县。需要注意的是,尽管部分旧郡在大唐复立为县,但隋朝在俚獠活动核心区所置的郡基本都被省废。⑤ 这些梁隋废郡普遍存续时间

---

① 由于梁无地理志或州郡志,这一数字是据清人《补梁疆域志》而推测的。
② 《舆地广记》卷三七《广南西路下》,载"故怀德县,本汉端溪县地,属苍梧郡。梁置梁德县及梁德郡,隋平陈郡废",第3b页。
③ 《隋书》卷三一《地理志下》,载"安基,梁置建陵郡。平陈,郡废",第11a页。
④ 廖幼华:《历史地理学的应用:岭南地区早期发展之探讨》,第67-71页。只领一县的郡在雷州半岛至郁水南岸之间的地区极为常见。高州11郡中就有6郡只辖一县。而在高州以北的双(泷)州,也有3郡仅辖一县;高州以西的罗州,所统各郡均只领一县。相比之下,萧梁末年领地大幅缩减的广州下统5郡,共领28县。
⑤ 例如,梁在今广东高州以西设置了南巴郡,入隋以后降为县,可参《大明一统志》卷八一《高州府》,"废南巴县,在茂名县东一百里,本梁南巴郡,隋废为县",第23b页;梁在今广东罗定以西置开阳郡,隋时郡县均废,同参《大明一统志》卷八一《罗定州》,"废开阳县,在州境,梁置及置开阳郡,隋郡县俱废",第13b页;在铜鼓文化腹心区,梁在今广东茂名内陆山区设置海昌郡,隋时同样罢废,可参《隋书》卷三一《地理志下》,"又有海昌郡,废入(电白县)焉",第9b页。

较短，或仅辖一县，后来还一度成为俚獠对抗大唐的前哨据点。以上种种迹象显示，这些地区正是《隋书》中所说的南朝与俚獠土豪酋帅盟约展开的地方。

四、缔结盟约的结果

在与华夏朝廷结成长时间的盟约后，所造成的结果是俚獠自我统治方式的转变。从3世纪开始，郁水以南的俚獠社会逐渐从华夏疏于控制的独立松散部落，演变为世袭统治的政治家族。及至隋唐，这一体系臻至顶峰。12世纪时，范成大这样描述其中的转变："獠，在右江溪洞之外，俗谓之山獠，依山林而居，无酋长、版籍，蛮之荒忽无常者也。……其稍稍渐有名称曰上下者，则入蛮类。"① 由于俚獠酋帅接受华夏官号者数量日增，而且俚獠领地的规模几与华夏州郡相当，汉文史料的书写者发现很难将其与寄寓南土的地方豪族区分。虽然俚獠酋帅与这些南迁士族存在诸多共性，但并不意味着他们会主动迎合中央王朝的旨意。相反，当六朝后期的政局陷入动荡时，接受华夏官号的俚獠酋帅不仅不会承担相应地行政义务，他们反而会比普通的刺史、郡守更热衷于对抗官府。

五、帝国行政举措的转变

俚獠领导结构与华夏行政区划的日益趋同，可解读为俚獠社会迈向华夏治理模式的重要一步，因为正如前文所述，冠以"俚""獠"之名的土民与普通编户百姓之间的界线也更加模糊。不过，如果将这一转变仅仅归结为俚獠社会主动融入华夏政治文化体系的结果，似乎忽视了华夏行政举措变化所起到的作用。南朝时期，"俚獠"与"民""酋帅"

---

① 《桂海虞衡志校补》，第43页。

"长吏"的界限变得极不分明,一方面表现为俚獠酋帅与华夏长吏愈发相似,另一方面华夏长吏也与俚獠酋帅趋于一致。由于俚獠政治结构的外张,华夏州郡的领地开始收缩。而且,俚獠酋帅中的大姓家族不断被华夏授予官职、承认世袭特权,两河地域的刺守不再由朝廷派驻,这些要职往往都直接从地方大姓中补选。这一点,在红河平原及远离中心城市的地区表现得尤为明显。南朝迫于无奈,只能与地方豪族达成妥协,依赖他们的势力对都城建康以外的大多数州县进行经济、军事控制。同样,政府也不得不依赖于俚獠酋帅在两河地域的影响力,借此获取岭南的奇珍异宝,并同时维持水陆交通线的畅通。随着时间的推移,俚獠酋帅与州郡长吏都缩小了彼此的差距。

6世纪上半叶,州的数量激增。作为一个政区单位,"州"的面积不断缩小,完全无法与汉代的州相提并论。州以下的"郡"辖土范围和人口也同样缩水,规模仅与稍大一些的蛮"洞"相当。作为华夏行政体系中的最大单位,萧梁疆域中的"州"虽然与汉代版图中的"州"不可同日而语,但"州"的名称却长期因之不改。直到开皇三年(583)隋文帝改州为郡,"州"才被暂时废置。公元1世纪,汉代的交州(交趾刺史部)可涵盖整个两河地域。到了6世纪中期,两河地域的州增至19个。而在郁水以南地区,在原属汉合浦郡的辖土内,萧梁所置的州甚至比汉合浦郡统辖的县数量更多。① 这就意味着,萧梁时期的州郡刺守所握实权远远不及汉晋时期。汉代的郡在面对蛮洞时拥有压倒性的优势,但到了萧梁时期,两者的体量基本相当。正如前文所述,萧梁的州郡政区已经有名无实。稍大一些的州,所辖郡县及户口也相对更多。即便一州之内,郡的大小、性质也相差悬殊。有的郡属县多达十余,而有的仅统一

---

① 《汉书》卷二八下《地理志下》,第11a页。汉元始二年(2),合浦郡下辖徐闻、高凉、合浦、临允、朱庐五县;但是,到梁大宝元年(550),合浦郡旧地析置为越州、罗州、合州、安州、黄州、双州、高州等七州。

县。① 总体而言，地理上临近两河地域传统州郡中心（如广州、高凉、合浦、交州等）的地方，郡的属县一般较多，政区性质也与都城建康周边地区更为接近；而远离这些传统州郡中心的地方，特别是远离主要水系的内陆地区，郡的属县仅有一到两个，无论就辖土大小、地理位置还是功能性质而言，都与蛮洞十分相似。

自公元2世纪末以降，华夏地方行政长官的任命方式开始转变，原来统一由朝廷直接任命，此后州郡要职多在地方大族内部代代相承。汉代两河地域的高级地方长吏，如刺史、郡守等，大多由他州调任。因此，这一时期华夏长官与蛮族渠帅的差异肉眼可见。然而，到了汉代以后，特别是两晋宋初，在朝廷的默许之下，地方主要行政职位逐渐被当地的著姓大族垄断。以红河平原为例，詹妮弗·霍姆格伦将此地的地方长吏称之为"拥有世袭特权的、半自立的越南本土官吏"，并且她还认为这一局面的出现始于3世纪士燮家族统治交州时期。② 地方统治的家族化并不仅仅局限于红河平原，这也是西汉以降发展的大势，朝廷选拔官员不重德行才干，而倾向于任用世家大族子弟。从3世纪起直至5世纪末，朝廷对整个两河地域治理的一大特征在于，家族世袭统治的逐步伸展。霍姆格伦、泰勒提及的许多"越南化"的家族，实际上其所身肩的职务足以涵盖整个两河地域，而不仅仅是后来的越南一隅。除了红河平原之外，这些家族还将苍梧、合浦、南海等地的大权握在手中。因此，将家族世袭统治的现象圈隔在"越南化"的框架之下，不仅让人感

---

① 严耕望：《中国地方行政制度史》第3册，台北：历史语言研究所，1963年，第19－22页。

② 〔澳〕詹妮弗·霍姆格伦：《公元一至六世纪越南北部湾的政区地理与政治演进》，第115－121页；〔美〕凯斯·泰勒：《越南的诞生》，第70－80页；〔美〕史蒂芬·欧·哈罗(Stephen O'Harrow)：《胡、汉与百蛮：士燮传与早期越南社会的概念生成》(Men of Hu, Men of Han, Men of the Hundred Man: The Biography of Si Nhiep and the Conceptualization of Early Vietnamese Society)，《法国远东学院学报》(Bulletin de l'École française d'Extrême-Orient)1986年第75卷，第249－266页。

到有些时空倒置,而且在地理表述上也不够严谨。

士燮(173—226),在越南语中一般转写为"Sĩ Nhiếp"。在汉末三国的乱世中,士燮成为割据交州一带的军阀,因此被作为"越南"历史人物写进了后来的越南官方史书中。然而,士燮家族并不出自红河平原的交州一带,而且他的政治影响力也并不局限于所谓的越南境内。公元3世纪初,士氏家族控制的地域向北可抵今中国境内。尽管士燮之父士赐曾任日南太守,但士燮的生涯并不从红河平原开始,史载其为"苍梧广信人"。士燮之弟士壹官至合浦太守;次弟士䵋先任徐闻令,其后被士燮表为九真太守;幼弟士武,也领南海太守。① 士燮家族之后,长期控制红河平原并被写入越南国史的家族还有陶氏、杜氏、滕氏等几姓。但是,与士燮家族相同,这些家族大多也卷入到了广州的地方政治中,并且他们的活动范围从来都不局限于交州。

3世纪后半叶,陶璜家族四代成员先后担任交州刺史,成为红河平原最具影响力的政治家族,他们分别是陶璜、陶璜之父陶基、陶璜之子陶威、陶威之弟陶淑、陶威之子陶绥,"自基至绥四世,为交州者五人"。此外,陶璜、陶威均曾任苍梧太守,②可见陶氏家族的政治势力也延伸到了红河平原以北的广州一带。虽然陶氏家族的政治根基在红河平原,但陶璜、陶威两代成员均与苍梧的关系密切。

东晋隆安三年(399)至刘宋元嘉四年(427)的二十八年间,杜慧度家族的三代成员先后历任交州刺史。与士燮、陶璜两大家族相比,杜氏家族的交州背景更深。晋安帝隆安三年(399),杜慧度之父杜瑗擢升交州刺史;直至宋义熙六年(410)去世,他在交州刺史任上的时间长达十余年。而且,很有可能早在晋太元五年(380)平定九真李逊之乱后,杜瑗就已实际上控制了交州。③ 杜慧度曾祖杜元本属京兆人,曾任宁浦

---

① 《三国志》卷四九《吴书四·士燮传》,第9a-9b页。
② 《晋书》卷五七《陶璜传》,第4b-6b页。
③ 〔澳〕詹妮弗·霍姆格伦:《公元一至六世纪越南北部湾的政区地理与政治演进》,第123页。

太守,因故携家口迁居交趾。杜慧度为杜瑗第五子,生于交趾朱䳒。义熙七年(411),杜慧度出任交州刺史,直至景平元年(423)去世,才由其子杜弘文接替刺史之任。据载,早年高祖(刘裕)北征关、洛时,杜弘文曾被其父板授为"鹰扬将军、流民督护",预备率兵三千随军远征。元嘉四年(427),刘宋选派廷尉王徽赴任交州刺史,同时征杜弘文入朝,"(弘文)会得重疾,牵以就路……到广州,遂卒"。① 从随军远征、应征入朝等记载来看,杜氏家族并不总是将自己视为华夏行政体系的局外人。

滕氏家族则是威服广州的地方大姓。吴末晋初,滕修两任广州刺史。滕修之孙滕含②因讨苏峻之功,被授为广州刺史。滕含从子滕遯之,晋太兴五年(380)改授交州刺史,但因李逊作乱可能未能顺利赴任。③ 4世纪时,诸如士氏、陶氏、滕氏这样的两河地域豪族,不胜枚举。④ 岭南统治的"家族化"趋势在交、广二州同时蔓延,但像陶璜家族这样能够延续四世的实属寥寥。而且,在不同家族相互角逐刺守的缝隙中,两河流域也不时地出现朝廷势力强行介入的情形。吴建衡元年(269)至晋太兴五年(322)的五十三年中,交州刺史之职主要由陶氏、顾氏垄断,⑤而晋隆安三年(399)至宋元嘉四年(427)的三十余年,则由杜氏家族长期把持。不过,在晋太兴五年(322)至隆安三年(399)这一长达七十余年的间隙中,朝廷似乎挣脱了地方家族统治的樊笼,前后向交州选派了10名刺史。⑥ 霍姆格伦的研究表明,这些派驻的华夏刺守主

---

① 《宋书》卷九二《良吏列传·杜慧度》,第4a-4b页。
② 译者按,原文作"Teng Kan",当误。
③ 〔美〕凯斯·泰勒:《越南的诞生》,第70-80页。
④ 胡守为:《岭南古史》,第130-149页(译者按,页码有误,应是106-109页)。4世纪的岭南豪族,文中还举出了修氏(修则、修湛、修允)、王氏(王毅、王矩、王机)及二刘(即刘道赐、刘勠家族)。不过,文中的二刘均是5世纪的刘宋人士。
⑤ 即顾秘及其二子(顾参、顾寿)。
⑥ 〔澳〕詹妮弗·霍姆格伦:《公元一至六世纪越南北部湾的政区地理与政治演进》,第116页。这十名交州刺史分别是王谅、梁硕、陶侃、阮放、张琏、朱藩、杨平、阮敷、温放之。

要是为了应对占人(chams)的袭扰,交州军政大权并未从地方家族手中旁落。①

直到5世纪末,红河平原的政治结构才与广州逐渐分途异向。这一时期,广州刺史不再由地方大姓代代相承,而是转由都城建康直接选派官员。不过,新的任官趋势是朝廷倾向于选派宗室贵族。相比之下,交州的政权仍被地方家族牢牢控制。虽然这些家族的势力根基在交州,但除了李贲之外,他们似乎对于领导交州百姓称王自立的兴趣寡然。后来越南史书中被尊为民族英雄的人物,如李长仁(Lý Trương Nhân)、李叔献(Lý Thúc Hiển)等,虽然先后割据交州作乱,但也只是为了寻求交州刺史的官方册命。萧齐建元元年(479),李叔献最终被齐太祖委任为交州刺史。② 然而,由于相对隔绝的地理环境,交州的地方自立趋势不断抬头。到6世纪时,梁陈两朝再也无力控制交州。几乎整个6世纪上半叶,交州都处于实质性的独立状态。其中,516年(梁天监十五年)至541年(梁大同七年)之间,萧梁不曾向交州选派任何刺史。③ 尽管红河平原的地方家族建立了实质性的割据政权并在6世纪时长期自立于华夏之外,但这一局面不应当解读为"越南"在其地方领袖的领导下,重新取得了久违的民族独立;相反,我们应将其置于齐梁陈三朝的政治衰微与动荡的历史背景中加以理解。

在两河地域的东部,萧梁的经略方式转为任用宗室。萧梁一朝,共有8名宗室成员出镇地方担任刺守,④但这一方式显然无法适用于地方势力盘根错节的交州地区。一旦朝廷试图安插宗室介入交州政局,

---

① 〔澳〕詹妮弗·霍姆格伦:《公元一至六世纪越南北部湾的政区地理与政治演进》,第121-122页。

② 关于李长仁,可参《宋书》卷八《明帝纪》,第16b页;关于李叔献,可参《南齐书》卷二《高帝纪下》,第6a页。

③ 〔澳〕詹妮弗·霍姆格伦:《公元一至六世纪越南北部湾的政区地理与政治演进》,第134页。

④ 胡守为:《岭南古史》,第177-182页。

往往会受到交州地方家族的抗拒。譬如,在交州之任中断了二十五年之后,梁武帝重新起用从子萧谘担任交州刺史,但萧谘因苛税聚敛大失众心,而被交州土豪李贲连结数州之兵驱逐。李贲最终也于梁大同十年(544)自称越帝,建立国号"万春",定都龙编。不过,李贲对梁朝的不满一开始恐怕是因为他自感权力有被朝廷架空的危险。① 值得注意的是,在《南齐书》《陈书》等史书中间,李贲并不被视为"外族"或"蛮族"。相反,在中国史官的眼中,他不过是地方统治精英中的另一个野心勃勃的叛乱分子,叛乱的目的也只是为了另立王朝。当然,这也是王朝史书中对于交州地方家族的模式化书写。无论他们对建康朝廷的叛服立场如何,他们仍被史官视为华夏文明世界中的组成部分。在史家的笔法之下,通常他们的身份标识是"民",虽然有时也称"俚",但却从来不被视为"獠"。他们被人熟知的标签是刺史、郡守这样显示统治合法性的华夏官职,而非所谓的"酋首""渠帅"。与地理上更临近都城建康的人群相比,红河平原因为俚獠酋帅横亘其间,得以远离北方分裂势力的袭扰长达几个世纪之久,因此其人群才显得有所不同。在其他州县,一旦地方家族起兵作乱,必定会被其他打着勤王口号的势力群起攻之。红河平原经济上相对富足,农业上足以自给,地缘上又与北方隔绝,因此相比于广州一带,交州地方割据势力的社会根基更为稳固,延续时间也更为持久。

一般而言,南朝后期的历史文献只记录重要州郡的任官情况,其他政区的面貌则相对模糊。譬如,萧梁时期,桂州、南定州、新州、高州、广州这些大州的刺史名讳得以保留,而其他次要的州则不见记载。案《陈书》所云,南方的地方治理特征鲜明:"时南州守宰多乡里酋豪,不遵朝宪,文帝令(华)皎以法驭之。"②这就表明,陈朝时期,在远离州郡治所

---

① 《资治通鉴》卷一五八《梁纪十四》,梁武帝大同十年(544)春正月条,第4909页。

② 《陈书》卷二《高祖纪下》,第6a-6b页。

的僻远之地,行政大权多被地方大姓垄断,因此中央王朝很有必要重申皇权。文中所说的"南州",大致可以肯定是喻指两河地域,原因是这一地区构成了陈朝南疆的主体。这些"乡里酋帅"是否出身于侨民后裔,或是俚獠豪族则很难确定,因为这一时期土著豪族与侨人家族之间的界限已十分模糊。

公元3至8世纪,两河地域临近河流之处也有獠人活动的身影,他们同样脱离于华夏行政体系的控制。随着华夏行政措施的转变、边州地方世袭家族统治的确立,以及獠人与南朝的结盟,俚獠的领导结构已变得愈发难以与地方家族统治相互区分。在传统中国学界,土著豪族积极与华夏结盟的姿态常被解读为土民仰慕华夏先进的文明,期望获得华夏授予的官职名号。羁縻式的行政举措,反映了华夏"以仁为本"的治国方略。与其采用暴力手段进行征服,华夏政府宁愿说教劝服。然而,华夏在与俚獠的长期互动中,之所以坚持推行这样"宽厚"的政策,主要原因在于自汉以后,朝廷实力空虚,无法单凭武力威服俚獠。对俚獠族群采取"妥协"的办法,虽然保证了朝廷所觊觎的土贡来源,但最终却助长了俚獠酋帅的势力,这一点恐怕是朝廷始料未及的。从华夏的角度看,册封官职、赐予印绶是对俚獠族群的文明教化。在无法凭借武力征服的前提下,华夏通过赋予俚獠政治合法性的方式,以交换所需的土贡珍宝。但是,从俚獠酋帅的角度看,与华夏结盟可进一步提升其在地方上的威望,借此获取更多的财富,巩固其对俚獠部众的支配。

第五章 "威服俚獠"：帝国的武力征伐

南朝政府与俚獠之间的互动，并非只有合作与结盟。爬疏这一时期的汉文史料，往往不乏华夏征伐俚獠的记载。虽然这些军事行动的规模通常有限，而且一旦涉及俚獠核心区所在的两河地域时，华夏试图通过武力手段楔入固定据点的努力最终都以失败告终。几个世纪以前，两河地域的土著政治体完全无法与岭北的华夏相抗衡。公元前111年，西汉讨平南越国，将华夏的政治版图史无前例地向南方大为拓展。而且，依靠强大的军事实力，两河地域的历次叛乱都被汉廷强力抚平。这一局面维持了三个世纪之久，直至东汉末年汉朝走向衰微。在此期间，汉朝集中军事行政之力，首先确保红河平原等人口密集区的局势稳定，并力图维持交州南通东南亚、印度洋陆路孔道的畅通。两河地域作为华夏通往交州的陆上要道，虽然当地土著族群不断给朝廷制造困扰，但汉朝自恃军事优势地位，无意对此地展开经略。汉朝未能彻底控制两河地域，使得当地社会仍处于土著豪帅的自治状态，这无疑是重大的战略失误。从长远来看，也为华夏王朝控制红河平原埋下了隐患。公元3世纪，东汉分崩离析，继立的三国两晋南朝军事实力有限，均无法通过武力手段使两河地域完全宾服。继汉而立的诸朝不仅疆土收缩、军力不振，而且自4世纪中叶开始，东晋南朝还须分兵应对北方政权的威胁，同时疲于应对内部的混乱政局及军事叛乱。尽管如此，从5世纪末开始，南朝对交、广之间的地域兴趣日浓。自刘宋时期开始，中央政府不断沿着水上交通线辟置大量政区，从而对俚獠领地形成了合围之势，并确保了交州贸易之路的畅通。齐梁陈之际，朝廷频繁对俚獠用兵。6世纪上半叶，萧梁对俚獠的武力征伐臻至顶峰。

一、华夏与俚僚的早期冲突

东汉建武十六年(40),在远征交趾的途中,马援的军队曾穿越俚僚的领地。虽然徵氏姐妹的叛乱曾得到合浦蛮里的响应,但是没有迹象显示马援的大军曾与俚僚发生过正面冲突。这一时期,汉朝对两河地域的俚僚族群采取放任的态度,最终反而屡受其困。首先,马援平定徵氏叛乱七十余年后,东汉元初二年(115),苍梧乌浒蛮发动反叛。次年,又联合郁林、合浦蛮夷数千人围攻苍梧郡,但朝廷并未派军南征。相反,为平息干戈,临朝称制的邓太后遣侍御史任逴"奉诏赦之"。① 接着,光和元年(178),交阯、合浦乌浒蛮又叛,② 并招诱九真、日南等地蛮兵达数万人,攻没郡县。这一次,交阯刺史朱儁领兵将其镇压。③ 这群交阯乌浒蛮民很可能是红河平原东北部的山地族群,而有关乌浒的史料基本可以印证这一判断。吴赤乌十一年(248),交阯、九真夷民作乱,攻陷城邑。朝廷任命陆胤为交州刺史、安南校尉,前往当地告喻安抚。④ 此外,据部分史料记载,在此期间,九真郡赵妪(Triệu Âu)亦曾卷入此次反叛。⑤ 在越南民族史的叙事中,徵氏、赵妪通常被塑造为反抗外族压迫的民族英雄。但是,吴赤乌十一年叛乱的策源地与徵氏不同,因此不能简单地与之挂钩,或许,将其视为徵氏反叛的延续更为妥当。与公元2世纪的历次俚僚作乱相同,赤乌十一年的反叛也是由山

---

① 《后汉书》卷八六《南蛮西南夷列传》,第10b页。
② 《后汉书》卷八《孝灵帝纪》,第10b页。
③ 《后汉书》卷八《孝灵帝纪》,第13a页。
④ 《三国志》卷六一《吴书十六·陆胤传》,第13a-13b页。
⑤ 〔美〕凯斯·泰勒:《越南的诞生》,第90页。文中称赵妪不见于汉文史书记载,显系误识。据笔者考证,最早提及赵妪的文献是晋人刘欣期所撰《交州记》一书。此后关于赵妪的记载,均不出《交州记》的范畴。《交州记》原书早佚,引文详见《太平御览》卷三七一《人事部十二·乳》,第3b页;卷四九九《人事部一百四十·盗窃》,第10a-10b页。

地人群策动,背后的原因是华夏势力试图进入其领地。这些叛乱与平原人群无关,不是为了推翻华夏对红河平原长达数个世纪的统治。而且,赤乌十一年的山民作乱也并不局限于今天意义上的越南国境之内。陆胤受命南行后,第一个任务是招降高凉渠帅黄吴的三千叛众。"渠帅"并非华夏职官,它专指部落首领或酋长。从"渠帅"的措辞及"高凉"的地名推断,黄吴可能是史书中所见较早的俚獠酋帅。在肃清交趾的乱兵后,陆胤又率军北返,"复讨苍梧建陵贼"。① 此外,东汉延康元年(220),②吕岱刺交州时,"郁林夷贼攻围郡县",但被吕岱率军讨平。③ 公元3世纪末,滕修官拜广州刺史,曾与两河地域的蛮民多次交兵。在致同僚交州刺史陶璜的信笺中,滕修称其数讨"南贼",但苦于无法将其制服。对此,陶璜向其献策:

"南岸仰吾盐铁,断勿与市,皆坏为田器。如此二年,可一战而灭也。"修从之,果破贼。④

"南岸"是指郁水以南地区;"贼"是对脱离华夏行政体系的人群的蔑称,通常可在该词之前缀以族名,如前文所说的"郁林夷贼"。在华夏认知中,"贼"所指涉的人群,行为举止粗野,与华夏迥然有别。从引文中不难推知,"南贼"仰仗内地供应铁器,并以当地土产与华民交易。至于互市所用的"土产"具体为何物,引文并未交代。这也表明,这些边地人群

---

① 《三国志》卷六一《吴书十六·陆胤传》,第13a–13b页。建陵位于今广西柳州东。
② 译者按,原文作291年,应是笔误,今改。
③ 《三国志》卷六〇《吴书十五·吕岱传》,第8a–8b页。
④ 《晋书》卷五七《陶璜传》,第5a页。此事应发生于孙吴末年。滕修于吴天纪元年(277)任广州牧,并卒于西晋太康九年(288),而陶璜时任苍梧太守。

已过着农耕与贸易的定居生活,与侵入汉人腹地的(林邑)"贼"不同。①滕修破贼之后的两个世纪中间,两河地域虽不时地起兵作乱,但规模并未扩大到需要借助外部军事援助。而且,似乎俚獠与继吴而立的晋朝也未发生冲突。公元3至5世纪中叶的和平时期,正好也与华夏势力停止向两河地域扩张的时间重合。由于华夏的军事威胁暂时消失,俚獠酋帅政治体得以发育壮大。此外,还有证据显示,两河地域俚獠的军事技术也在这一时期有所革新。由于当地的铁器从依赖进口转为实现自给,俚獠族群进而能够生产自己的铁制兵器。

二、俚獠军事技术的革新

上引滕修计划剿灭郁水以南的"南贼"的相关记载,史料价值重大,它让我们得以窥知俚獠人群早期的兵器生产技艺。"南岸仰吾盐铁,断勿与市,皆坏为田器",可见俚獠严重依赖与华夏的贸易以获取所需的铁资源。然而,早在滕修的时代以前,两河地域已出现了使用铁器的明证。查尔斯·海厄姆在研究东南亚冶金术的传播课题时指出,早在公元前4世纪,岭南地区已熟知铁器。譬如,广西平乐银山岭发掘的先秦墓葬群中就曾出土大量铁制器具。平乐处于漓水沿线,是经漓水—灵渠北上连接岭北的交通要道。② 然而,文献与考古资料均表明,战国时期两河地域对铁兵器的生产技术十分陌生,即便对南迁的侨民而言亦是如此。公元前2世纪初,汉朝与南越国关系日趋紧张。高后五年(前

---

① 〔美〕凯斯·泰勒:《越南的诞生》,第96页。《晋书》的这段引文也被泰勒转译,但将"南贼"理解为林邑贼。不过,滕修所拜官职为广州刺史,而非交州刺史。而且,据《晋书》卷五七《陶璜传》的相关记载,可以肯定"南岸"是指广州以南地区。

② 〔新西兰〕查尔斯·海厄姆:《东南亚的青铜时代》,第135页。

183),有司请求禁止"粤关市铁器",①希望以此消磨南越国的军力。两河地域缺乏成熟的铁制兵器生产技术,还可从汉平南越国后,朝廷并未向新设的交趾刺史部派遣铁官监督铁器专卖一事而得到佐证。相比之下,汉朝在其他郡国设置了四十多处铁官。以广西贵县罗泊湾汉墓群为例,两河地域出土的南越国时期的铁具,通常刻有北方的地名,因此不太可能是当地生产。不过,其他墓葬中出土的铁质器具如铁鼎等,虽然形制上与中原地区的礼器相仿,但却富有地方特色。②

相比于铁质兵器,铁质工具的使用似乎更为普遍,但也局限于生活在主要水系周边的人群。两河地域出土铁器的汉墓一般分布在临近水网的区域,或是集中发现于岭南的政区内部。在广西平南县(六陈镇),曾发现汉代的铸铁熔炉,此地距离北流铜石岭的铜鼓铸造遗址仅有30公里。③ 不过,冶铁知识似乎并未向南进一步传播。就兵器而言,两河地域汉代以前的土著墓葬中所出土的剑、矛、匕首等,一般都是铜质。考古调查中最常见的兵器是短柄双刃剑与弩,④连同长刀与矛一起,这类兵器的形象在中越边境的左江花山岩画⑤中也多有表现,似乎说明这些均是当时俚獠族群惯用的兵器。在有关乌浒的早期史料中,并未见到这些兵器的记载,但却提及了毒箭镞与"狐弓"这样充满异域特色

---

① 《汉书》卷九五《西南夷两粤朝鲜传》,第 2a‑2b 页。译者按,原文《汉书》误作 SC,且卷数误作一一三。

② 郑超雄:《关于岭南冶铁业起源的若干问题》,《广西民族研究》1996 年第 3 期,第 50‑56 页。

③ 郑超雄:《关于岭南冶铁业起源的若干问题》,第 51‑52 页。

④ 〔美〕杰弗里·巴洛(Jeffrey G. Barlow):《中越边境地区的文化、族群属性与早期兵器》(Culture, Ethnic Identity, and Early Weapons Systems),载〔加〕斯蒂文·托托西(Steven Tötösy de Zepetnek)、詹妮弗·杰伊(Jennifer W. Jay)编:《东亚文化与历史视角》(East Asian Cultural and Histocial Perspectives),埃德蒙顿:加拿大阿尔伯塔大学比较文学与跨文化研究所,1997 年,第 1‑15 页。

⑤ 王克荣、邱钟仑、陈远璋:《广西左江岩画》,北京:文物出版社,1988 年,第 193‑195 页。

的武备。① 想必在华夏史官的眼中,剑矛这类兵器并无地域特色,因此不必大书特书。此外,值得关注的是,在两河地域的台语系语族中,"铁"的概念表述并不统一,其中中部、西南部的语支中分别使用"lek""thit""va"三个词汇,而前两者实际上是对不同时期汉语词汇的借用。② 那么,据此推断,在与华夏人群密集接触以前,两河地域的台语系人群不太可能大范围地使用铁器。

除了陶璜曾说"南岸仰吾盐铁"之外,还有一则 3 世纪的史料也明确表达了类似的观点,这也说明这一时期两河地域的俚獠人群冶铁知识较为匮乏。直至 4 世纪上半叶,冶铁技术才逐渐传播开来。据《晋书》卷七三《庾翼传》载:

> 时东土多赋役,百姓乃从海道入广州,刺史邓岳大开鼓铸,诸夷因此知造兵器。翼表陈东境国家所资,侵扰不已,逃逸渐多,夷

---

① 《太平御览》卷七八六《四夷部七·南蛮二·乌浒》引万震《南州异物志》,第 3a 页。"狐弓"作为俚獠的特色兵器,其中的"狐"字很可能是对台语系词汇的转写,并不可照字面意义的"狐狸"来理解。李方桂将"狐"字复原为原始台语中的"hna",这一复原方案与蒲立本的观点高度相似。在重构早期中古汉音时,蒲立本将"狐弩"一词比对为"γɔ-cγ"。此外,"狐獠"一词中的"狐"也应该照此理解,具体可参第三章的叙述。

② 据泰国历史语言学家张高峰(Pittayawat Pittayaporn)的研究,"lek"或者部分方言中的"luk",原是公元一千年以前对古代汉语词汇的借用,详参〔泰〕张高峰:《原始西南泰语中的汉语外来词及其对西南泰语传播的断代意义》(Layers of Chinese Loanwords in Proto-Southwestern Tai as Evidence for the Dating of the Spread of Southwestern Thai),MANUSYA:《人类学杂志》(Journal of Humanities)2014 年第 20 期特刊,第 52 - 53 页。厘清这些词语的使用地域同样也很关键,在右江以西、以南的台语系山地人群中,"lek"的使用较为普遍;而在右江、牂牁江及郁水周边地区,则倾向于使用"thit"一词。"thit"字可能源于早期中古汉音,但一说是很晚才从开平方言或者粤语中借用而来。总之,使用"thit"的地域一定与汉民接触极为频繁。至于词源上看似无关的"va",仅在牂牁江以北的山区流行,可参张均如编:《壮语方言研究》,第 322 页。

人常伺隙,若知造铸之利,将不可禁。①

此事发生于晋康帝建元元年(343)以前。由于俚獠与华夏互市频繁,且可通过水网与华夏政区便利沟通,这些都可能造成华夏的兵器铸造技术被蛮民"窥伺"。

三、西江督护与越州的析置

如果说公元3至5世纪两河地域的和平时期也是俚獠族群实现铁资源由进口到自足的过渡时期,那么很有可能俚獠在这一转变过程中大大提升了武备能力。自刘宋大明五年(461)起,朝廷对两河地域的俚獠族群开始频繁用兵,这也标志着南朝俚獠政策的重大转变。相应的,武力征伐俚獠之事也频见于史载。

自刘宋时期开始,两河地域不断辟置新的郡县政区,由此拉开了华夏对俚獠铜鼓文化核心区形成圈隔之势的序幕。这些政区基本上是循着主要的水系向内陆山地不断开拓。图2-1(见第81页图)描绘了西晋时期(300)两河地域的州郡治所,图4-1(见第120页图)则勾勒了萧梁末年(550)两河地域州郡的分布态势,通过两图所见的政区演变我们可以很清晰地看出这一趋势。虽然其中有些只是名义上的华夏郡县,本质上仍为岭南蛮民自治的区域,但从刘宋的军事策略来看,朝廷对直接管控此前疏于经略的地区,一直抱有强烈的兴趣。因此,这些新置的政区就被烙上了军事征服的印记,而不可将其视为华夷妥协的结果。

彭丰文在研究南朝政府的俚獠民族政策时指出,华夏对两河地域

---

① 《晋书》卷七三《庾翼传》,第10b页。不过,直至12世纪时,铁的使用也并不普遍。据宋人周去非所载,"深广沿海州军,难得铁钉桐油,造船皆空板穿藤约束而成",可参(宋)周去非著,杨武泉校注:《岭外代答校注》卷六《器用门·藤舟》,第218页。

的军事征讨呈现出以下特点：一、仅有少数军事活动由朝廷直接策划发动；二、多数伐俚活动是由岭南地方官吏自行决策组织；三、军事征讨的地方性突出，每次讨伐所涉及的地域也很集中。① 在汉文文献中，针对俚獠的军事征伐通常被委婉地描述为"（讨）平"，译作英文时即为"pacification"。刘宋时期对俚獠的首次讨平行动，由镇南将军檀道济率领。据载，这次军事行动发生于元嘉三年（426），檀道济在镇守陵罗江口时还曾建造一座城池。② 除了确保陵罗江港口的安全之外，控制河口地带也便于进一步溯河而上，直抵内陆的陆川、遂溪等地。

在檀道济的军事行动后不久，刘宋正式设置了"西江督护"一职。案《南齐书·州郡志》所云，增设"西江督护"一职，是为了专门征讨不肯宾服的俚獠。③ 史书所见最早任此职者，是刘宋大明三年（459）的刘勔。刘勔本为郁林太守，因受命征讨合浦大帅陈檀，而官拜西江督护。④ 据载，朝廷先命朱提太守费沈讨伐陈檀，"不克，乃除勔龙骧将军、西江督护、郁林太守"。刘勔大军既至，陈檀闻风归顺。⑤ 随后，故事发生了戏剧性的反转，在被刘宋擢为龙骧将军后，陈檀紧接着就在次年，也就是大明四年（460）主动上表乞求率军征讨"未附"的俚人。为表彰陈檀的忠心，刘宋"乃以檀为高兴太守，将军如故"。⑥ 从刘宋朝廷应对陈檀之事可以看出，武力征服与除授职官两种手段可以同时并用。对于陈檀这样的土豪酋帅而言，与华夏结盟可以让其获取朝廷支持，从而便于权力外张。

---

① 彭丰文：《南朝岭南民族政策新探》，第95页。
② 《太平寰宇记》卷一六七《岭南道十一·化州》，第9a页。陵罗水今称九洲江。
③ 《南齐书》卷一四《州郡志上》，第20a—20b页。彭丰文：《西江都督与南朝岭南开发》，认为"西江"的概念较所谓的西江水系更为宽泛，第63—64页。因此，本文将"西江督护"一词译为"Protector of the Western Rivers"。
④ 《宋书》卷九七《夷蛮传》，第4a页。
⑤ 《宋书》卷八六《刘勔传》，第4a—4b页。
⑥ 《宋书》卷九七《夷蛮传》，第4a页。

第五章 "威服俚獠":帝国的武力征伐

刘宋泰始七年(471),西江督护陈伯绍乞立越州,这意味着华夏势力进一步渗透到合浦以北的俚獠领地。① 案《南齐书》卷一四《州郡志上》载:

> 越州,镇临漳郡,本合浦北界也。夷獠丛居,隐伏岩障,寇盗不宾,略无编户。宋泰始中,西江督护陈伯绍猎北地,见二青牛惊走入草,使人逐之不得,乃志其处,云"此地当有奇祥"。启立为越州。七年,始置百梁、陇苏、永宁、安昌、富昌、南流六郡,割广、交朱綖三郡属。元徽二年,以伯绍为刺史,始立州镇,穿山为城门,威服俚獠。②

越州的析置,是为了保障南流水至郁水一线的畅通。作为边州之地,越州穿山为城,控扼周边。越州刺史"常事戎马,唯以战伐为务"。因此,与其将越州视为普通的州镇,不如将其视为前哨镇戍更为贴近史实。③ 在裁决越州的事务时,陈伯绍似乎也享有高度的自治权。据稍晚的地理总志《太平寰宇记》所云,陈伯绍一度僭越称王。④ 廖幼华指出,越州的行政架构完全突出了军事性,因为《宋书·州郡志》越州条下只列郡名,下无户数。而且,(除合浦郡以外)绝大多数属郡并无统县,这似乎说明《宋书·州郡志》成书时越州的建置基本上有名无实。⑤ 不过,越州属郡之所以多无统县,恐怕还有另一种解释,这可能是因为《宋书·州郡志》的编纂是基于刘宋大明七年(464)的户口统计资料展开的,当时越州尚未分置。而且,《宋书·州郡志》只保留了大明七年的政区名

---

① 《宋书》卷三八《州郡志四》,第43b页。
② 《南齐书》卷一四《州郡志上》,第25b—26a页。
③ 《南齐书》卷一四《州郡志上》,第26a页。
④ 《太平寰宇记》卷一六七《岭南道十一·容州》,第9a页。
⑤ 廖幼华:《历史地理学的应用:岭南地区早期发展之探讨》,第133页。文中提及越州所统的龙苏、南流等三郡也无属县。

称,故而并无越州分立之后的户口数。陈伯绍担任越州刺史期间,当地俚人还需面对来自北面的袭扰。据载,"沛郡刘思道行晋康太守,领军伐俚"。晋康郡位于郁水南岸、越州东北。不过,刘思道因违军命,导致伐俚行动的失利,最终被陈伯绍大军击退。①

泰始七年析置越州之事,正好可与红河平原的情形进行对照。自马援平定徵氏的叛乱之后,时间已过去四个世纪,但这些"隐伏岩障"的越州土民仍处于高度自治的状态,尽管他们地缘上更临近广州与都城建康。泰勒将越州称为"华夏帝国的边疆",②但这一说法是就中越两国的边界层面而言。越州无疑是华夏的新边疆,但这里所说的"边疆",背离交州、面向合浦,朝着以东以北的山地延伸。正是这一区域的山地人群,越州才需要特别防范,而来自红河平原的威胁并不是最主要的。反观交州,自马援南平交阯以来,修筑城防工事,与土民展开领土争夺,始终不是红河平原的生活日常。

四、萧梁时期的伐俚战争

除了在战略要地新置广熙郡(今广东罗定市南)外,短命的南齐王朝(479—502)很少主动向郁水以南的地区开拓。萧齐保留了"西江督护"的官职,并且史书明载周世雄曾任此职。不过,这一时期伐俚的具体细节不见史载。进入梁世以后,伐俚的热情逐渐高涨。正如第四章所述,天监元年(502),梁武帝即位之初,两河地域仅设 4 州;及至梁武帝执政末期的太清二年(550),州镇增至 15 个,几乎增长了 4 倍。两河地域析州置镇的高峰期,正好介于普通四年(523)至大同十一年(545)

---

① 《宋书》卷五四《羊希传》,第 10b 页。
② 〔美〕凯斯·泰勒:《越南的诞生》,第 122 页。文中称:"宋泰始七年(471),越州析交、广二州而置。刘宋政权之所以分置越州,直接原因在于确立对交州北部的行政管辖权。其中,最为重要的则属合浦郡,此地也是后来越州的州治所在。实际上,越州也成了帝国的最南疆。"

之间。这一时期,也是萧梁大举伐俚的时期,史书中一般称之为"平俚洞"。虽然广建州镇与讨平俚洞必然存在某种关联,但由于确切系年等信息的缺失,我们已无法坐实两者之间的因果关系。据载,萧梁第一次武装伐俚,大约发生于天监二年(503),"(荀)斐起家为郁林太守,征俚贼,为流矢所中,死于阵。"①

天监六年(507),萧梁分湘、广二州之地置衡州,②治今广东韶关附近。同年七月,又分广州立桂州。③ 桂州前身是潭水沿岸的桂林郡,此时升为更高级别的州镇政区,意在控扼郁水干流以北的区域。普通四年(523),又析广州置建州、成州、南定州。其中,建州与成州分别升广熙郡、苍梧郡而立,南定州则以割立桂州后的郁林余土置州。④ 此时,越州改称南合州,治合浦郡齐康县。两河地域其他州镇的置立时间多不明确,但大体上是在梁武帝大通(527—529)或大同(535—546)年间所设。⑤ 譬如,高州据载是梁讨平俚洞升高凉郡所置,⑥时间大约在大通年间,一说在大同二年(536)。⑦ 在此之前,高凉郡废立无常,并非华

---

① 《梁书》卷四七《孝行传·荀匠》,第 4b 页。"天监三年"是据萧齐中兴末年(501—502)荀匠之父荀法超卒于安复令之任的时间来推定的。荀匠之兄荀斐服丧三年未满,即死于伐俚的战阵中。随后,荀匠被擢为齐高帝次子、豫章文献王萧嶷的"王国左常侍",并于二十一岁"毁卒于家"。
② 《梁书》卷二《武帝纪中》,第 15a 页。
③ 《梁书》卷二《武帝纪中》,第 15b 页。
④ 《梁书》卷三《武帝纪下》,第 4b 页。
⑤ 梁武帝在位期间,曾有两个名为"da tong"的年号,分别是"大通(dà tōng,527—529)"与"大同(dà tóng,535—546)"。为避免混淆,原文在标注时保留了读音的声调。
⑥ 《舆地纪胜》卷一一七《广南西路·高州》引《元和郡县图志》,第 1b 页。
⑦ 《隋书》卷三一,第 12a 页。关于高州建置的具体时间,史载不一。《隋书·地理志》称,"梁大通中,割番州合浦立高州"。不过,这段文字存在时空倒置之嫌。案番州建置于隋,此处的番州恐怕是"番禺"(亦即广州)之误。《南史》卷五一则载,高州系平定江西俚帅陈文彻后由高要郡升格而成,时间当在大同元年(535)以后,第 4a-4b 页。

夏稳定的版图。刘宋曾立高兴郡,寻省,后为"夷僚所据"。① 可见,高兴郡一度陷入土民手中。将高凉郡升为州镇,据载是萧梁宗室、前广州刺史②萧劢(一作萧励)的建议:"劢以南江危险,宜立重镇,乃表台于高凉郡立州。"③由于萧劢在两河地域的治绩显著,再结合其升郡置州的谏议,萧劢后来被除授西江督护一职。④ 在郁水以南的区域,萧梁新置安州、罗州、新州。其中,安州、罗州应是大同八年(542)以前所立,而新州则是大通年间(527—529)析置。⑤ 此外,大通中,梁又分建州⑥之"双头洞"新立双州。⑦

高州、新州、建州、罗州、双州的辟置,意味着萧梁势力循着支流水系向俚僚所在的深山之地大为开拓。更为重要的是,高州建置明确记载与讨平俚僚有关。换言之,不少州镇原属俚僚酋帅的领地。自萧梁政权广建州镇之初,征伐俚僚之事也频见于史载,这反映了俚僚蛮族对华夏势力的强烈抗拒。《隋书》记载梁武帝天监(502—520)至大同(535—546)年间曾发动一系列的伐俚战争,通过讨平俚洞增置大量州镇。⑧《资治通鉴》亦云:"时上(即梁武帝)方事征伐,恢拓境宇,北逾淮、汝,东距彭城,西开牂柯,南平俚洞,建置州郡。"⑨除以上记载之外,

---

① 《舆地纪胜》卷一一七引《元和郡县图志》,第1b页。
② 译者按,萧劢未曾担任广州刺史。结合尾注所引的史料来看,恐怕作者将孙固误作萧劢。
③ 《南史》卷五一《地理志下》,第4a-4b页。
④ 安州由宋寿郡升格为州。案《元和郡县图志》卷三八所云,"宋分合浦置宋寿郡。梁武帝于今钦江县南三里置安州",第952页。"罗州"的地名中虽有州字,但宋齐之际它仅是雷州半岛北部的县。据《梁书》记载,至迟到大同八年(542),罗州、安州均有刺史之任,可参《梁书》卷三《武帝纪下》,第26b页。
⑤ 《陈书》卷八《杜僧明传》,第1a-1b页。新州乃由新宁郡升立。
⑥ 译者按,原文作分新州而立,当误。
⑦ 《太平寰宇记》卷一六四《岭南道八·康州》,第4b、5a页。
⑧ 《隋书》卷二九《地理志上》,第2a-2b页。
⑨ 《资治通鉴》卷一五八《梁纪十四》,梁武帝大同五年(539)十一月乙亥条,第4903-4904页。

第五章 "威服俚獠":帝国的武力征伐　143

萧梁时期还数次征讨广州周边的俚獠,而郁水南岸的伐俚活动也有两次。

《陈书》卷八《杜僧明传》载,梁大同年间,杜僧明与兄杜天合及周文育三人应南江督护卢安兴所请,"频征俚獠有功",被擢为"新州助防"。① 同书卷一二又记,梁武陵国(今湖南南部)侍郎胡颖,曾"出番禺,征讨俚洞"。② 大同十一年(545),交州李贲起兵作乱,胡颖追随西江督护陈霸先(即后来的陈高祖)南征交趾。不过,针对这些讨平俚獠的活动,史书均是泛泛而论,并未明言具体的伐俚地点。然而,隋朝(589—618)以前,由于并无史料证明俚人的活动地点可达广州以东一带,而且整个六朝时期广州以北也属湘州之地,那么,很有可能上述伐俚之事是针对广州以西以南的土著人群。

梁大同中,俚帅陈文彻起兵反梁。③ 关于陈文彻叛梁之事,文献记载中存在三个不同而又互补的版本。案《南史·萧劢传》载,江西俚帅④陈文彻袭寇高要郡,萧劢受命重申藩任,"未几,文彻降附"。⑤《梁书·兰钦传》则记,仁威将军兰钦都督衡、桂二州诸军事,曾"经广州,因破俚帅陈文彻兄弟,并擒之。至衡州,进号平南将军"。⑥《陈书·欧阳頠传》又云,欧阳頠少时与兰钦相善,"故頠常随钦征讨。钦为衡州,仍除清远太守。钦南征夷獠,擒陈文彻,所获不可胜计,献大铜鼓,累代所无"。⑦ 从兰钦进献的铜鼓尺寸推断,很可能是黑格尔Ⅱ型铜鼓。既然

---

① 《陈书》卷八《杜僧明传》,第 1a-1b 页。
② 《陈书》卷一二《胡颖传》,第 1a 页。
③ 如果《梁书》卷三二《兰钦传》是按照时间的先后顺序编排,那么平陈文彻之乱应在大同元年(535)之后。紧接陈文彻之乱的前一段落记载的是,"西魏相宇文黑泰致马二千匹,请结邻好",而西魏迟至535年方才立国。
④ 郁水流经高要时,水流改为南北向,因此"西江"应该是指郁水南岸,而非高要以西地区。
⑤ 《南史》卷五一《梁宗室传上·萧劢》,第 4a 页。
⑥ 《梁书》卷三二《兰钦传》,第 11b 页。
⑦ 《陈书》卷九《欧阳頠传》,第 6b 页。

兰钦能够在讨平陈文彻时缴获大铜鼓,说明陈文彻应当活动于郁水以南一带,毕竟郁水以北及牂牁水以东地区从未发现过黑格尔Ⅱ型铜鼓。

上述史料还对脱离萧梁控制的俚獠社会面貌有所交代。比如,俚帅陈文彻经济上十分富实,统治结构也较为稳固,能够一次性动员数千人的军队攻没萧梁的郡县。梁朝讨平俚洞与陈文彻寇略高要的动机,史无明文,但从"平"这一措辞来看,萧梁无疑被描述为正义的一方。相反,俚人则被污化为隐匿在城邑周边寻衅滋事的袭扰者。然而,如果将萧梁扩张州郡与武力伐俚的时间进行比对,很容易发现两者之间的紧密关联。最初,梁承刘宋之绪,继续向俚獠之地开拓,并在军事与行政层面不断对俚獠酋帅形成收紧之势。最终,在梁普通至大同年间,武装伐俚的规模达到高峰。

萧梁对两河地域的武力经略,最终因为太清三年(549)侯景之乱的爆发而中断,岭南的梁朝援军只得抽兵北上。同年,侯景攻陷都城建康。此后,两河地域的地方长吏为扩张各自的政治势力,而展开了激烈的割据争斗,萧梁伐俚之事也戛然而止。① 公元557年,此前担任西江督护的陈霸先代梁自立,是为陈武帝。不过,陈霸先所建立的陈朝最初并未对郁水以南的俚獠领地展开任何重要的军事行动。立国以后,陈朝政局动荡,国力空虚,即便维持交州人口重镇的稳定也令其捉襟见肘。因此,自然也不可能对俚獠领地发动大规模的军事征讨或者广置州郡。陈朝的势弱,导致伐俚之事陷入长达二三十年的停滞。

陈太建八年(576),沈君高被陈宣帝诏授广州都督。案《陈书·沈君高传》所云,沈为文吏,并无武干。因此在应对俚獠蛮民时,他选择"推心抚御"的平和之策。而在沈君高莅位之前,"岭南俚獠世相攻伐",正是通过他的不懈努力,俚獠土民才化干戈为玉帛。② 不过,沈君高在任两年即卒于官任,而他的治蛮政策也与世俗不合。陈宣帝末年,确切

---

① 《陈书》卷九《欧阳頠传》,第7a页。
② 《陈书》卷二三《沈君高传》,第3b页。

第五章 "威服俚獠"：帝国的武力征伐

地说，太建十二年（580），马靖继任广州刺史，再度开启了对俚獠军事征伐的大幕。据载，"时广州刺史马靖甚得岭表人心，而兵甲精练，每年深入俚洞，又数有战功。"[①] 不过，这段史料同样也未说明伐俚地点，但马靖的时代广州辖土已大为收缩。梁世，广州数次析置，所辖地域无法像过去一样，可向西一直延伸到郁水中上游。因此，马靖的伐俚行动很可能集中在广州州治所在的番禺附近或以东一带，而不太可能是郁水以南地区。

一方面，通过将俚獠酋帅吸纳为华夏官吏；另一方面，通过平讨郁水南岸不肯宾服的俚獠蛮民，两河地域原有的空白疆域逐渐被增置的州郡政区填补。正如彭丰文所言，这些伐俚军事行动主要是由西江督护所主导。[②] 不过，从后来的历史演进来看，俚獠政治体的生命力十分顽强，南朝的武力征伐与政区扩张并未能够有效地将其纳入华夏管控之下。从俚獠内部频繁混战的叙述可知，俚獠族群的政治结构松散，这也解释了武力征伐为何表现出了强烈的地域性。除了小规模的征讨之外，极少看到对俚獠领地的大片征服。笔者以为，造成这一局面的原因，除了南朝军力普遍疲弱之外，恐怕也与俚獠松散的政治结构存在莫大关联。

正如前文的章节所述，由于两河地域并未出现马援南平徵氏叛乱、根除地方政治势力那样的情形，俚獠传统的"都老"酋帅只是名义上变身为华夏官吏，但其根基仍是身后的部落组织。随着他们不断融入南朝政治当中，这些豪酋背景的俚獠官长在身份上很难与南下的侨民政

[①] 《陈书》卷二一《萧引传》，第 17a 页。
[②] 彭丰文：《西江都督与南朝岭南开发》，第 64 页。

治家族区分。① 尽管两河地域从未出现统合各部的俚獠酋首,但是进入到 6 世纪下半叶,还是涌现出了几个实力较为雄厚的土豪家族。这些家族跨据诸洞,势力庞大,足以煽动更大规模的军事叛乱。对国力日衰的南朝而言,已很难再通过武力征伐的手段收服两河地域的蛮民。

自汉亡以后,两河地域的叛乱迭起,继立的王朝既无能力、也未妄图通过单纯的武力降伏俚獠。最终,华夏王朝只能转而与俚獠达成和解与结盟。之所以向俚獠妥协,一则出于俚獠占据战略要地,如果放任不顾只会给华夏造成更大隐患;二则两河地域资源丰富,中央王朝大为垂涎。既然无法征服这片土地,那么与俚獠酋帅达成贸易合作,也不失为一个办法。至于华夏与俚獠的贸易性质及其对俚獠社会的影响,将是下一章要讨论的话题。

---

① 不过,这一点并不适用于其他地区。甚至,对于今天毫无疑问的"汉地"而言,直至公元 7 世纪时,传统的俚獠政治结构依然保持着强大的生命力。在郁水以南地区,当时仍有大量俚洞、獠洞。唐高祖武德至唐高宗永徽年间,这些洞蛮仍在俚獠酋帅的率领下,对抗大唐官府。这些远离主要水路的铜鼓文化腹心区,后来被划为禺州、义州、窦州,也即今天的陆川、北流及信宜。关于唐代三地的叛乱,可参《资治通鉴》卷一九三《唐纪九》,唐太宗贞观五年(631)十二月条下,第 6092 页;《新唐书》卷二二二下《南蛮传下》,第 19a 页;《资治通鉴》卷一九九《唐纪十五》,唐高宗永徽二年(651)十一月戊寅条,第 6276 页。

第六章　金、银、蛇与奴隶：
高低地之间的贸易

关于两河地域的俚獠蛮民如何重视并渴望占有铜鼓，可从东晋孝武帝太元三年(378)发布的一则诏书中看出一些端倪。《晋书》卷二六《食货志》云：

> 孝武太元三年，诏曰："钱，国之重宝。小人贪利，销坏无已，监司当以为意。广州夷人，宝贵铜鼓，而州境素不出铜，闻官私贾人，皆于此下贪比轮钱斤两差重，以入广州，货与夷人，铸败作鼓。其重为禁制，得者科罪。"①

尽管这则史料将铜鼓占有者笼统地称为"夷"人，但因为他们生活在广州一带，再结合目前已知铜鼓的发现地点及4世纪时的广州疆界，基本上可以推断这群"广州夷人"应当活跃于郁水以南地区。那么，问题在于，他们使用哪些物产来交换大量的铜钱？为何对这些蛮民而言铜钱价值不大，交换的目的只是为了获取铸造铜鼓所需的原材料？

经过前文的梳理，我们已经清楚，部分俚獠豪酋通过与东晋南朝的结盟，而与华夏建立了特殊的关系。这样的结盟关系，既保证了俚獠土豪对其部众的强力支配，同时又让其独立于朝廷的控制之外。而且，这一盟约主要建立在华夏渴求两河地域的珍贵土产，并希望与之建立贸易关系的基础之上。其实，华夏对两河地域异域珍奇的觊觎，由来已

---

① 《晋书》卷二六《食货志》，第11a页。

久。在最早涉及两河地域的汉文文献——《淮南子》一书中,就特别记载了这一地区宝货云集:"(秦皇)又利越之犀角、象齿、翡翠、珠玑,乃使尉屠睢发兵卒五十万(征之)。"①到了《汉书》的记载中,两河地域的这一形象更为丰满:"合浦郡,武帝元鼎六年开,属交州。……处近海,多犀、象、毒冒、珠玑、银、果、布之凑。"②这里所说的"合浦郡",涵盖了北部湾以北、郁水以南的广大地域。

尽管汉朝军力雄厚,足以踏平两河地域的山险之地,但是这片区域对于朝廷而言似乎并无吸引力。显然,集中精力控制人口密集、土壤肥沃的河口及缘河滨海地带,如合浦、苍梧、交趾等郡,能够获得的编户及租赋回报更为丰厚。相反,若要全力经营分散林立、不成规模的蛮洞,并将这些山民纳入汉朝版籍,无异于舍近求远、弃易求难。因此,汉朝在两河地域的势力,主要局限于战略及经济要地。从长远来看,这一治蛮策略导致了汉亡以后,两河地域远离郡县的深山、平原及海隅之地仍被俚獠酋帅牢牢掌控。盘踞这些地带,也让俚獠族群在与华夏此后长达几个世纪的对话中手握三大关键优势:第一,垄断了华夏渴求的资源;其次,确保了自身兵粮的自足;第三,地理上临近贸易市场。

俚獠蛮民所占据的地区,不仅多产异域风物,而且金、银、铜等矿产资源也极为丰富,但华夏似乎对此浑然不知。及至南朝,当金银被周边州郡城邑采纳为主要的贸易流通货币时,俚獠酋帅却坐拥着东亚大陆上金银矿藏储量最为丰富的宝地。俚獠洞蛮的领地依山负海,又可轻易地搜罗土产,以满足城市的日常需求。不少证据显示,华夏与山地人群的奢侈品交易,有赖于熟悉两河地域物产的土民支持。这些证据中,有些是史书的明确记载,有些是据地名加以推断,还有一些则是顺着贸易商品的线索钩稽。华夏对岭南物产的认知很多时候都是由侗台语族(即台—卡岱语族)的人群传播而来。此外,俚獠所处的地区农业上自

---

① 《淮南子》卷一八《人间训》,第18a页。
② 《汉书》卷二八下《地理志下》,第36b页。

给自足,有利于实现政治自立。郁水以南的溪洞,土壤肥沃,气候温和,水稻可一年两熟。南朝时期,红河平原就因水稻一年两熟而著称于史。《齐民要术》卷十引《异物志》云:"稻一岁夏冬再种,出交趾。"同书又引俞益期《笺》曰:"交趾,稻再熟也。"①雷州半岛上的徐闻也因水稻一年再熟,而在当时流行着这样一则谚语:"欲拔贫,诣徐闻。"②今天,郁水南岸及两广大部分地区均可实现稻作一年两熟。③ 或许,远离滨海的深山蛮洞确实需要仰给外盐,但总体而言,俚獠族群基本上不需要依赖外部食材的输入。最后,俚獠溪洞还有一点战略优势:尽管他们政治上独立,但因为地理上毗邻交、广这样的大都会,可以很便利地将本地物产输送到外部市场进行交易。

通常,南朝政府因为国力虚弱,有时甚至无法强力支配疆域内的州县,更遑论那些未曾征服的领地。但是,交、广二州的城市又严重依赖两河地域的物产供应。因此,为了获取俚獠领地的产品,南朝的民众必须与俚獠酋帅建立贸易关系。不过,除了盐、铁与铜料之外,南朝汉民似乎可供交易的货物十分有限。俚獠与华夏控制的低地之间的贸易,与后世东南亚高低地人群之间的贸易模式极为相似。高地人群搜罗热带土产,与滨海低地交换盐与其他商品,这样参与交易的双方均可获利。

毫无疑问,部分俚獠部落在铜料上能够自产自足。正如第五章所述,至 5 世纪时,有些部落还实现了铁器自给,而散处于滨海地带的俚獠也应该掌握了制盐之法。为了与俚獠酋帅建立贸易合作,华夏通过敕封俚獠酋首为官的羁縻绥抚政策对其加以笼络。在研究四、五世纪南朝政权的岭南民族政策时,彭丰文得出了这样的结论:岭南蛮族租税负担沉重,地方酋帅不堪其困。④ 尽管并无任何史料证明俚獠曾从这

---

① 《齐民要术》卷一〇《五谷果蓏菜茹非中国物产者》,第 1b 页。
② 《太平寰宇记》卷一六九《岭南道十三·雷州》,第 6b 页。
③ 〔美〕约瑟夫·史宾赛:《亚洲东南部的人文地理》,第 322 页。
④ 彭丰文:《南朝岭南民族政策新探》,第 97 页。

项政策中获得了经济收益,但这并不意味着其与南朝的合作毫无回报可言。羁縻政策贯彻长达三个世纪之久,这期间两河地域土著社会所发生的诸多变化,均显示俚獠政治体正在不断发育壮大。这些变化具体表现为:最初蛮洞林立"各有长帅",随后则演变为跨据诸洞、权重望崇的俚帅;俚帅及其家族经济实力愈发雄厚;直至 7 世纪前,两河地域的俚獠政权长期保持政治上的自立。笔者以为,这些变化均与奢侈品的贸易往来存在直接关系。由于华夏无法通过军事征服、派驻官吏及收编蛮民等方式将势力延伸到俚獠领地内部,这样的政治局面无疑对蛮洞酋长更为有利。由于贸易的天平偏向了俚獠一侧,华夏必须保证土著豪酋及其部众免受地方官吏的盘剥搜刮。俚獠聚居之处地缘上虽然临近华夏政区,但却不受其直接管控,而幸运的是当地物产又为华夏所青睐。

在研究战国时期岭南的社会面貌时,美国学者安赋诗(Francis Allard)指出,两河地域的土著先民与北部的大邦(楚国)也存在类似的贸易交流。当时,岭南土著酋帅垄断地方资源,在与邻邦楚国展开奢侈品交易的过程中不断壮大实力。因此,在考古发掘的岭南战国墓葬中,出土了大量随葬青铜器。这些墓葬主要发现于沟通珠江水系与楚地的水路交通沿线,也即第二章所说的南康—始安—临贺关一线,[1]可知当时的岭南酋帅应该就生活在墓址所在的周边区域。而时代推定为公元 3 至 7 世纪的铜鼓,分布地点较为广泛,显示了这一时期俚獠酋帅在与华夏的密集接触中,政治上日趋强盛,经济上愈发富足。而且,巨型铜鼓的大量出现,也表明俚獠社会的内部阶层逐渐分化,否则无法支撑起大量工匠、役民从事这样复杂繁重的劳动。与安赋诗笔下(战国时期)岭南青铜文化脱离楚国控制的情况相同,俚獠人群的铜鼓文化也逸出

---

[1] 〔美〕安赋诗(Francis Allard):《公元前一千年岭南交流与社会之复杂面向》(Interaction and Social Complexity in Linnan during the First Millennium BC),《亚洲视角》(*Asian Perspectives*)1994 年第 33 期,第 322 - 324 页。

第六章　金、银、蛇与奴隶：高低地之间的贸易　151

了南朝的行政支配。不过,战国时期岭南随葬青铜器的发现地点,还是与六朝时期俚獠铜鼓的分布地点有所不同。具体来说,俚獠铜鼓主要发现于远离交、广二州主要水路的山险之地。这似乎说明,并非交、广之间的都市贸易助长了俚獠土著势力的兴起。相反,这一时期的贸易关系应该主要体现为散居丛林的俚獠山地人群与交、广低地人口密集区的商贸往来。

在正式进入话题以前,有必要先了解晋朝的赋税政策。当华夏与俚獠的贸易合作刚刚建立以后,大约同一时期,晋朝曾试图向边远人群征收租税,而栖身于郡县周边的两河地域的俚獠蛮民可能也被纳入到了这一体系之中。晋太康元年(280),朝廷开始颁行新的征税办法——"户调式",这是一种基于丁口年龄与地域远近的分级缴税制度。"夷人"虽被纳入户调体系,但租额与普通的编户不同。而且,根据其与都城、郡治的地理位置远近,税额也相应地有所调整。对此,《晋书》卷二六《食货志》详载:

> (及平吴之后),又制户调之式:丁男之户,岁输绢三匹,绵三斤,女及次丁男为户者半输。其诸边郡或三分之二,远者三分之一。夷人输賨布,户一匹,远者或一丈……远夷不课田者输义米,户三斛,远者五斗,极远者输算钱,人二十八文。①

不过,"户调式"应该没有触及苍梧以南的俚獠蛮民。本书第二章曾引交州牧陶璜上书晋武帝②的奏文,时间大体上与"户调式"的推行时间相当。但是,陶璜的奏疏中明言郁水南岸"不宾属者乃五万余户"。据此推断,即便依照"远夷"的标准,深山之中的俚獠恐怕也不太可能受到户调式的影响。由于华夏势力在两河地域不断萎缩,中央王朝的行政

---

① 《晋书》卷二六《食货志》,第 7b-8a 页。译者按,原文误作卷一六,今改。
② 译者按,原文作晋文帝,显系误识。

组织与赋税体系很难在此地生效。对俚僚酋帅治下的普通部众而言,他们基本上与王朝的行政体系无法发生直接关系。充其量,只有当土著首领向其搜刮土产进行贸易或朝贡时,这样的间接影响才会有所凸显。关于这些物产的种类及搜罗物产对俚僚酋帅政治体的影响,下文将逐一展开叙述。

一、金 银

两河地域的俚僚领地盛产金属,特别是金银等贵重金属,并为华夏的州郡人群所渴求。但是,早期阶段华夏似乎并未对此地的金属资源有所察觉。尽管保存至今的有关两河地域的早期文献中,曾提及粤地是银、铜辐辏之地,[①]但是当时汉朝上下,乃至俚僚自身并未意识到两河地域蕴藏了如此丰富的矿产资源。因此,在华夏控制两河地域的早期阶段,比如两汉与孙吴时期,均对这一地区的香料、珍珠、犀角、象牙等异域奇珍更感兴趣。等到华夏充分认识到俚僚领地金银等物产资源的丰盈时,却发现自身军事实力有限,很难将两河地域收归朝廷管辖。

东晋太元三年(378),孝武帝发布诏令,称"广州夷人"购入不少北方非法贩运而来的铜钱。这群"夷人"对铜币本身并无兴趣,之所以大量采购只是为了铸造部落中象征权力身份的铜鼓。考虑到铜鼓发掘地点的分布以及广州的疆域变迁,诏书中所谓的"广州夷人"应该活动于郁水南岸、广州以西地区,甚至最西可抵云开山脉一带,因为当时只有这片区域处在广州的行政管辖范围之内。就目前的考古发掘资料来看,尚无法证实两河地域曾使用过华夏铸造的钱币。在滨海地区及主要水路沿线所发掘的汉墓中,确实出土了汉代的五铢钱,但是在俚僚文

---

① 《汉书》卷二八下《地理志下》,第 36b 页。

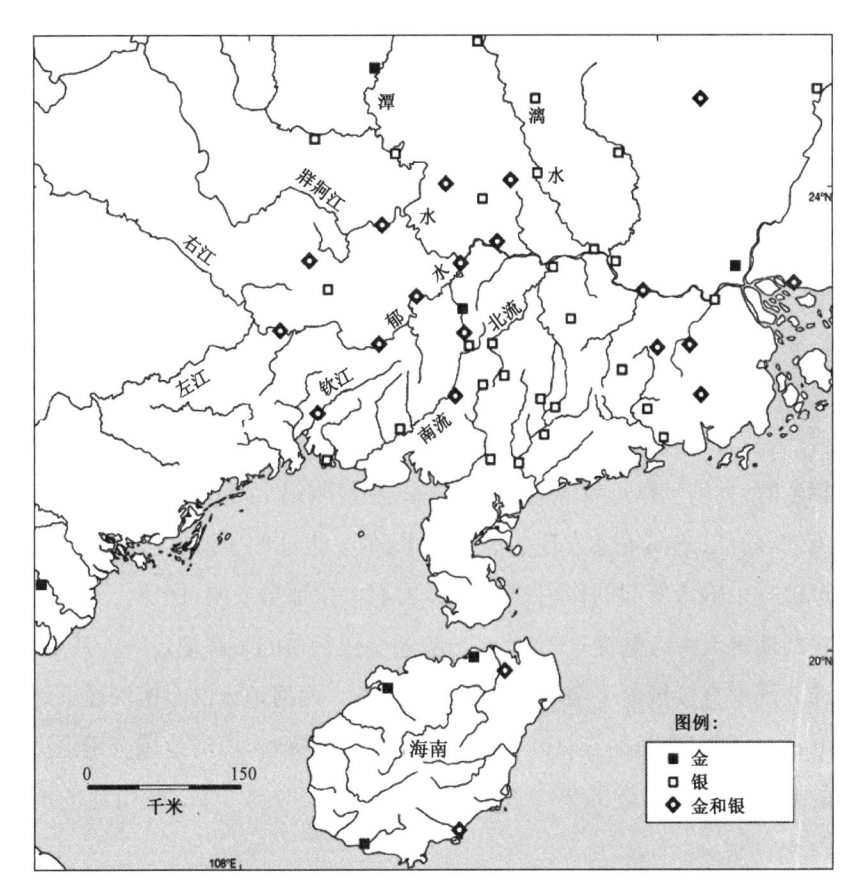

图 6-1 公元 6 至 10 世纪文献所载金银土贡的地域分布示意图

(资料来源于:《旧唐书》《通典》《太平寰宇记》)

化的核心区内,汉代的钱币从未发现,甚至唐以前的铜钱也极少出土。[1] 考古发掘中早期中国钱币的阙如,可能也从侧面反映了当时俚獠铜鼓工匠对铜料资源的高度重视。

不过,对铜币缺乏兴趣并不仅仅适用于俚獠蛮民,南朝时期交、广二州这样的都市人群似乎也并未完全融入货币经济体系当中。相反,

---

[1] 李锡鹏:《新会出土的古钱币》,载《中国考古集成·华南卷》(三),郑州:中州古籍出版社,2005 年,第 2234-2239 页;陈大远:《广东罗定县发现窖藏铜钱》,《考古》1992 年第 3 期,第 282-283 页。

他们倾向于使用金、银等贵重金属来进行商品交易。关于交、广两地采用金银作为流通货币一事，文献记载所在多有。譬如，《太平御览》卷八一二引《广州记》曰："广州市司用银易米。"①《隋书》卷二四《食货志》亦云："（梁初）交、广之域，全以金银为货。"②《隋书》紧接着又称，6世纪后半叶，南陈立国之初，因承梁朝丧乱之后，货币贬值，经济凋敝，"岭南诸州，多以盐米布交易，俱不用钱"。③ 在探讨梁陈之际广州金银盛行的原因时，已有学者指出，这从侧面印证了广州作为海上丝路贸易大港及中转枢纽的地位，金银币也因此源源不断地流入广州。④ 林邑国也盛产金银："林邑有金山，金汁流出于浦。"甚至，在交州刺史檀和之讨伐林邑时，林邑王杨迈就能够一次性"输金万斤，银十万斤"。⑤ 而今广东英德、曲江、遂溪等地发现的波斯银币，似乎也证明了海上丝绸之路对金银货币输入所起的作用。⑥ 然而，另有大量证据表明，俚獠土豪所占领的地区至少应是交、广二州部分流通金银货币的来源地之一。甚至，部分证据直接指向了两河地域的俚獠领地。两河地域的金银深埋于地下，只待俚獠蛮民的开掘。依隋唐之际的文献资料，两河地域金银土贡的地域分布与铜鼓的集中发掘区高度重合。时至今日，在当地的河

---

① 《太平御览》卷八一二《珍宝部十一·银》引《广州记》，第6a页。《初学记》卷二七《宝器部·银第一》引《广州记》亦云"广州市司用银米"，文字与前者稍有不同。两书所引《广州记》均未标明作者，但肯定不出裴渊、顾微二人，成书时代均在晋朝。

② 《隋书》卷二四《食货志》，第20a页。这段史料记载了梁初版图内诸州郡的货币使用情况，除交、广二州流通金银外，"京师及三吴、荆、郢、江、湘、梁、益用钱。其余州郡，则杂以谷帛交易"。

③ 《隋书》卷二四《食货志》，第21a页。

④ 王贵忱、王大文：《从古代货币交流看广州海上丝绸之路》，载《中国考古集成·华南卷》（二），郑州，中州古籍出版社，2005年，第1067-1073页。

⑤ 《南齐书》卷五八《东南夷传》，第4b页。

⑥ 王贵忱、王大文：《从古代货币交流看广州海上丝绸之路》，第1067-1073页。

床或地层中仍能采集到沙金、矿金。① 不过,早期史料中缺乏俚獠族群占有或开掘金矿的记载,个中原因恐怕是华夏对俚獠深山之地的认知匮乏所致。正如第二章所示,这一时期汉文史书对此地的描写,或是充满了异域叙事色彩,或是聚焦于土民的难制。因此,东晋太元三年(378)诏令中广州"素不出铜"的误断,完全可以想象。虽然广州(治番禺)的东半部确实不产铜料,但广州西部却以铜矿富集而著称于世。

晋太元三年诏文出现的错漏,大概率是因为时人的无知所致。毕竟,广州境内的大量土地并不在华夏行政体系的有效控制范围内,因此必然会超出晋人的认知边界。在郁水以南地区,很容易发现当时浇铸铜液留下的金属构件;而在今北流、郁林等黑格尔Ⅱ型铜鼓的密集发现区,当地往往也盛产铜料。在广西北流市附近,目前已发现三处南朝时期的铜鼓冶铸遗址,而此地正是黑格尔Ⅱ型铜鼓(即北流型铜鼓)的核心分布区,并且也靠近铜料的天然产地。② 尽管《汉书》曾言及此点,但直到大唐,这一地区出产铜料之事长期以来都逸出了华夏的认知。③ 鉴于以上分析,华夏对两河地域富产金银出现认知盲区一事,显然也不足为奇。

公元6世纪以前,有关两河地域金银之丰饶,多出自刘宋沈怀远《南越志》一书的记载。书中对华夏认知相对充分的俚獠活动边缘区有

---

① 朱夏:《中国的金》,上海:商务出版社,1953年,第72-73页。文中列出金矿的产地,包括今广西藤县、容县、贺县、邵平、苍梧、北流、陆川、北海、邕宁、宾阳、上林等。

② 姚舜安:《北流型铜鼓铸造遗址初探》,《考古》1988年第6期,第558-561页。

③ 《岭外代答》卷七《金石门·铜》,"信知南方多铜矣。今邕州有铜固无几,而右江溪峒之外,有一蛮峒,铜所自出也,掘地数尺即有矿",第276页。邕州即今广西南宁市周边地区。《太平寰宇记》卷一六四《岭南道八·梧州》载,"又丹城县西南有铜山有铜湖有朱砂铜",第13a页。此处所说的"丹城西南"位于郁水南岸。译者按,原文作"戎城西南",今改。《新唐书》卷四三上《地理志七》称"勤州云浮郡,下。本铜陵郡",统铜陵、富林二县,"有铜",第3a页。这里说到的"勤州",位于今广东阳春市北。而郁水北岸的贺州更是"东有铜冶",连州"有铜有铁"。

所触及,这些"边缘之地"毗邻广州,或临近主要水道。《太平寰宇记》卷一六六引《南越志》云:"宁浦,地名金城。"①可知晋世宁浦郡盛产金矿。而在郁水南岸的遂成县(属苍梧郡),境内的任山"银沙自出"。②顾微《广州记》曰:"四会县有金岗,行人往往见金于岗侧。"③四会时属新会郡,位于今广东肇庆市东。而在广州南海县,有山名"金冈山","金沙自是出,采金人往往见金人形于山巅,望气者以为山之精。"④苍梧戎城县有塘名"釜塘",水中亦出金沙。⑤隋时,新会郡境内因有"金冈",而于其地改置冈州。⑥冈州位于广州西南,亦是俚獠活动区。

关于俚獠土豪控制的金矿资源的全貌,可通过唐宋地志中罗列地方土贡的州郡加以勾绘。⑦据《新唐书·地理志》所记,共有28州贡金,其中11州之地在6世纪时曾完全(或部分)属于郁水以南的俚獠故地。⑧而据唐人杜佑所著政书《通典》的相关记载,地方上以金为常贡者甚多,其中郁水以南诸郡均岁贡"金二十两",俚獠所据的新兴郡甚至贡金多达五十两。⑨此外,俚獠故地贡银更为普遍,《通典》所列贡银的

---

① 《太平寰宇记》卷一六六《岭南道十·横州》,第14a页。
② 《太平御览》卷八一二《珍宝部十一·银》引《南越志》,第6a页;《初学记》卷二七《宝器部·银第二》:"遂城县任山有银穴,有银沙。"第4a页。
③ 《艺文类聚》卷六《地部·冈》,第4b页。译者按,原文书名简称误作YWLC。
④ 《太平寰宇记》卷一五七《岭南道一·广州》引《南越志》,第6b页。
⑤ 《太平御览》卷七四《地部三十九·塘》引《南越志》,第1b页。此处,"戎城"被误作"丹城"。
⑥ 《资治通鉴》卷一九〇《唐纪六》,唐高祖武德六年(623)七月丁丑条,第969页。
⑦ 详参中国联合准备银行调查室:《唐宋时代金银之研究》,北京:中国联合准备银行调查室,1944年。
⑧ 《新唐书》卷四三上《地理志七》,第2a-8b页。这11州之地分别是:康州、新州、勤州、恩州、邕州、横州、循州、钦州、白州、绣州、党州。另外,郁水北岸(的邕州、澄州、贵州、浔州等)四州,海南岛所辖(的崖州、琼州、振州、儋州、万安洲等)五州,安南都护府所统(的骥州、长州、汤州、演州、武安州)五州等,均贡金。
⑨ 译者按,翻查《通典》原文的相关记载,似是贡银的数量。

46州中,其中25州处于郁水以南俚区、獠区的范围内。① 虽然不能排除其中有些州县所贡"土产"系由别处市买的可能性,但10世纪成书的地理总志《太平寰宇记》明确记载郁林州、桂州、恩州、新州均是产银之地。而除了《通典》所列诸州外,又增加横州为产金之州。② 此外,《太平寰宇记》还增补了旧史中诸多难觅的细节。比如,梧州附近的废孟陵县古钱村,"有金坑三所";③ 又如,5世纪时,叛将卢循曾在南仪州的"银山"采银。④

盘踞于金银富饶之地是一回事,而是否能够将其开发利用则是另一回事。不过,通过前章所引《隋书》的相关记载,我们了解到俚人"都老"在铸成铜鼓后,往往会举行特殊的庆祝仪式:"铸铜为大鼓,初成,悬于庭中,置酒以招同类。来者有富豪子女,则以金银为大钗,执以扣鼓,竟乃留遗主人,名为铜鼓钗。"由此可见,俚獠豪酋手中积攒的金银财富应该相当可观。而且,他们深知金银贵金属的价值,并具备开采与加工的能力。案《太平寰宇记》卷一六四《岭南道八·梧州》所云:"(遂城县)东有银穴,俚人常采炼沙成银。"⑤又如,7世纪时,潘州(今广东茂名市)俚帅冯子猷以豪侠闻世,为向侍御史杨璟聊表心意,一次性"遗金二百两、银五百两"。据载,贞观年间,冯子猷应唐廷征召入朝时,竟"载金一舸自随"。关于冯子猷的事迹,第七章将会详细展开,兹不赘述。考虑到俚獠人群所能获取的各种资源,可以预见的是,5世纪以后俚獠豪

---

① 《通典》卷六《食货六·财税下》,第34-38页。贡银之州具体如下:康州、双州、端州、新州、潘州、春州、罗州、辨州、高州、邕州、勤州、恩州、横州、浔州、峦州、钦州、龚州、藤州、容州、牢州、顺州、党州、窦州、郁州、连州、义州、陆州。译者按,连州、陆州均不贡银,而桂州、贺州、昭州、严州、封州、象州、陇州、平琴州、廉州等贡银之地却未统计在内,不知何故。

② 详参《太平寰宇记》卷一五八,第4a页至卷一七〇,第11b页。产金之州包括:恩州、新州、循州、澄州、融州、郁林州、横州、儋州、崖州、琼州;产银之地则有:恩州、新州、桂州、柳州、成州、郁林州、崖州、峰州。

③ 《太平寰宇记》卷一六四《岭南道八·梧州》,第10b页。

④ 《太平寰宇记》卷一六三《岭南道七·南仪州》,第5a页。

⑤ 《太平寰宇记》卷一六四《岭南道八·梧州》引《南越志》,第12a页。

酋在与周边流通金银货币的城市人群展开互市贸易时,他们必然拥有明显的优势。由于开采金属矿藏需要大量劳动力,这势必会加剧俚獠社会内部的领土和人口争夺战。抢占领土是为了扩充金银铜等贵重金属的来源,而争斗人口则是为了开采与淘炼地下的金属资源。

二、人口贩卖与奴隶交易

奴隶贸易已被证实为俚獠土著豪酋经济活动中的重要一环。6世纪时,将人口从俚獠活动区向外非法贩卖应当极为普遍,因为据文献记载,"生口"是南朝与俚獠酋帅展开合作的一项重大收益。① 梁天监年间(502—520),王僧孺出任南海太守时,目睹郡内"常有高凉生口及海舶每岁数至"。② 这些生口有些是因为俚獠部落间的火拼而被抢夺贩卖,还有的则是华夏征讨俚獠时俘获而来。这一时期的华夏地方官吏,常将征讨俚獠部众视为正义行动。天监年间,宗室萧劢(一作萧励)出镇广州,史书中对他为官期间的叙事很好地体现了帝国的伐俚态度:

---

① 直至唐代,岭南的奴隶贸易仍很流行,可参〔美〕薛爱华:《朱雀:唐代的南方意象》,第55-56页。

② 《梁书》卷三三《王僧孺传》,"出为南海太守,郡常有高凉生口及海舶每岁数至外国贾人以通货易。旧时,州郡以半价就市,又买而即卖,其利数倍,历政者以为常",第2b页。(译者按,原文误作卷三二,今改)。相关研究可参陈庆欣(James K. Chin):《港口、商民、酋帅与太监:早期广东的海上贸易》(Ports, Merchants, Chieftains and Eunuchs: Reading Maritime Commerce of Early Guangdong),载〔德〕宋馨(Shing Müller)、贺东劢(Thomas Höllmann)等编:《广东考古与早期文献》(Guangdong: Archaeology and Early Texts),威斯巴登(Wiesbaden):哈拉索维茨出版社(Harrassowitz Verlag),2004年,第228页;〔澳〕韦杰夫:《冼夫人与六世纪中国的南方扩张》,第134页。两种研究中都征引了《梁书》的这则史料,但解读为高凉生口常以半价就市,显系误读。笔者以为,这段史料的意思应该是高凉生口及外贸商船是当时南海郡的两大财富来源,而不是说高凉生口搭载海舶抵达广州。对此,王赓武先生的观点与笔者暗合,可参〔澳〕王赓武:《南海贸易:中国早期海洋贸易的研究》,第91-92页。

俚人不宾,多为海暴,勔征讨所获生口宝物,军赏之外,悉送还台。前后刺史皆营私蓄,方物之贡,少登天府。自勔在州,岁中数献,军国所须,相继不绝。①

与萧勔相似,陈初,欧阳颁及其弟欧阳盛、欧阳邃分掌广州、交州、横州期间,"多致铜鼓、生口,献奉珍异,前后委积,颇有助于军国焉"。② 对于陈朝官员而言,征讨俚獠、罗致生口的事情似乎是日常事务。隋开皇八年(588),隋文帝在发动平陈战役之前,曾令门下省起草了声讨敌国的檄文,在历数陈朝的各种罪名中间有一条是:"(有陈氏)岁岁起兵,西南征讨,多缚良善,以充贼隶。"③由于陈朝疆域不及云南,而且当时红河平原所在的交州也不在其有效管控范围内,因此文中所说的"西南征讨",其对象基本上可以肯定是指两河地域的俚獠蛮民。

就生口贸易而论,想必俚獠酋帅肯定不会甘于将溪洞中的族人贩卖为奴,因为这样势必也会减少他们手中可供支配的人群,并使其兵源大为减少。因此,这些生口更有可能是因为不同洞蛮部落常年间的混战而被捕获的军事俘虏。至于那些过剩的生口,就有可能被俚獠酋帅捆绑,并顺流而下贩卖到周边州郡的都市家庭中。当然,俚獠渠帅自身也可能蓄养奴隶。据载,7世纪时,高州渠帅冯盎驱使的奴婢多达万余人。④ 在上层俚獠豪酋阶层中,私蓄奴婢的行为应当相当普遍,冯盎恐怕并不是孤例。

就个人的层面而言,俚獠社会中为了私利而出卖家庭成员为奴的情况也不鲜见。据3世纪万震所撰《南州异物志》一书记载:"俚人不爱

---

① 《南史》卷五一《梁宗室传上·萧勔》,第4a页。
② 《陈书》卷九《欧阳颁传》,第6b页。
③ 《全隋书》卷一七《文帝安边诏》,第5b页。
④ 《旧唐书》卷一〇九《冯盎传》,第1b页。

骨肉，而贪宝货，见贾人财物、牛犊，便以子易之。"①此外，獠民中还盛行着"指腹卖子"的恶习，"南海贫民妻方孕，则诣富室，指腹以卖之，俗谓指腹卖。或己子未胜衣，邻之子稍可卖，往贷取以鬻，折杖以识其短长，俟己子长与杖等，即偿贷者。"②这些记载也不完全是空穴来风，因为后世东南亚部分人群依然流行着大致相同的习俗，甚至当地土民会将自己也作为"财产"，用于市场交易。③

对于土著酋豪而言，俚獠社会所盛行的生口贸易存在诸多益处。通过战争俘获而来的奴隶，不仅可以减少潜在敌人的兵源，而且可将这些奴隶转卖给华夏，进而巩固两者之间的结盟关系。同时，这些军事俘虏还可作为劳动力以供驱使，这样既可提高溪洞的粮食生产能力，也可有效补充自己的兵力来源，还有助于金银铜铁等资源的开采，以便铸造更多的兵器与铜鼓。

三、翠 羽

"翠羽"常被调作蓝色颜料，用于装饰珠宝与服饰。④ 两汉时期，"翠羽"已成为两河地域土贡的构成部分。譬如，南越王赵佗曾向汉廷

---

① 《太平御览》卷四九二《人事部一百三十三·贪》引《南州异物志》，第 4b 页。

② 〔美〕薛爱华：《朱雀：唐代的南方意象》，第 56 页。译者按，原文出自《太平广记》卷四八三《蛮夷四·獠妇》引《岭表录异》，北京：中华书局，1961 年第 1 版，第 3982 页。

③ 关于这一点，尚无明确记载。但是，俚獠社会中所存在的从敌对部落俘获并贩卖生口的情况，很可能与一千年后欧洲殖民东南亚期间所发生的事情相同，控制人口的多寡被视为地位与权力的象征。关于前近代时期东南亚社会的奴隶制问题，可参见〔澳〕安东尼·瑞德(Anthony Reid)：《东南亚的贸易时代(1450—1680)》，第 129-136 页。

④ 关于翠羽的各种用途，可参〔美〕比弗利·杰克逊(Beverly Jackson)：《翡翠蓝：中国古代艺术珍宝》(Kingfisher Blue：Treasures of an Ancient Chinese Art)，伯克利：十速出版社(Ten Speed Press)，2001 年。

进献"翠鸟千""生翠四十双"。① 在文献记载中间,翠羽常被描述为南方特有的风物,它可能是取自白胸翡翠(*Halcyon smyrnensis perpulchra*)或者黑头翡翠(*Halcyon pileata*)的羽翼。上述两个翡翠亚种,身体上均附着色彩斑斓的蓝色羽毛,并且至今仍栖息于两河地域。黑头翡翠全年都在雷州半岛东部海岸栖居繁衍,相比之下,白胸翡翠的地域分布范围更广。② 依南朝文献《南中八郡异物志》云,翡翠产于俚獠活动区西南部的九真、交趾、兴古等地,但当地人只是捕食翡翠,对翠羽的珍贵浑然不知:"翠大如燕,腹背纯赤,民捕食之,不知贵其毛羽也。"③不过,也有土民似乎能意识到翡翠贵在毛羽。案东汉成书(一说东吴成书)的《交州异物志》所载:"山居乌浒,射翠取羽。"④5 世纪时,郭义恭所撰《广志》亦载:"交阯苍梧,俗以翡翠为帻。"⑤

在更早期的黑格尔Ⅰ型铜鼓的纹样以及左江花山岩画的画面中,都可见到装饰翠羽的头冠形象,而汉晋南朝的文献记载可视为这一传统的延续。翡翠是一种领地意识极强的鸟类。据相关研究,在缅甸白胸翡翠分布的沼泽区,平均每平方公里仅有 4.58 只翠鸟个体栖息于此。⑥ 尽管两河地域人口稀疏,翡翠的分布或许(相对于缅甸)更为密

---

① 《汉书》卷九五《南粤传》,第 12a 页。南粤王赵佗除献翠羽之外,还向汉廷进贡了"白璧一双……犀角十,紫贝五百,桂蠹一器……孔雀二双"。
② 〔英〕马敬能(John MacKinnon)、凯伦·菲利普斯(Karena Phillips):《中国鸟类图鉴》(*A Field Guide to the Birds of China*),牛津:牛津大学出版社,2000年,第 95 - 96 页版 17。
③ 《太平御览》卷九二四《羽族部十一·翡翠》引《南中八郡异物志》,第 7b 页。《南中八郡异物志》原书已佚,撰者无考,但成书时间早于《齐民要术》。译者按,原文误作卷九四一,今改。
④ 《太平御览》卷九四一《鳞介部十三·蚌》引《交州异物志》,第 6a 页。
⑤ 《太平御览》卷六八七《服章部四·帻》引《广志》,第 3b 页。
⑥ 〔孟加拉〕雷扎(A. H. A. M. Reza)、穆斯塔法·费罗兹(Mostafa M. Feeroz)、卡比尔(M. M. Kabir):《孟加拉国孙德尔本斯红树林地区翠鸟的现状与分布密度》(Status and Density of Kingfishers in the Sundarbans Mangrove Forest, Bangladesh),《孟加拉生命科学杂志》(*Bangladesh Journal of Life Sciences*)2003 年第 1 期,第 55 - 60 页。

集,但是想要收集大量的翠鸟毛羽,意味着土著豪酋需要占领大片的土地。因此,与华夏的翠羽贸易,势必会成为引发俚獠蛮洞互动兼并的一大动因。

四、象牙与犀角

象牙与犀角是两河地域更为常见的两种珍贵方物,并且也是华夏愿意用"临时除授官职"的方式来作为交换砝码的奢侈土贡。4世纪时,两河流域的象群仍很常见,并且直至11世纪时,野象依然活动于两河地域的丛林深处。① 不过,遗憾的是,六朝保存至今的文献中,很少涉及俚獠族群是如何猎取象牙、犀角来进行交易的。

自汉代起,史书就有生象被贡往北方宫廷的记载,而且这些贡象似乎应该来自俚獠活动区以南的九真、日南等郡。不过,对于俚獠而言,大象并不陌生,甚至他们还常常将象群引入到战场用于冲锋陷阵。案萧梁地志《建安记》载,战象的使用往东一直传播到了今福建地区:"越王畋于将乐……后汉此邑为建安县之校乡,即其义也。越王乘象辂②,大夫将军自执平盖。"③晋太康平吴后,"南越献驯象,诏作大车驾之,以载黄门鼓吹数十人,使越人骑之。元正大会,驾象入庭"。④ 梁中大通五年(531)二月,梁武帝于同泰寺开讲,聚众多达数万人,时"南越所献

---

① 〔英〕伊懋可(Mark Elvin):《大象的退却:一部中国环境史》(*The Retreat of Elephants-An Environmental History of China*),纽黑文:耶鲁大学出版社,2004年,第9—17页。译者按,中译本见梅雪芹、毛利霞、王玉山译:《大象的退却:一部中国环境史》,南京:江苏人民出版社,2014年,第10—21页。

② 译者按,象辂也可指以象牙装饰的辂车,并非象兵,此处似乎有些望文生义。

③ 《太平寰宇记》卷一〇〇《江南东道十一·南剑州》引萧子开《建安记》,第13b页。

④ 《晋书》卷二五《舆服志》,第4a页。

驯象,忽于众中狂逸",造成大量民众被践踏。① 南朝时期的文本书写中,常用"越"或"南越"一词寓指郁水流域而非红河平原,因此很有可能上述记载中的驯象应来自两广地区。此外,史书中间反复流传着了一则与两河流域有关的荒诞不经的故事:"俗传象牙岁脱,犹爱惜之,掘地而藏之。人欲取,当作假牙潜往易之,觉则不藏故处。"②其实,象一生换牙的次数不会超过一次,而史书记载的大象埋齿的故事很有可能是"象坟"传说的翻版。所谓"象坟"传说,大意是说自知将死的老象,会奋力赶回到象族的坟地。那么,这里便会形成堆积如山的象牙矿,静待探险者的发现。

至于犀角,万震亦有记载。案《南州异物志》云:"高州平之县巨海有大犀,其出入有光,水为之开。"③这里的高州平县,可能是指今广东恩平市。沈怀远也注意到:"新宁县多俚、獠,善为犀渠。"这种"犀渠"又被称为"盷夷之甲",并以锡箔装饰。④ 但是,到了唐代,俚獠活动区已经罕见野生犀群的踪影。《太平寰宇记》仅记郁林州有野犀出没,⑤而岭南诸州土贡的犀角应当主要来源于其他州县,大致相当于今天的云南、湖南、贵州等地。入宋以后,邕州、钦州所设的博易场上常有"交人"(即交阯人)以犀象等与汉民交换米布。⑥ 因此,可能此时广州周边的丛林山区很少有犀牛在此活动。连同其他狩猎之物,地方酋帅只有控

---

① 《梁书》卷四二《臧盾传》,第 2b 页。
② 《初学记》卷二九《兽部·象》引万震《南州异物志》,第 3b 页。
③ 《太平御览》卷八九〇《兽部二·犀》引万震《南州异物志》,第 3a 页。不过,《南州异物志》的原文应当有所改动,因为高州迟至 6 世纪上半叶才有建置。这段引文中的"平之县"疑为汉代的"四平县",即今广东恩平附近。又或,四平即是恩平之误,因为"四""恩"形近易讹。后来,四平在不同时期更名为高凉郡、高州。
④ 《太平寰宇记》卷一六四《岭南道八·梧州》引沈怀远《南越志》,第 9b 页。此处的"新宁"疑是"宁新"之误,5 世纪末属苍梧郡统县,可参《南齐书》卷一四《州郡志上》,第 21b 页。
⑤ 《太平寰宇记》卷一六五《岭南道九·郁林州》,第 6a 页。
⑥ 《岭外代答》卷五《财计门》,第 195-196 页。

制连片的土地,才有能力收集象牙、犀角,并将其作为日常性的土产向朝廷进贡。

五、肉桂及其他植物

另外一种可能被俚獠拿来交易的土产是所谓的肉桂皮(cinnamon bark)。肉桂是两河地域特有的乔木,树皮既可制成香料,又可入药,① 并被作为外销产品向西南最远传到了印度。② 4 世纪的植物学著作《南方草木状》对肉桂的生长环境及习性这样描述:"桂出合浦,生必以高山之巅,冬夏常青。其类自为林,间无杂树,交趾置桂园。"③4 世纪时,合浦的高山之地远离华夏城邑集中分布的滨海平原地带,由此可知肉桂的自然生产地必定位于俚獠酋帅的活动区内。

尽管汉文史料中有些部落看似极为原始,比如日南郡朱吾县南"有文狼人,野居无室宅,依树止宿,食生鱼肉",但这群蛮民依然"采香为业,与人交市"。④ 同样的,俚獠土著也在其领地内栽培了各种经济作物。案《齐民要术》所载:"苍梧椒藤生金封山,乌浒人往往卖之,其色赤,又云以草染之,出兴古。"⑤兴古县即位于俚獠栖居地的极西端。此外,还有两处 3 世纪的文献记载,特别提及蛮民栽种了华夏人喜食的荔枝、龙眼等热带水果。《吴录》曰:"苍梧多荔枝,生山中,人家亦种

---

① 详参李惠林(Li Hui-lin):《南方草木状:4 世纪东南亚的植物》(*Nan-fang ts'ao-mu chuang: A Fourth-Century Flora of Southeast Asia*),第 83 页;〔美〕薛爱华:《朱雀:唐代的南方意象》,第 195-196 页。
② 〔英〕肯尼思·霍尔:《东南亚早期经济史》,第 186 页。
③ 李惠林(Li Hui-lin):《南方草木状:4 世纪东南亚的植物》,第 83 页。
④ 《水经注》卷三六《郁水》引《林邑记》,第 1138 页。
⑤ 《齐民要术》卷一〇《五谷果蓏菜茹非中国物产者》,第 36b 页。越州西北的封山郡,治安金县。"金封山"之名很可能取自"封山""安金"的合称,此地临近兴古县,曾是乌浒人的活动地点。

之。"①《荆扬已南异物志》则载:"龙眼如荔枝而小,圆如弹丸,味胜荔枝,苍梧、交阯、南海、合浦皆献之。山中人家亦种之。"②考虑到上述文献的成书时间以及当时华夏聚落主要分布于河湖平原周边等因素,所有迹象均表明这些植物应当是由俚獠土著所培植。

此外,山地与河流下游之间应该还存在木材贸易,但可惜的是唐以前的文献记载不多。

六、海产贸易

俚獠土著并不单单从事山地土产的贸易活动,大量证据表明他们还参与了海产交易。在几种早期的文献中,均记载了郁林郡的沿海贸易。6世纪初,梁人任昉所撰《述异记》一书将其结集如下:

> 汉元封二年,郁林郡献瑞珊瑚妇人。帝命植於殿前,谓之女珊瑚。忽一旦柯叶甚茂,至灵帝时,树死,咸以为汉室将亡征也。③

同书又记:

> 郁林郡有珊瑚市,海客市珊瑚处也。珊瑚碧色,生海底,一树数十枝,枝间无叶。大者高五六尺,尤小者尺馀。鲛人云:海上有珊瑚宫。④

4世纪初,晋人崔豹《古今注》一书中保留了两则汉代郁林郡发现珍珠的相关记载。汉章帝章和元年(89),"郁林大珠围三寸"。汉和帝永平

---

① 《太平御览》卷九七一《果部八·荔支》引《吴录(地理志)》,第8a页。
② 《文选》卷五《吴都赋》,第100页。
③ 《太平御览》卷八〇七《珍宝部六·珊瑚》引《述异记》,第4b页。
④ 《太平御览》卷八〇七《珍宝部六·珊瑚》引《述异记》,第4b页。

十五年(103),"郁林降民得大珠,围五寸,径寸七分",并被作为贡物进献于宫廷。① 刘宋大明七年(463),"珊瑚连理生郁林",始安太守刘勔将其作为"祥瑞"上报朝廷。② 以上记载与后世的正史地理志颇多抵牾之处,因此很有必要重新思考华夏对北部湾海岸的势力介入程度。案正史地理志所云,汉代的郁林郡疆土从未迫近北部湾沿岸。相反,不仅北部湾的近海海岸,整个郁水河口西南直抵大海的广大地域都归合浦郡统辖。郁林郡最靠近海岸的地点,应该位于钦江河口(的钦州)。不过,直至9世纪中期,唐人李吉甫在编纂《元和郡县图志》时,才首次将钦州视为汉合浦郡合浦县的旧地。③ 实际上,这一地区最早出现建置,始于5世纪下半叶④。刘宋政权于此设宋寿郡,隶属交州,而非越州、广州。这也表明,此地与红河平原的联系更为密切,而与合浦关联不大。无论此地归属合浦,抑或交趾,正史地理志在进行户口统计时从未将其划入郁林郡,可知郁林建置的六个世纪间,一直都是以内陆政区的形式存在。不过,前述四种文献中郁林出产珊瑚、珍珠的记载,似乎表明当时郁林的郡界较为模糊。对此,较合理的解释是,郁林并无固定的疆界,整个北部湾的狭长海岸都完全逸出了华夏的控制范围。因此,自然而然地,由北部湾输往郁水流域的内陆贸易,均被笼统地表述为发生于郁林之地。特别值得关注的是,除了云开山脉之外,黑格尔Ⅱ型铜鼓的另一集中分布区位于钦江的上游流域,最北可抵宁浦关一带,这就说明由沿海进入郁林的贸易都须经过都老渠帅的领地,而这也是为何俚獠土豪能够罗致巨富的一大原因。

---

① 《太平御览》卷八〇三《珍宝部二·珠》引《古今注》,第5a页。《古今注》是晋人崔豹所著,成书于4世纪。文中所说的"降民"可能是指归附汉帝国的土著。译者按,原文作5世纪成书,应属笔误。

② 《宋书》卷二九《符瑞志下》,第42a页。

③ 《元和郡县图志》卷三八《岭南道五·钦州》,第952页;《舆地纪胜》卷一一九《广南西路·钦州》引《元和郡县志》,第1a页。

④ 译者按,确切时间是刘宋元嘉二十二年,445。

第六章 金、银、蛇与奴隶：高低地之间的贸易

自合浦以南至红河河口的广阔地域内,直至5世纪①增设海平县②（今云南下龙市附近,Hạ Long）以前,很长时间都无任何华夏政区的设置;而从南海郡西南直抵雷州半岛最南端的珠崖郡③,长期以来这里基本上也是政区的空白地带。这期间,此地仅设新会（今广东江门）、高凉、高兴（两郡均在今广东阳江附近）三郡。到5世纪末,萧齐才于今化州市再设高兴郡。④ 这意味着,5世纪下半叶以前,在这一广阔的滨海地带内,华夏的政区分布极为稀疏,大量的土地仍掌握在俚僚的手中。据载,广州南岸盛产珍珠、珊瑚、海贝等珍奇之物,⑤并且有证据表明散处海隅的俚僚土著参与到了这些海产的捕捞与贸易活动中。毫无疑问,珍珠是近海地区最著名的海洋产物。早在秦代,当地就已开始了珍珠贸易。南越国的统治者凭借地利之便,宫廷之中堆积着大量珍珠。据载,南越国第三代君主赵婴齐（前122—113年在位）的墓葬曾在吴黄武年间(226)被吕瑜盗掘,墓内出土的金蚕、珍珠多达数斛。⑥ 薛爱华先生曾对北部湾的珍珠贸易展开过极为精湛的研究,⑦此处仍有必要就俚僚族群以何种方式参与其中进行一些探讨。南朝时期,南海海岸与北部湾,特别是合浦周边地区的珍珠养殖业异常发达,而且当时华夏

---

① 译者按,海平县,西晋太康时建置,当在3世纪。
② 刘宋置宋寿郡（今广西钦州附近）前,当地的贸易可能朝廷并未参与其中。具体的贸易路线应该是顺着钦江穿越滨海地带,进入到郁林郡内,然后再继续转运北上。
③ 译者按,珠崖郡在海南岛,此处应是"珠官县"之误。
④ 萧齐置"高兴郡",可参《南齐书》卷一四《州郡志上》,第27b页。
⑤ 《艺文类聚》卷八四《宝玉部下·贝》引万震《南州异物志》曰,"交阯北,南海中,有大文贝",第6b页;《太平寰宇记》卷一七〇《岭南道十·交州》引《吴录（地理志）》云,"交州涨海中,有珊瑚,以铁网收之",第5a页。
⑥ 《太平御览》卷八二五《资产部五·蚕》引顾微《广州记》载,"吴黄武三年,遣交州治中吕瑜发赵婴齐冢,得金蚕曰珠各数斛",第5b页。引文中的"曰珠"应是"白珠"。
⑦ 〔美〕薛爱华:《合浦的珍珠》(The Pearl of Ho-p'u),《美国东方学会杂志》(Journal of the American Oriental Society)1952年第4期总第74期,第155-168页。

已有所认知。合浦在经济上似乎十分依赖珍珠贸易,并且借此与红河平原交换稻米。案《后汉书》卷七六《孟尝传》载:"(合浦)郡不产谷实,而海出珠宝,与交址比境,常通商贩,贸籴粮食。"然而,由于土民采珠过甚,当地经济陷入凋敝,以致"行旅不至,人物无资,贫者饿死于道"。①公元3世纪末,交州刺史陶璜曾上书晋武帝,言及合浦的经济状况:"合浦郡土地硗确,无有田农,百姓唯以采珠为业,商贾去来,以珠贸米。而吴时珠禁甚严,虑百姓私散好珠,禁绝来去,人以饥困。"②虽然朝廷可对采珠行为加以管制,但这样的禁令并不总是被人严格遵守。合浦民众极擅潜水,当官府禁止民间采珠时,他们总会另觅蹊径:"巧盗者蹲水底剖蚌,得好珠吞之而出。"③对于那些脱离华夏控制的人群而言,他们在采珠时显然可以完全不受此限。譬如,已有证据显示,两河地域散处深山的乌浒人就从事着采珠活动,虽然他们生活的地域并不临海,但却出产各类珍珠。《交州异物志》云:"乌浒山居,射翠取羽,剖蚌采珠。"④或许,文中所说的"山居"乌浒蛮民,他们活动的山区有可能本身即背靠大海。甚至,可能就位于钦州周边的山地。据载,僚人也用珍珠饰物。譬如,郭义恭《广志》称,"僚在牂柯、兴古、郁林、交趾、苍梧,皆以朱漆皮⑤为兜鍪"。⑥ 产于沿海的珍珠之所以能够流入到内陆山区,应是俚僚族群的参与所致。沿着往返于交、广二州的主要海路与水路交通线,俚僚土著将珍珠等海产源源不断地输送到内地。案唐人刘恂《岭表录异》一书所载,合浦以东的白州,有一汪溪水,名为"绿珠井",得名于萧

---

① 《后汉书》卷七六《循吏传·孟尝》,第19a页。相关英译及注释,可参〔美〕薛爱华:《合浦的珍珠》,第156-157页。
② 《晋书》卷五七《陶璜传》,第6a-6b页。
③ 《太平御览》卷八〇三《珍宝部三·珠》引万震《南州异物志》,第10b页。
④ 《太平御览》卷九四一《鳞介部十三·贝》引《交州异物志》,第6a页。
⑤ 译者按,"朱漆皮"并非珍珠捣碎髹于兜鍪的漆皮之上,此处作者理解有误,显系望文生义。
⑥ 《太平御览》卷三五六《兵部八十七·甲下》引郭义恭《广志》,第7b页。

梁交趾采访使石季伦以"真珠三斛"买得梁氏女的故事。① 至 10 世纪,化州、白州仍以采珠或产珠闻名。② 刘宋泰始七年(471)③析置越州以前,上述地域范围内并无华夏的郡县政区,但大概一直都有俚僚土著栖息于此。《南齐书》的记载给我们提供了相关线索,齐永明三年(485),"越州南高凉俚人海中网鱼,获铜兽一头",④这里的"越州南高凉"很可能位于雷州半岛之上。又,《太平寰宇记》亦称:"(雷州)地濒大海,人杂夷僚,多居栏以避时疫。"⑤实际上,汉语中的"栏"原为台语系词汇转写而来,意为"房屋"。⑥ 上引史料明确指出,越州、雷州滨海地区曾有俚僚人群在此活动,而且似乎还以捕鱼为生。显然,他们肯定对华夏人珍视的珍珠、珊瑚、海贝也有充分的认知。此外,另一种与海洋有关的经济活动是收集"甲香"。"甲香"是指蝾螺科动物蝾螺或其近缘动物的壳盖,作为一味药材,取厣(音 yǎn,即壳盖之义)烧灰外用,主治腹痛、痢疾。⑦ 据《太平御览》⑧载:"合浦海曲出珠,号曰池珠。又有夷人号越陁,多采甲香为业。"⑨而沿着滨海北上、临近番禺的恩州,当地人也以采捕甲香为生。⑩

---

① 《岭表异录》卷上《白州》,第 2 页。"绿珠"系梁氏女之名,并非珍珠的品种。译者按,这一解读似有疑问,留待进一步考察。
② 《太平寰宇记》卷一六七《岭南道十一·化州》,第 8a 页;卷一六七《岭南道十一·白州》,第 11b 页。
③ 译者按,原文作 474 年,当误。
④ 《南齐书》卷一八《祥瑞志》,第 24a 页。案,高凉实为广州的属郡,高兴则属越州管辖,因此文中的"高凉"可能是"高兴"之误。
⑤ 《太平寰宇记》卷一六九《岭南道十三·雷州》,第 6a 页。
⑥ 李锦芳:《侗台语言与文化》,第 239-240 页。
⑦ 《新修本草》卷一六《虫鱼上·甲香》,第 251 页。
⑧ 译者按,原文误作《太平寰宇记》,今改。
⑨ 《太平御览》卷六七《地部三十二·池》引《郡国志》,第 4a 页。译者按,原文误作卷一六七,今改。
⑩ 《太平寰宇记》卷一五八《岭南道二·恩州》,第 6a 页。

七、贸易往来与文化互动

关于俚獠物质文化对华夏文明的相关影响,历来很少有文献触及。在有限的文化影响中,主要体现为华夏对俚獠动植物资源的利用,并且可能是由贸易活动而将这些商品带到了华夏城市。此外,盛行的生口交易导致俚獠土民进入到华夏城市家庭中,这可能也在一定程度上助推了俚獠文化知识的传播。①

这其中,最有意思的文化传播案例,是蟒蛇医药与食用价值的知识输出。目前,两河地域共发现缅甸蟒(*Python molurusbivittatus*,泰语作"nguulaam")、网纹蟒(*Python reticulatus*,泰语作"nguleuam")两个蟒蛇亚种。虽然网纹蟒在华南地区极为稀见,但在越南北部仍有一定的分布。② 从汉文文献及地方方言中网纹蟒的名称、地域分布及使用的情况来看,它应该是俚獠蛮民的贸易商品之一,并且其名称最初也由俚獠的语言转写而来。在古汉语中,描述南方蟒蛇的词一般读作"ran",但据蒲立本的早期中古汉音研究,"ran"应拟音为"ɲiam"。该词在汉语中最早写作"髯",因此有部分学者认为它最初专指长有胡须

---

① 布赖斯·比默(Bryce Beemer)对缅甸泰奴掠夺对文化传播的所起的重要性进行了开创性的个案研究,虽然文中涉及的时段较晚,可参〔美〕布赖斯·比默:《作为文化传播载体的东南亚的奴隶制与掠奴战争——以缅甸、泰国为例》(Southeast Asian Slavery and Slave-Gathering Warfare as a Vector for Cultural Transmission: The Cast of Burma and Thailand),《历史学家》(*Historian*)2009年第3期总第71期,第481-506页。

② 〔美〕约翰·墨菲(John C. Murphy)、罗伯特·亨特森(Robert W. Henderson):《巨蛇的传说:蟒蛇的自然史》(*Tales of Giant Snakes: A Historical Natural of Anacondas and Pythons*),马拉巴尔:柯里格出版公司,1997年,第10、14页;〔美〕大卫·巴克(David G. Barker)、特雷西·巴克(Tracy M. Barker):《缅甸蟒的分布》(The Distribution of the Burmese Python),《芝加哥爬虫学会学报》(*Bulletin of the Chicago Herpetological Society*)2008年第43期,第33-38页。

的蛇。① 今天华南地区的汉语方言中,"ran"的读音很接近"naam",通常被认为与书面语中的"蚺"字对应。② 在李方桂对原始台语的复原方案中,该词可拟作"lhiam"或"nhiam"等形式,且均与早期中古汉语的读音十分接近。最早提及蟒蛇药用价值的书籍是 7 世纪中叶的《新修本草》一书,具体说到了蚺蛇胆、蛇膏。③ 现代中医药典中,一般也取蚺蛇的胆、膏、肉入药,④其中蚺蛇胆的功用为清肺止咳、养胃化瘀、抑吐宁神。⑤ 而在泰药中,网纹蟒也是一味重要的药材。⑥

最早提及"髯"的著作——西汉《淮南子》一书记载:"越人得蚺蛇,以为上肴,中国得之而弃之无用。"⑦公元 2 世纪成书的辞书《说文解字》将"蚺"字释为,"大蛇,可食。从虫冉声。人占切",⑧但并未说到食蛇是南方特有的习俗。到了东汉末年,《交州异物志》进而言之:"髯惟

---

① 之所以这样解释字义,是因为"髯"字从彡(音 biāo),意为"胡须",可参《淮南子》卷一二《道应训》,第 14a 页。而带有虫旁的"蚺"字早在《说文》中就已收录,可知成字时间亦较早。《太平寰宇记》一般都采用蚺字,髯仅出现过一次,但解释为"多髯故也",可参《太平寰宇记》卷一五九《岭南道三·韶州》,第 3a 页。

② 以上是基于笔者个人知识而论。粤语中,"髯"的字面读音为"im",大体上可对应于早期中古音中的"ɲiam",因为这里的声母"ɲ"即是普通话里的"j-",但已在粤语中消失。可参〔美〕马奕猷(Bernard F. Meyer)、西奥多·万普(Theodore F. Wempe):《学生用粤英字典》(*The Student's Cantonese Dictionary*),香港:天主真理协会,1947 年,第 151 页。书中将就"髯"拟定为"im",并将定义为"可食用的蛇"。但是,矛盾之处在于,为何"naam"的读音是从台语中借用而来,而非缅甸语。毕竟,相比于缅甸蟒,网纹蟒在中国并不多见。

③ 《新修本草》卷一六《虫鱼上·蚺蛇胆》,第 244 页。

④ 江苏医学院编:《中药大辞典》(全 3 册),香港:商务印书馆,1979 年,第 2109-2110 页。

⑤ 粟德林:《中国药物大辞典》(上下册),北京:中国医药科技出版社,1991 年。

⑥ 让·穆赫兰道(Jean Mulholland)注意到,泰国也常将网纹蟒作为药材,可参〔澳〕让·穆赫兰道(Jean Mulholland):《儿科植物医学:泰国生育医书的翻译》(*Herbal Medicine in Paediatrics: Translation of a Thai Book of Genesis*),堪培拉:澳大利亚国立大学亚洲研究系,1989 年,第 302 页。

⑦ 《淮南子》卷七《精神训》,第 14a 页。译者按,原文误作卷一二,今改。

⑧ 《说文解字》卷一三上《文一·蚺》,第 16a 页。

大蛇，既洪且长。采色驳荦，其文锦章。食豕吞鹿，腪成养创。"①不仅如此，《水经注》还提到交州土民杀蛇取肉的细节，"山夷始见蛇(吞食猎物)不动时，便以大竹签签蛇头至尾，杀而食之，以为珍异。"②《太平寰宇记》卷一七〇引《交趾记》云，"武平县有南岭(曰龙穴山)，有大蛇"。东汉永汉九年(189)始兴人袁崱过岭时，"见蛇出，腹如数十间屋状，目如车轮，黑色"。又云："蚺蛇出南方，形数丈，吞鹿率至角上，伺肉消烂乃咽。缭(即獠)人啖其膏胆，治百病。"③结合上述獠人"啖蛇治病"的记载以及《淮南子》一书的描述，可知俚獠土民对蚺蛇的食用、医用价值已有充分认知，并且也被华夏人接受。华民杀蛇医疾的最早记载，可早至公元4世纪。《晋书·颜含传》云："(含)次嫂樊氏因疾失明，含课励家人，尽心奉养，每日自尝省药馔，察问息耗，必簪屦束带。医人疏方，应须髯蛇胆，而寻求备至，无由得之，含忧叹累时。"最终，颜含孝感动天，仙人化作青衣童子以蛇胆装于囊中授于颜含，"得胆，药成，嫂病即愈"。④ 实际上，颜含得胆医嫂一事，时间上要早于《交趾记》，但是考虑到网纹蟒在华南的地理分布及其名称得来，似乎都指向了一点，即六朝初期蚺蛇医用价值的知识是由俚獠蛮民传播而来。

在早期中古文献中，一旦提及蚺蛇的栖息地时，一般都与红河谷地，或是武平、晋兴、晋安三郡有关。⑤ 而唐末宋初的相关记载，也不能超出上述地域范围。案唐人段公路所著《北户录》一书，蚺蛇胆作为唐

---

① 《水经注》卷三七《淹水》引杨孚《南裔异物志》，第1156页。案《隋书·经籍志》所云，《南裔异物志》或即《交州异物志》。

② 《水经注》卷三七《淹水》，第1156页。

③ 《太平寰宇记》卷一七〇《岭南道十四·交州》引《交趾记》，第9a页。此处的《交趾记》，疑即《交州记》。

④ 《晋书》卷八八《颜含传》，第8b页。案《资治通鉴》卷九五《晋纪十七》，晋成帝咸康四年(338)十月条，"(含)致仕二十余年，年九十三而卒"，第3024-3025页。

⑤ 《水经注》卷三七《淹水》，罗列的望海、龙渊、封溪三县，均属越南河内北部的山区，第1156页；《太平御览》卷九三四《鳞介部六·蛇》引裴渊《广州记》，第1b-2a页；《南史》卷七〇《虞愿传》，第15a-15b页。

代的一种珍贵土贡,"桂、贺、泉、广四州,轮次进焉"。① 而据《通典》所云,隋朝进献蛇胆的地区包括潮阳(今潮州)、南海(今广州)、安南(今河内)、高凉(今阳江)、海丰(今海丰)等郡。②《太平寰宇记》虽然罗列了八个出产蚺蛇胆的州,但只有峰州位于两河地域的范围内。③ 但是,同据此书,郁林州似乎也是"蚺蛇"的产地。④ 总体而言,有关蚺蛇的记载基本上局限于中国东南沿海至红河三角洲东北这一地域范围内。考虑到蚺蛇胆长期作为流行的土贡,缅甸蟒在俚獠活动区广泛分布,以及蚺蛇名称及相关的早期记载与俚獠的诸多关联等诸多因素,蟒蛇应该是山地丛林人群重要的贸易商品之一。

关于高低地的植物贸易以及华夏对俚獠植物学知识的获取,可从两河地域最古老的草木志著作中得到一些启示。6 世纪的农学专著《齐民要术》在介绍交、广两地的植物时,往往在名称前缀以"古"(早期中古音读作"kɔ")字,这实际上与原始台语中的草木数字分类法有关,而且"古"字至今仍在广西、云南两地的台语语言中广泛使用。⑤ 晋人左思的《吴都赋》中有所谓的"古度"树⑥,是为四种无花果树中的一类。⑦ 更确切地说,这一命名方式与今泰语中表示无花果树的"madeuua"

---

① 《北户录》卷一《蚺蛇牙》,第 8 页。
② 《通典》卷六《食货八·赋税》,第 34-38 页。
③ 《太平寰宇记》卷一六一《岭南道五·贺州》,第 3a 页至卷一七〇《岭南道十四·峰州》,第 11a 页。这八州分别是韶州(今广东北部),贺州、桂州(均位于广西北部),高州、邕州(今广西南宁)、峰州(位于红河平原)以及泉州(属今福建)。〔美〕薛爱华、〔美〕沃拉克(Benjamin E. Wallacker):《唐代的地方土贡》,第 226 页。文中罗列了大致相同的唐代土贡州郡清单,"蚺蛇胆"一词被译为"whiskered snake bile"。
④ 《太平寰宇记》卷一六五《岭南道九·郁林州》,第 5a 页。
⑤ 张均如编:《壮语方言研究》,第 794 页。
⑥ 《吴都赋》还将广州的一种乔木称为"枸桹",早期中古音读为"ku-lang",这里的"枸"恐怕也是类似的前缀。
⑦ 文中提到的植物今名,均参高明乾:《植物古汉图考》,郑州:大象出版社,2006 年,第 86-87 页。

非常相近。这里的"*ma*"是分类词,可代替汉语中的前缀"*kɔ*"。① 木棉(*Bombax malabaricum*)在汉语中最早被称作"古贝",早期中古音读为"*kɔ-paj^h*",②可大致对应今天大多数台语语言中的"*faai*""*phaai*"或"*waai*"等词汇。③ 早在西晋张勃编撰《吴录地理志》时,就称"交州、永昌木棉树高过屋"。但是,"古贝"一词的出现,始于《南史》的记载,"古贝者,树名也",盛产于林邑国。④ 结合"古"字这一前缀以及现代台语的相关表述,可知"古贝"应该是由原始台语引入到古汉语中,并逐渐演变为"古"+"植物名"的汉语双音节词。草棉(*Gossypium herbaceum*)在古汉语中最早被称为"古终藤"。案沈怀远《南越志》所云:"桂州丰水

---

① 《齐民要术》卷一〇《五谷果蓏菜茹非中国物产者·木绵》引《广州记》《交州记》,第 50a-50b 页。

② 复原方案可参〔加〕蒲立本:《早期中古汉语、晚期中古汉语与早期官话构拟发音的词汇》(*Lexicon of Reconstructed Pronunciation in Early Middle Chinese, Late Middle Chinese and Early Mandarin*),温哥华:英属哥伦比亚大学出版社,1991 年。《岭外代答》卷六,记作"吉贝"(早期中古音拟作"*Kjit-paj^h*"),但应该是"古贝"一词的误写,第 228 页。伯希和(Paul Pelliot)认为它应该源于古印度语的"*karpāi*"一词,而"*karpāi*"又源自更早的梵语词汇"*karpāsa*",可参〔法〕伯希和:《马可波罗寰宇记》(*Notes on Marco Polo: Ouvrage Posthume*)(全 3 卷),巴黎:国家印刷局(Impriemerie Nationale)1957 年,第 1 卷第 429-459 页。据研究,"古贝"的另一种说法是因为南洋海上丝绸之路将马来语中的"*kapas*"传入中国,而这一马来语词汇也是从梵语中借用而来,可参韩振华:《诸蕃志注补》,香港:香港大学亚洲研究中心,2000 年,第 386-394 页。就笔者个人而言,我更相信"古贝"一词是源自古印度语的"*karpāi*",因为从读音上看它比马来语的"*kapas*"更接近中古汉音中的"*paj^h*"。

③ 根据李方桂提出的复原原则,该词在原始台语中应拟音为"*fai*",引入中国以后在中古汉语中读作"*pai*"。至于轻唇音"*f-*",在本文探讨的时段内汉语中尚未充分发展。〔加〕蒲立本:《早期中古汉语、晚期中古汉语与早期官话构拟发音的词汇》,第 68-69 页。

④ 《南史》卷七八《林邑传》,第 1b 页。译者按,原文误作卷六八,今改。

县有古终藤,俚人以为布。"①其他带有类似前缀的植物,还有枸橼子②(Citrus medica),以及带有毒性的钩吻(Gelsemium elegans)。"钩吻"俗名"冶葛",在万震《南州异物志》一书中称俚人将其呼为"钩吻"草:"广州俚贼,若乡里负其家债不时还者,子弟便取冶葛,一名钩吻,数寸许,至债家门食钩吻而死,其家称怨,诬债家杀之。债家惭惧,以财物辞谢。"③

俚獠物质文化输出的另一个表现是,华民也仿照俚獠在居址周边栽种竹篱用于防御。对此,最早的记载见于淮南王刘安(前 179—前 122)写给汉武帝的书信中。信中,他劝谏武帝勿要发兵征讨闽越:"臣闻越非有城郭邑里也,处溪谷之间,篁竹之中,习于水斗,便于用舟,地深昧而多水险,中国之人不知其势阻而入其地,虽百不当其一。"④从后世文献对两河地域生活环境的描写来看,这里的土民并不只是避居天然的灌木林中,他们还在聚落周围栽种竹林以起到防御的作用。通常,土民会选用簕竹(Bambusa stenosachya)来修筑防御性的篱墙,簕竹古语中一般写作"棘竹",字面意思为"带刺的竹"。簕竹一般生长于丛林之中,竿高可达 20 余米,竿中下部各节均环生节茎,并相互交织成稠密的刺丛。尽管普通话中将其称为"棘竹",但两河地域的汉语方言中还有其他的特殊称谓,并且广泛应用于粤语及其他南方方言中。譬如,粤语中将其称作"*lezhu*"或"*lakjuk*"(即"簕竹"),这里的"*lak*(簕)"既可指代"棘竹"本身,也可用于描述簕竹的刺丛。⑤ 与蚺、古贝、古终藤一

---

① 《太平御览》卷八二〇《布帛部七·布》引《南越志》,第 6b 页。这段引文被归为《南越志》的记载,其实比较可疑,因为桂州直到 6 世纪时才有建置。所以,该段文字可能出自晚期的文献。具体可参本书第四章,注 4。
② 中古汉音作"*kəw-jwian*",而现代台语中常用"*nom*"来描述枸橼子。
③ 《太平御览》卷九九〇《药部七·冶葛》引万震《南州异物志》,第 4b - 5a 页。
④ 《汉书》卷六四上《严助传》,第 3a 页。此处"thicket"意为"灌木丛"。
⑤ 此外,还有"*lakwai*"的说法,意为"树篱",可参〔美〕马奕猷(Bernard F. Meyer)、西奥多·万普(Theodore F. Wempe):《学生用粤英字典》,第 298 - 299 页。

样,棘竹的古称也可见外来语的影响。9世纪时,唐人刘恂已注意到,南方人将竹刺称为"勒",而"勒"在早期中古音中读为"*lək*",因此很可能是今天粤语"簕"字的古语表达形式。① 在今广西的台语语言中,常用"*nam*"(桂西南地区)或"*wan*"(桂北地区)表示刺的意思,但却将竹称之为"*dok*"②。对此,罗永现将其比定为原始台语词汇中的"*drok*"。③ 因此,"勒"可能是一个原始台语借词,但引入汉语之后,词义逐渐变窄,进而专指竹的部分特征,而非棘竹本身。几个世纪以来,棘竹的用途都为时人熟知。譬如,晋人戴凯之《竹谱》一书云:"棘竹,生交州诸郡……土人破以为弓枝,节皆有刺。彼人种以为城,卒不可破。"④由此可知,土著人群习惯在小型聚落的周边围种棘竹,希望借此阻挡官军。但是,很快这一做法被华夏所仿效,并被用于大型城邑的军事防御。根据唐代文献的记载,在南恩州⑤、新州⑥、邕州⑦的州治内,都栽种了这样的防卫竹栅。而在安南都护府所在的交趾城,在都护王式的率领下,"浚壕缭栅,外植棘竹",从而筑起了长达12里的篱墙抵御蛮兵入侵。⑧ 耐人寻味的是,原来土民植竹防御官兵的习俗,又反过来被汉人效仿用于抵挡蛮兵。

---

① 《岭表录异》卷中《簕竹笋》,"簕竹笋,其竹枝上刺,南人呼为刺勒",第10页。"勒"本义为"缰绳",但此处显然是取其读音。

② 张均如编:《壮语方言研究》,第633页。

③ 罗永现:《原始台语同源词补证》(Expanding the Proto-Tai Lexicon-A Supplement to Li),《孟高棉语研究》(*Mon-Khmer Studies*)1997年第27辑,第293页。

④ 《竹谱》卷一《棘竹》,第4a页。

⑤ 《舆地纪胜》卷九八《广南东路·南恩州·诗》,第3a页。南恩州即今天的广东恩平市。

⑥ 《岭外代答》卷八《器用门·竹》,第296-297页。新州即今广东新兴县。

⑦ 《岭表录异》卷中《簕竹笋》,第10页。邕州即今广西南宁市。

⑧ 《新唐书》卷一六七《王式传》,第9b页。

八、贸易对俚獠社会的影响

俚獠生活于两河地域,可谓幸运之至,因为这里盛产珍宝土产,素来为华夏所觊觎。俚獠豪酋因逢盛世,在长达几个世纪中间,华夏王朝国力虚弱,无法通过武力将其降服。这期间,俚獠人群将土产与华民交换盐铁铜矿,并与华夏建立结盟关系,以换取其临时除授的地方官职。对于俚獠豪酋而言,这样的结盟能带来两大好处:其一,提升其政治地位,巩固其对部众的支配;其二,获得华夏的官方认同,以此建立合法的统治秩序。而后者无疑会大大降低华夏入侵俚獠领地的可能性。贯穿整个六朝时代,俚獠虽与华夏保持密切的贸易往来,但似乎并未由此让俚獠酋帅主动归附,或是融入华夏文明。对于华夏官吏而言,铜鼓是野蛮的象征,但对占有大量财富的俚獠酋帅来说,它却是合法统治与权力地位的标志。对于毗邻广州、地处俚獠活动区东端的蛮民而言,虽然这里远离铜矿产地,但他们依然向往俚獠铜鼓酋帅的生活,故选择将交换而来的铜币熔为铜料,以铸造梦寐以求的铜鼓。对于广州的华夏都市生活,他们表现得兴味索然。除了交换铜铁以铸造铜鼓与兵器外,蛮洞酋长势必希望被广大的部众认可为政治独立、威望无比的渠帅。那么,反过来,为了获取更大的领地和更多的人口,受此刺激的蛮洞酋帅不可避免地彼此兼并征战,目的是为华夏提供所需的金、银、生口及其他土贡。对于华夏来说,土著酋帅能够提供的贸易物资越多,它与华夏之间的结盟价值就越大,它在部落中的支配权力也越巩固。同华夏的贸易往来与政治结盟,引发了俚獠社会一系列的变化。因为,内部竞争与征伐导致了俚獠酋帅权力的壮大,使其从原来林立的蛮洞组织演变为跨据诸洞的部落联盟政治体。最终,形成了7世纪强大的地方割据家族。

第七章　最后的铜鼓酋帅：
俚獠地方家族的兴衰

正如前述章节所示,两河地域铜鼓文化的兴起与其所处的地理位置、贸易活动的开展及夷夏之间的往来互动存在紧密的关联。俚獠酋帅与华夏政权的特殊关系,使其在积累财富的同时,却依然保持着对地方社会的强力支配。而铜鼓文化传统的衰落,则与俚獠独立政治体结构的瓦解息息相关。《隋书》卷八二《南蛮列传》对其进行了精彩的概括:

> 南蛮杂类,与华人错居,曰蜒,曰狼,曰俚,曰獠,曰𪏆,俱无君长,随山洞而居,古先所谓百越是也。其俗断发文身,好相攻讨,浸以微弱,稍属于中国,皆列为郡县,同之齐人,不复详载。大业中,南荒朝贡者十余国,其事迹多湮灭而无闻。①

由于《隋书》成书于唐贞观十年(636),那么这段文字描述的应是7世纪上半叶的情形。如果将这一时期俚獠社会的面貌与6世纪初的情形进行对照,不难发现俚獠酋帅的统治力出现了显著下滑。俚獠在《隋书》中的"湮灭无闻",是典型的汉文史书叙事——非汉族群接受中央王朝统属,在与其日益频繁的接触过程中,不可避免地走向"文化融合"(即"华夏化"),而他们的身份也从族类明确的化外人群转变为普通的编户齐民。

---

① 《隋书》卷八二《南蛮列传》,第1a页。

第七章 最后的铜鼓酋帅：俚獠地方家族的兴衰 179

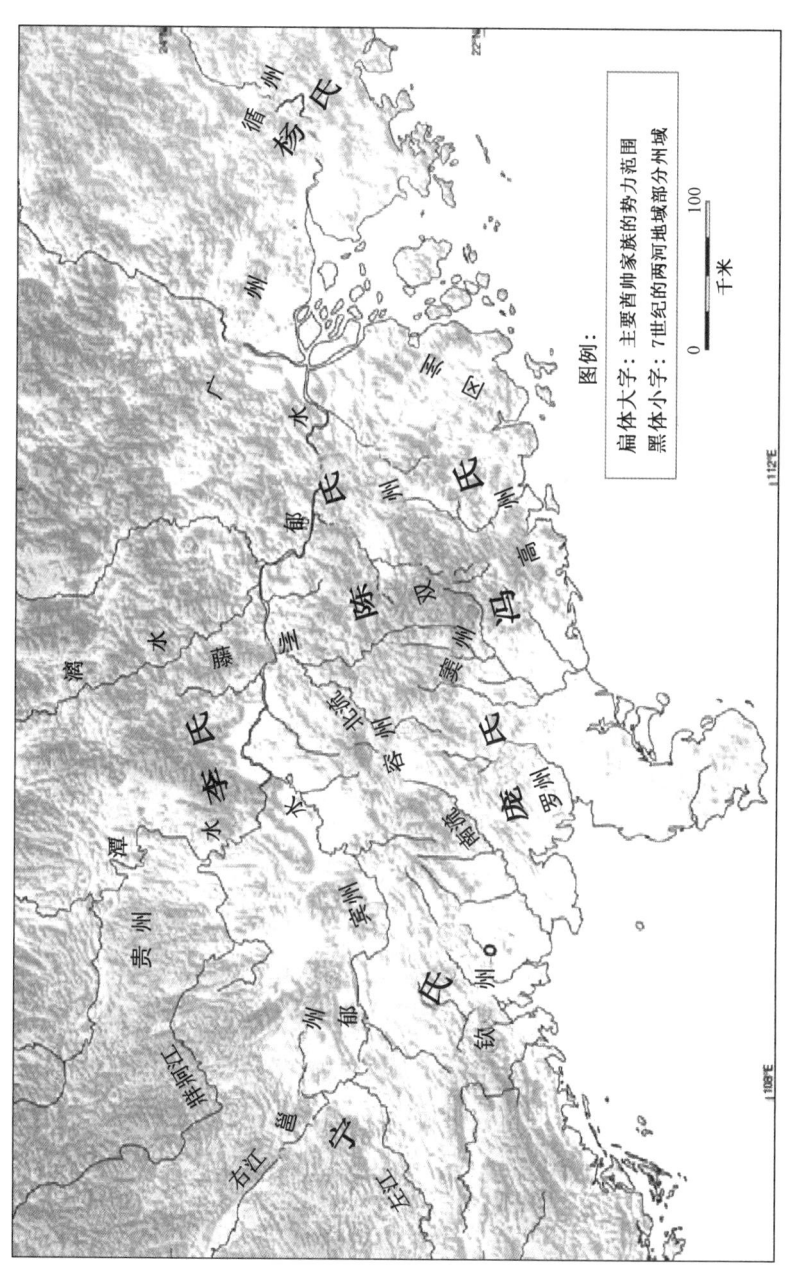

图 7-1 公元 7 世纪两河地域主要的酋帅家族

虽然这是汉唐千余年间俚獠与华夏长期互动的必然结果,但是就3至8世纪的"短期"历史而言,似乎呈现出来的是逆华夏化的趋势。《隋书》宣称两河地域的土著人群已是强弩之末,但是这一结论下得似乎过于仓促,因为在随后的7世纪,土著政治体重新掀起了剧烈的自立运动。薛爱华这样总结当时的土著人群叛乱:

> 七世纪时,土著人群对唐朝的反抗主要集中在容管和邕管地区,特别是广州与河内之间的滨海郡县。其中,冯氏、宁氏部落的反应最为激烈,时常威胁到南越境内的交通要道。①

两河地域的俚獠仍是大唐需要正视的敌人,就其控制的地域范围而言,这一时期他们的政治结构与此前几个世纪差异巨大。此前,他们主要以散落林立的蛮"洞"形式存在,作为一股微不足道的政治势力,这些蛮洞酋帅的姓名大多湮没无闻。入唐以后,俚獠政治体不再表现为散居山海、星星点点的溪洞。相反,这一时期的政治权力往往把持在有限的几个地方大姓手中,比如冯氏、宁氏。出自这些大姓家族的酋帅由此构成了两河地域的新兴统治阶层。他们一般都采用华夏姓氏,地方权力在家族内部代代相承。尽管他们仍然按照旧俗统治部众,但与此同时他们也与朝廷保持密切联系。在这些地方家族的主导之下,两地地域形成了更大规模的俚獠联盟政治体,并可视为南朝长期推行相关政策的结果。在这一政策之下,俚獠酋帅受到朝廷鼓动,与之展开贸易交往,建立政治合作。从表面上来看,这些俚獠大姓豪酋与其他地方大族并无显著不同,比如他们也接受朝廷册封的官爵名号,好像完全符合史传中华夏文明教化番邦的程式化叙事。不过,如果将目光转向俚獠的外部叙事,两河地域的统治家族并不总是被塑造成文明族群。相反,他们常常被贴上"蛮""俚""獠"这样的族类标签。与隋唐其他地方的豪族

---

① 〔美〕薛爱华:《朱雀:唐代的南方意象》,第69页。

第七章 最后的铜鼓酋帅:俚獠地方家族的兴衰

右姓相同,两河地域的土著豪酋也投身于朝廷的军事行动,享受朝廷赐予的官爵封号,但是对于华夏史书的书写者而言,他们身上的"华夏"特征显然要比交、广二州的地方官员淡薄得多,当然这背后很难说史官完全摈弃了个人偏见。针对俚獠豪族大姓生活方式的描述,显示他们当中有些人群占有铜鼓,控制规模不小的武装,而且依然像土著酋帅一样在其领地内支配着大量部众。从这一视角来看,他们似乎是传统俚獠酋帅阶层的延续,而他们担任的州牧郡守之职是与隋唐政治结盟的结果,并不是来自朝廷的正常官职除授。他们是被羁抚的政治阶层,依靠个人在部落内部的强大威望,实现了对其领地政治权力的垄断。尽管朝廷赐予的官爵名号使其获得了朝廷认可的统治合法性,但归根结底,他们的合法性来自自身的土著酋帅身份。正是因为扎根于地方、依托身后势力的支持,他们的统治根基才得以稳固,也使其在隋唐朝廷看来具备缔结盟约的价值。

由于其所扮演的双重角色,他们有时会被冠以"蛮酋""俚帅"的标签,有时又会系以华夏的官职,但他们保持着高度的政治自立性,与王朝任命的州牧刺守存在显著不同。尽管有些豪酋会选择接受朝廷的安排,但亦有不少选择对抗官府、攻没州县,此外还有一些则在两种选择之间不断摇摆。他们之所以值得特别关注,存在以下两点原因:一、他们是两河地域最后活跃的、最有权势的地方大族;二、他们的族群身份模棱两可,挑战了"非汉即蛮"的认知,有助于破除现代民族史书写中对不同民族进行严格历史划分的藩篱。

本章将会对 6 至 8 世纪郁水以南兴起的三个主要地方家族进行概述,钩沉这些薛爱华口中"部落"豪族的兴衰演替进程。具体来说,这三个颇有影响力的地方家族分别是活跃于广州西南至海南岛滨海内陆地带的冯氏、控制北部湾沿岸北至雷州半岛西部山地的宁氏、盘踞在郁水南岸地区的陈氏。当然,在行文之中,也会对其他次等地方家族有所关注,如控制地域不及前述三大家族的庞氏、李氏、杨氏等。

一、汉,还是蛮?

汉文学术界在对这些地方家族,或者延伸开来对南方民族史展开探讨时,通常假定汉、蛮之间存在天然的界限,似乎这是基于实实在在的血统而进行的定义。他们主张唐代史料中将俚獠统治阶层界定为"俚"或"獠"的做法,实际上陷入了族类识别的误区。本质上看,这群地方酋豪仍是汉人,但因为长期生活在俚獠的领地,因而裹挟了俚獠的文化要素,或者说是蛮人的习性。①

在这一研究模式下,存在三个根本性的问题。第一,误认为历史上汉蛮之间的界限天然存在,并且静止不变。"汉(族)"的概念本身很少在六朝隋唐的史料中使用,否则容易产生时空倒置。正如第三章所述,采用"蛮""俚""獠"的族称,只是为了区分两河地域不同的地域人群,对于华夏史书的书写者而言,彼此间的人群差异肉眼可见。当然,这种差异并不仅仅停留于行为习惯的层面,也体现在政治身份、活动地域等方面。一旦书写者无法识别出差异,他们往往会停止使用这类族称。但是,由于书写者奉为圭臬的文化、政治标准也因时而异,因此在不同时代的史家笔下,同一地域的人群形象也会相去悬殊。而且,华夷之间的分别也并非一成不变,这一点可从各种文献中对两河地域地方大族的叙述中窥知一二。在描述同一家族不同人员的姓名时,不同书写中表现出了相当程度的不一致性,而同一家族某个特定人物的名讳,也会因其所处人生阶段的不同而因时而变。第二,对于蛮酋自称的北方籍贯或汉人家族出身,不加分辨地全盘接受。研究证明,两河地域自称大族

---

① 廖幼华:《历史地理学的应用:岭南地区早期发展之探讨》,文中将其称为"蛮化汉人",第 253—258 页;郑超雄、覃芳:《壮族历史文化的考古学研究》,将宁氏家族称为"高度越人化的汉人",第 480 页。

出身者，不少都是后世的攀附，目的是遮蔽其蛮族血统。[①] 这一点，在下文陈氏家族的讨论中将会详细展开。陈氏自称族出中原，但直到15世纪前，并无任何早期文献的支撑。第三，过于强调地方大族的父系传递，而忽略了母系血亲的重要作用。汉文文献中很少关注母系血统，因此会忽视地方家族第一代崛起过程中母系血亲所扮演的一半的角色，到了第二代很可能会屏蔽掉四分之三，以此类推。不过，冯氏家族是一个特例，因为其母系血统中涌现了冼夫人这样威名赫赫的人物。如果冯氏被华夏视为"蛮化汉人"，这背后已经预设一个结论，即在冯氏的身份标签中，父系一支所起的作用远较母系的俚獠血统更为举足轻重。然而，就冯氏在其领地的影响和地位而言，显然其政治权威更多的来源于冼夫人俚獠大首领的身份，而与其所谓北燕后裔的关联较弱。

下文探讨的三个地方大族，彼此出身各不相同：冯氏通过与地方酋帅（冼氏）的政治联姻崛起；宁氏是北方出身，但逐渐成长为地方豪族；陈氏则很可能是土生土长的地方土著。尽管各自的出身不同，但三个家族都表现出了如下共性：他们的崛起之路，来自其与华夏朝廷、地方酋帅长达几个世纪的互动；他们均与占有铜鼓的蛮洞酋帅及土著部众保持紧密联系，甚至这些家族中仍有不少成员仍然过着洞蛮的生活；他们有时也会在隋唐宫廷中扮演"忠臣"的角色，比如应诏参与讨伐高丽、新罗，或是两河周边地域的军事行动，而作为回报，他们会被赐予官爵名号。在与隋唐长期的互动中，这些地方家族走向文化融合，导致其与

[①] 明代广东人常常自称籍出北方，以标榜自己的民族身份，可参科大卫（David Faure）：《粤人的形成：明代的转型》（Becoming Cantonese, the Ming Dynasty Transition），载科大卫、刘陶陶编：《统一与多元：中国的地方文化与身份认同》（Unity and Diversity-Local Cultures and Identities in China），香港：香港大学出版社，1996年，第37-50页；关于广西岑氏民族虚构的相关研究，可参粟冠昌：《广西土官民族成分再探》，《学术论坛》1981年第2期，第83-86页；关于广西韦氏（一般被官方划为壮族）冒称韩信之后，可参郑超雄、覃芳：《壮族历史文化的考古学研究》，第481页。

地方社会逐渐脱离,并最终结束了其对俚獠领地的强力支配。

二、高州冯氏

高州冯氏是整个郁水以南地区最有势力的家族。这主要是与其家族中的女性酋长——冼夫人有关。在前近代的中国史书中,"谯国夫人"①冼氏长期都被奉为赤胆忠臣,而在近代以来的民族史书写中,冼氏也因教导部民归附朝廷②、维护国家安定团结,而被尊为古代少数民族首领的典范。③ 关于冼夫人与冯氏家族的出身,英文学术界已有充分的探讨。④ 因此,下文将主要围绕冼夫人的俚獠血统以及这一血统如何对冼氏后人产生影响等问题展开叙述。案《隋书·冼夫人传》的记载,冼氏"世为南越首领,跨据山洞,部落十余万家"。在冼夫人的苦心经营之下,"海南、儋耳归附者千余洞"。⑤ 据此可知,冼夫人的权力来源于她的俚獠土豪家族出身,而非华夏王朝的官职除授。

---

① "谯国"的地名,今安徽、河南皆有。冼夫人之夫冯宝也曾被封过"谯国公",但冯宝与北方谯国之间的关系并不清楚。
② 译者按,冼夫人卒于隋时,原文作"归附大唐",显然有误。
③ 〔澳〕韦杰夫:《冼夫人与六世纪中国的南方扩张》,第139-140页。韦杰夫此文在英语学术界各种有关冼夫人的研究中间,最为翔实全面。而在汉文学术界,最有代表性的研究则是王兴瑞:《冼夫人与冯氏家族——隋唐间广东南部地区社会历史的初步研究》,北京:中华书局,1984年。
④ 可参〔澳〕韦杰夫:《冼夫人与六世纪中国的南方扩张》一文;关于冼氏后人在海南岛的活动,可参贺喜:《与古不同:土著征服传说与华南宗族社会的形成》(The Past Tells It Differently: The Myth of Nation Subjugation in the Creation of Lineage Society in South China),载科大卫(David Faure)、何翠萍(Ho Ts'ui P'ing)编:《从酋帅到先民:帝国扩张与华南地方社会》(Chieftains into Ancestors: Imperial Expansion and Indigenous Soicety in South China),温哥华:英属哥伦比亚大学出版社,2013年,第138-170页。
⑤ 《隋书》卷八〇《列女传·谯国夫人》,第4a页;据韦杰夫:《冼夫人与六世纪中国的南方扩张》一文,海南、儋耳可泛指岭南,并不是狭义的海南岛。

冼夫人出身于高凉冼氏,《新唐书·冯盎传》称其为"越大姓冼氏女"。① 随后,她与梁罗州刺史冯融之子、陈高凉太守冯宝通婚。此处的"罗州",建置于梁大同年间(535—546)。通过与陈、隋、唐三朝不断的联姻结盟,冼夫人及其后人冯仆、冯盎一系受到了华夏的丰厚赐赠,而且控制的领地也由此不断扩大。对于华夏而言,则可借助冯氏家族的政治势力,维系郁水以南、广州西南滨海地区的局势稳定,而无需卷入这一地区庞大人群的军事冲突之中。

　　终冼夫人(约512—约602)一生,她与族人因识时务,而被华夏王朝不断授予更高的官职,所控制的领地也不断扩大。最初,冯氏直接支配的地区仅有高州一带,但朝廷为表彰冼夫人的忠贞,而将雷州半岛北端罗州的控制权赐授冯氏子孙。隋开皇十年(590),②冼夫人之子冯仆被追赠为崖州(位于海南岛)总管,③而冯氏家族的一支由此发展为海南岛上的地方割据力量,并绵延了近两个世纪之久。④ 冼夫人之子冯仆在陈世起家为"阳春郡守",二孙冯盎⑤、冯暄⑥则在隋初官拜高州、罗州刺史。关于冼夫人对珠江流域其他地方酋帅影响的具体枝节,详载于《隋书·冼夫人传》,班班可考。隋开皇十年(590),番禺俚帅王仲宣起兵叛隋,冼夫人"遣孙(冯)盎出讨",又进兵至南海,"共败仲宣"。随后,"夫人亲被甲,乘介马,张锦伞,领彀骑,卫诏使裴矩巡抚诸州,其苍梧首领陈坦、冈州冯岑翁、梁化邓马头、藤州李光略、罗州庞靖等皆来

---

① 《新唐书》卷一一〇《诸夷蕃将传·冯盎》,第1a页。
② 译者按,时间似乎有误,应是隋仁寿元年,601。
③ 《资治通鉴》卷一七七《隋纪一》,隋文帝开皇十年(590)十一月条,第5534页。
④ 王兴瑞:《冼夫人与冯氏家族——隋唐间广东南部地区社会历史的初步研究》,第53—54页。
⑤ 《资治通鉴》卷一七七《隋纪一》,隋文帝开皇十年(590)十一月条,第5533页。
⑥ 《隋书》卷六八《何稠传》,第10a页。

参谒。(夫人)还令统其部落,岭表遂定"。① 通过文中"部落"一词的描述,可知陈坦等人应是洞蛮酋帅,并非隋朝官吏。

冼夫人之孙冯盎是一位引人关注的历史人物,而正史中有关他的记载也较冯氏家族的其他成员更为丰富。冯盎传记的相关细节足以显示,他的身份似乎介于蛮汉之间,十分模糊。这一点,同样也适用于散见史料的两河地域其他地方家族。隋仁寿(601—605)初,"盎为宋康(今广东阳江)令",俨然是一副普通地方官员的形象。此时,"潮、成等五州獠叛",冯盎驰诣京师,请师征讨,"即诏盎发江、岭兵击贼,平之,拜汉阳太守"。汉阳位于今湖北武汉,远离冯氏的势力范围。② 数年后,冯盎又从隋炀帝远征辽东,"迁左武卫大将军"。从冯盎所任的官职及其活动来看,他似乎与其他的隋朝地方官吏相差无几,但在他人看来却并非如此。当隋文帝有意派遣冯盎平讨獠乱时,左仆射杨素曾与冯盎"论贼形势",因奇其论而惊叹道:"不意蛮夷中乃生是人。"③ 杨素之叹并非完全出于对南人的偏见。事实上,虽然冯盎已官至汉阳太守,但当隋末大乱时,冯盎一旦回归到两河地域,其身份依然是地方酋长,④ 故《新唐书》云:"隋亡,(盎)奔还岭表,啸署酋领,有众五万。"⑤

与祖母冼夫人一样,冯盎也选择向华夏政权妥协,并不刻意追求政治上的独立。唐武德元年(618)夏四月,当时唐朝在长安的势力未稳,

---

① 《隋书》卷八〇《列女传·谯国夫人》,第 6b 页。冼夫人晓喻的五位地方首领分别是苍梧陈坦、冈州冯岑翁(可能是冯氏族人)、梁化(位于今香港与广州之间)邓马头、藤州李光略、罗州庞靖。这里提到的五个姓氏,有些很重要,本章下文将会具体展开。

② 《新唐书》卷一一〇《诸夷蕃将传·冯盎》,第 1a-1b 页;《资治通鉴》卷一七九《隋纪三》,隋文帝仁寿元年(601)十一月条,第 5589 页。成州的治所位于郁水沿岸,即今广东封开县。

③ 《新唐书》卷一一〇《诸夷蕃将传·冯盎》,第 1a 页;《资治通鉴》卷一七九《隋纪三》,隋文帝仁寿元年(601)十一月条,第 5589 页。

④ 《资治通鉴》卷一七九《隋纪三》,隋文帝仁寿元年(601)十一月条,第 5589 页。

⑤ 《新唐书》卷一一〇《诸夷蕃将传·冯盎》,第 1a 页。

第七章 最后的铜鼓酋帅：俚獠地方家族的兴衰

汉阳太守冯盎便"以苍梧、高凉、珠崖、番禺之地附于林士弘",而鄱阳林士弘是隋末大乱中割据南方的一支重要势力,同样有望代隋建立新的王朝。① 不过,冯盎在归降林士弘后不久就表现出了犹疑。据载,武德三年(620),受林士弘节度的番禺、新兴贼帅高法澄、冼宝彻袭杀隋官。

> 盎率兵破之。宝彻兄子曰智臣,复聚兵拒战,盎进讨,兵始合,辄释胄大呼曰:"若等识我耶?"众委戈,袒而拜,贼遂溃……贼遂溃,擒宝彻、智臣等,遂有番禺、苍梧、朱崖地,自号总管。②

在隋亡唐兴的乱世之中,尚未站稳脚跟的唐朝不足以对岭南的政局施加影响,冯盎成了地方实际上的割据统治者。此时,熟悉两河地域政治传统的谋臣向冯盎积极献策,劝其自立名位。他的说辞如下:

> 隋季崩荡,海内震骚,唐虽应运,而风教未孚,岭越无所系属。公克平二十州,地数千里,名位未正,请南越王号。③

不过,冯盎并未采纳,并称:

> 吾居越五世矣,牧伯惟我一姓,子女玉帛吾有也,人生富贵,如

---

① 《资治通鉴》卷一八五《唐纪一》,唐高祖武德元年(618)四月辛丑条,第5790页。
② 《资治通鉴》卷一八八《唐纪五》,唐高祖武德三年(620)十二月,第5899—5900页;《新唐书》卷一一〇《诸夷蕃将传·冯盎》,第1b页。尽管文献中并未明确记载冼宝彻及冼智臣与冯盎的亲属关系,但几乎可以肯定的是,二人应是冼夫人的族人。智臣的姓氏文中未载,但因为他是冼宝彻"兄子",所以也应该是出自冼氏。
③ 《新唐书》卷一一〇《诸夷蕃将传·冯盎》,第1b页。

我希矣。常恐忝先业,尚自王哉?①

尽管冯盎并未效法秦将赵佗的做法,建立独立政权,但他却是两河地域最后一位选择向大唐献土称臣的土著领袖。史载,武德五年(622)七月,冯盎"以南越之众降",唐高祖将其地析为高、罗、春、白、崖、儋、林、振八州,"授盎上柱国、高州总管",②仍封其为吴国公,不久改封越国公。③此外,又拜冯盎二子智戴、智彧为春州(今广东阳春)、东合州(治今广东雷州,控制雷州半岛大部)刺史。④唐朝对冯盎的官职除授及爵号赐予,可视为南朝以来所奉行的羁縻绥抚政策的延续,即授予土著地方家族以官爵名号,承认其对势力范围内的权力合法性。但是,冯盎又与两河地域此前的地方豪酋有所不同,在脱离俚僚故地的仕宦生涯中,他以大唐官员、军将的身份为朝廷效命。通过与朝廷的合作,冯盎及其家族成员获得了对两河地域更大范围内的领土控制权,北起广州、西至合浦、南抵海南的广大地域都归其统辖。

经历几年短暂的平静之后,冯盎对大唐的忠诚开始受到质疑。据载,贞观(627—650)初年,有人密告冯盎谋叛,唐太宗于是将右武卫将军蔺暮诏至身前,打算令其率领江淮精卒南征。不过,魏征及时劝阻,认为天下初定、国力未复,不宜因蛮夷动乱而大动干戈,而且冯盎反状不显,不如"怀之以德"。太宗听后罢兵,并命人南下招抚,冯盎于是遣其子智戴入朝。⑤通过这样的方式,冯智戴被授以朝官,成为大唐的人质,由此可以掣肘冯盎。于隋朝而言,冯盎是值得信赖的官员、军将。

---

① 《新唐书》卷一一〇《诸夷蕃将传·冯盎》,第1b页。
② 《新唐书》卷一一〇《诸夷蕃将传·冯盎》,第1b页。其中,高、罗、春、白四州位于广州西南沿海,崖、儋、林、振四州均位于海南岛。
③ 译者按,此据《旧唐书》卷一〇九《冯盎传》,《新唐书》载其先封"越国公",后徙封耿,《资治通鉴》仅云"封耿国公"。
④ 《新唐书》卷一一〇《诸夷蕃将传·冯盎》,第1a页。
⑤ 《新唐书》卷一一〇《诸夷蕃将传·冯盎》,第1b-2a页。

第七章　最后的铜鼓酋帅：俚獠地方家族的兴衰　189

在隋末唐初的乱世中，冯盎逃归到地方社会，支配着一支规模可观的私人武装。因此，唐朝需要借重冯盎的威望，实现对两河地域的和平统治。唐朝立国不久，权力根基未稳，取得冯盎这样的地方实力派的支持，无疑是必要的权宜之计。魏征之所以谏阻唐太宗发兵南下，背后的原因至少有两点：其一，冯盎叛唐之说系出谣言，难以证实；其二，大唐国力尚未恢复，武力平乱只怕会胜负难料。[①]

按照薛爱华的说法，冯盎"取得了再次向唐廷效忠的机会"。[②] 贞观五年（631），罗、窦二州洞獠反叛，冯盎被派去平乱。事实证明，相对于唐朝朝廷，冯盎宣示忠心的举动对其个人来说意义和回报更大。对此，《资治通鉴》卷一九三记载：

> 是岁（贞观五年，631），高州总管冯盎入朝。未几，罗窦诸洞獠反。敕盎帅部落二万，为诸军前锋。獠数万人，屯据险要，诸军不得进。盎持弩谓左右曰："尽吾此矢，足知胜负矣。"连发七矢，中七人。獠皆走，因纵兵乘之，斩首千余级。上美其功，前后赏赐，不可胜数。[③]

当冯盎率军征讨罗、窦诸洞的同时，其实他也是借助大唐的名义肃清两河地域潜在的敌对势力，并将其个人的权力触角进一步向西延伸。在此过程中，他还能获得大唐丰厚的赏赐。[④]

案《新唐书》所云："盎善为治，阅簿最，擿奸伏，得民欢心。"[⑤] 从正

[①]　《新唐书》卷一一〇《诸夷蕃将传·冯盎》，第1b-2a页；《资治通鉴》卷一九二《唐纪八》，唐太宗贞观元年（627）九月辛未条，第6038-6039页。

[②]　〔美〕薛爱华：《朱雀：唐代的南方意象》，第62页。

[③]　《资治通鉴》卷一九三《唐纪九》，唐太宗贞观五年（631）条下，第6092页。

[④]　对于冯盎来说，平讨罗、窦獠洞实有战略考量。为控制合浦地方，冯氏、宁氏两大家族存在领土竞争。冯盎的另一位兄长冯暄也与控制雷州半岛以西地区的宁氏家族成员战争不断。

[⑤]　《新唐书》卷一一〇《诸夷蕃将传·冯盎》，第2a页。

史中对冯盎善治形象的正面记载中不难看出,他亦被大唐政府视为忠仆循吏。但是,另一方面,对于冯盎生活方式的叙述,似乎又表明他和大唐的关系只是服务于其个人的政治目的。与冼夫人及其他更早的俚獠酋帅相同,冯盎决意与隋唐展开合作。这一做法不仅不会导致他个人及其家族地方权力的丧失,反而会巩固并扩大其政治势力。在冯盎实际控制的地域,他更像独霸一方的王,而不是郡县的长吏。据载,冯盎拥兵数千,"所居地方二千里,奴婢万余人,珍货充积"。① 料想冯盎应该妻妾成群,因为终其一生他育子多达三十人。② 从普通部众对冯盎的崇敬之情以及其他地方叛蛮睹其面目则纷纷归降的情形看,冯盎作为强大的地方大酋帅在两河地域内拥有巨大的威望。回归到地方社会,冯盎身负的官职不过是仪式性的符号,他对部众的支配权显然与大唐其他的州牧郡守的权力来源不同。正是基于以上原因,在多年效命隋朝后,冯盎仍常被视为"酋长""渠帅",甚至在宫廷之内左仆射杨素还将其目之为"南蛮"。很重要的一点是,冯盎的背景出身反映在了他的传记中,《新唐书》将其与其他非汉民族将帅都列入了"诸夷蕃将传"中。

冯盎的诸子中,最著名的则属冯智戴,他也得到了《新唐书》编纂者的正面评价,称其"勇而有谋,能抚众,得士死力,酋帅皆乐属之"。③ 从"酋帅"的用词来判断,冯智戴身后依托的势力依然是俚獠土著。早年生涯中,冯智戴长期在隋都洛阳入侍,史载其"尝随父至洛阳,统本部锐兵宿卫"。大业十四年(618),隋炀帝在江都之变中被弑,冯智戴匆忙之下引部兵离都南归。然而,当时局势已然大乱,"时盗贼多,岭峤路绝",

---

① 《旧唐书》卷一〇九《冯盎传》,第1b页。唐代的一里大约相当于今天的三分之一公里。

② 《新唐书》卷一一〇《诸夷蕃将传·冯盎》,第2a页。

③ 《新唐书》卷一一〇《诸夷蕃将传·冯盎》,第2a页。下文中提及的冯智戴也出自这段文献。

智戴且战且退,历经艰辛才辗转抵达高源(今广东信宜市),①并被俚帅胁迫为谋主,"会盎至,智戴得与盎俱去"。此处的高源关,地理位置十分重要,因为它处于罗、窦诸洞的势力范围内,亦即贞观五年(631)冯盎受命征讨的地方。由于图谋反抗冯智戴的部分俚帅中,有些曾是扈从其至洛阳的人员。因此,有可能后来冯盎主动请缨讨平罗、窦叛蛮,并不单纯地因为他们起兵对抗大唐,恐怕还有这些地方势力背叛了冯氏家族的考量。最终,冯盎成功击溃罗、窦诸洞,斩首千余级,征服了地方上的俚獠反对势力。随后,冯智戴与其父冯盎一同入朝,面见了唐太宗:

> (智戴)后入朝,帝劳赐加等,授卫尉少卿。闻其善兵,指云问曰:"下有贼,今可击乎?"对曰:"云状如树,方辰在金,金利木柔,击之胜。"帝奇其对。累迁左武卫将军。卒,赠洪州都督。②

然而,尽管冯智戴与唐廷关系紧密,并屡立战功,但他的传记也与其父冯盎一样,亦被列入《新唐书·诸夷蕃将传》③中。

冯盎效命大唐的三十年,正是冯氏家族势力臻至顶峰的时期,这既表现于朝廷之内,也反映在地方社会。贞观二十三年(649),冯盎死后一年,④冯氏家族不可撼动的霸主地位开始松动,因为唐廷将高州都督

---

① 《大明一统志》卷八一,第 21a 页;《读史方舆纪要》卷一〇四,第 4297 页。两书均记载高源位于信宜东北。高要关之地在信宜县治以西一百里,因此冯智戴的大部队是从西北面返回高州的,而且很可能取道灵渠水路。

② 《新唐书》卷一一〇《诸夷蕃将传·冯盎》,第 2a 页。洪州位于今天的江西(南昌)。

③ 译者按,原文称"诸夷蕃将传"被列入了《新唐书》最后几章,但实际却是《新唐书》卷一一〇,而全书共有 225 卷,可知其为误识。

④ 译者按,冯盎卒于贞观二十年,即 646 年,可知是死后三年。

府的辖地分为高、恩、潘三州。① 在研究冼氏与冯氏家族时,王兴瑞指出,唐朝析置高州之举,意在分散削弱冯家的力量。② 大概,冯盎在世时,朝廷不会冒此风险。不过,冯盎之子智戣、智玳(戴)及犹子子猷被分别授任高、恩、潘三州刺史,所以尽管高州一分为三,但至少在官方的层面,这些地方的控制权仍掌握在冯氏家族成员手中。除了智戣、智戴、智彧外,冯盎诸子中留下姓名的还有智玑、智式二人,③而这五人中有一人还娶唐礼部尚书许敬宗之女为妻,但具体是哪一子则不可详考。④ 武则天圣历(697—700)年间,冯盎之孙君衡去世时,冯家遭遇巨大变故,这也导致高州的控制权彻底从冯氏家族手中流失。冯君衡的幼子被送往长安,净身为太监,改换了姓名,这就是后来玄宗朝的著名宠臣高力士。⑤

从冯氏成员在朝廷的活动来看,他们似乎是隋唐的忠仆。历经7世纪的百年洗礼,他们已完全融入隋唐的官僚与军事体系之中,不再被其他官员视为蛮民,这也意味着他们可以与士族通婚,面见天子,宿卫宫禁。不过,在这一华夏化的过程中,冯氏的主要族支似乎逐渐丧失了特权地位,对其故地的影响也基本消散。及至8世纪初,大唐不再需要借助冯氏的势力来控制两河地域。相反,冯氏家族的其他支系则显得与众不同,他们对广州西南俚獠领地的影响依然不可小觑。晚至8世纪下半叶,冯氏的支系成员仍以地方酋帅的身份活动于广州西南地区,而他们对海南岛的控制时间更为漫长。但是,作为一个地方家族,冯氏的权

---

① 王兴瑞:《冼夫人与冯氏家族——隋唐间广东南部地区社会历史的初步研究》,第 51 页。

② 《张燕公集》卷二二,第 234 页。此处,冯子猷被记为冯盎的三子之一,而且"猷"被写作了同音字"游"。

③ 冯智玑、冯智式两人的名字,见于王兴瑞:《冼夫人与冯氏家族——隋唐间广东南部地区社会历史的初步研究》,第 51 页。但是,王兴瑞并未给出文献出处。

④ 《新唐书》卷二二三上《奸臣传·许敬宗》,第 1b 页。

⑤ 高力士的传记参见《旧唐书》卷一八四《宦者传·高力士》,第 3a-4b 页;《新唐书》卷二〇七《宦者传上·高力士》,第 2a-3b 页。关于冯君衡的事迹,主要参考一方唐碑,碑文详见《张燕公集》卷一六,第 169-170 页。

力威望远远不及冼夫人与冯盎的时代,其所支配的地域也大为收缩。

尽管冯氏的主要族支不断卷入唐朝的政治,整个7世纪期间,冯氏家族的成员中仍有不少继续扮演广州西南地方酋帅的角色。冯士翙、冯子猷的事迹告诉我们,他们的身份仍是蛮洞的渠帅。冯士翙隋时曾任冈州刺史,①冈州位于今天的广州与澳门之间,他于唐武德六年(623)七月据新会之地反唐。冯士翙与冯盎之间的亲属关系无考,但在《隋书·谯国夫人传》中记载了四十年前南陈时期冈州的地方首领名为"冯岑翁",②这似乎暗示冯士翙可能出自冯氏的别支,并以冈州为根据地。虽然冯士翙的反叛被唐广州刺史刘感镇压,但很快又被大唐官复原职。③ 冯士翙叛唐却能迅速复位,表明在唐朝看来,冯士翙一支在冈州的势力盘根错节,撤去冯士翙冈州刺史之职的做法或许阻力太大,而且可能也不妥当,所以有必要与其达成和解。

冯盎之侄冯子猷大约活跃于7世纪中后期。虽然冯氏家族投身于唐朝的时间由来已久,冯子猷本人也被朝廷除授潘州刺史,但毫无疑问他的身份更多时候是俚帅酋长,而非大唐的官吏。关于他的生平事迹,《新唐书·冯子猷传》具载如下:

> 盎族人子猷,以豪侠闻。贞观中,入朝,载金一舸自随。高宗时,遣御史许瓘视其赀。瓘至洞,子猷不出迎,后率子弟数十人,击铜鼓、蒙排,执瓘而奏其罪。帝驰遣御史杨璟验讯。璟至,卑辞以结之,委罪于瓘。子猷喜,遗金二百两、银五百两。璟不受。子猷曰:"君不取此,且留不得归。"璟受之,还奏其状,帝命纳焉。④

---

① 译者按,可参《资治通鉴》卷一九〇《唐纪六》,唐高祖武德六年(623)七月丁丑条,第5969页。
② 《隋书》卷八〇《列女传·谯国夫人》,第6b页。
③ 《资治通鉴》卷一九〇《唐纪六》,唐高祖武德六年(623)七月丁丑条,第5969-5970页。
④ 《新唐书》卷一一〇《诸夷蕃将传·冯盎》,第2b页。

上引史料表明，冯盎大家族中不少成员并不会因为冯盎的官任及北人血统，而总是选择与大唐保持紧密接触。身为族人的冯子猷不仅生活于蛮洞，而且占有大量铜鼓，积聚的金银无数，因此很像几个世纪以前早期文献记载中的"都老"渠帅。一开始，冯子猷似乎对大唐的官员表现出了鄙夷，但是从他后来的生涯中不难发现，他积极参与大唐的军事行动。譬如，垂拱三年（687），冯子猷曾随桂州司马曹玄静一同征讨安南俚帅李思慎（Lý Tư Thận）①的叛乱。② 尽管如此，冯子猷的生平事迹很清晰地显示，虽然他拥有北人的血统、参与大唐的平讨，但他并不为时人目为普通的军将、官吏。在有些文献中，他甚至被直接呼为"高州首领"③"高州酋长"④，或是称其出身于"广州大族"⑤，以上措辞都表明了冯子猷的土著豪酋身份，一旦回归到地方社会他仍是俚獠蛮洞的酋帅。

8 世纪时，高州冯氏世袭地方首领地位的最终瓦解，除了与其权力结构的转型有关，还与其频频卷入叛唐起义的活动存在直接干系。首先是，开元十六年（728）春正月，在獠人首领、泷州刺史陈行范的组织煽动下，广州首领冯仁智（一名冯璘）一同叛唐，后又自称"南越王"⑥。⑦ 可以肯定的是，冯仁智的叛唐行为对其家族势必造成了负面影响，而且也导致冯仁智部众的大量死亡。

8 世纪 60 年代，冯氏家族成员卷入了另一起叛乱事件中，而这起事件可视为 756 年至 771 年一系列叛乱的开始。⑧ 案《资治通鉴》载：

---

① 译者按，原文误作李叔献（Lý Thúc Hiển），今改之。
② 《新唐书》卷一一〇《诸夷蕃将传·冯盎》，第 2b 页。
③ 《旧唐书》卷六七《李靖传》，第 10b 页。
④ 《资治通鉴》卷二〇四《唐纪二十》，武则天光宅元年（684）九月条，第 6423 页。
⑤ 《旧唐书》卷一九〇上《文苑传上·刘延祐》，第 8b 页。
⑥ 译者按，此见《新唐书》卷二〇七《杨思勖传》，北京：中华书局，1975 年版，第 5857 页。
⑦ 《旧唐书》卷八《玄宗本纪上》，第 15a-15b 页。
⑧ 〔美〕薛爱华：《朱雀：唐代的南方意象》，第 63-64 页。

"先是，番禺贼帅冯崇道，桂州叛将朱济时，皆据险为乱，陷十余州，官军讨之，连年不克；李勉遣其将李观与（王）翃并力攻讨，悉斩之，（大历六年，771）三月五岭皆平。"①这起作乱事件的动因史无明文，但有趣的是，二人都被冠以"贼帅"或"叛将"之名，可见他们对所部人群握有实权，但却不被大唐承认。由此可知，至8世纪末，冯氏家族中仍有不少人员游离于唐朝的行政体系之外，而与溪洞世界紧密联系，垄断着地方权力。因此，有充分的理由相信，冯氏与大唐之间的隔阂，可能来源于冯氏子弟对唐朝蚕食其领地、权力的强烈不满。正如唐朝的其他州县一样，朝廷通过外任他官的方式，不断地将冯氏子孙剔出两河地域的牧守之位。无论这些叛乱背后有何动机，冯氏子孙都因为参与其中，最终导致其家族地方权力垄断的局面被彻底终结，所以我们看到大历六年以后，冯氏家族作为高州酋帅的身份基本不见于史载。

三、钦州宁氏

在冯氏领地的西端，自6世纪末开始，宁氏家族控制了南流水与钦江流域地区，并且持续了至少一个半世纪之久。正是这个家族占据了鬼门关至红河平原的交通要道，并在武德五年（622）放行了大唐的军队。薛爱华确信，宁氏的身份当是土著族群，②这也是与宁氏生活于同一时代的唐人的看法。案《新唐书·南蛮传》所云，宁氏有两个不同的族出地，一支出自南平獠，世为渠帅，控制着珠江、红河两河上游发源地以东的山险之地，"东距智州，南属渝州，西接南州，北涪州"；③另一支

---

① 《资治通鉴》卷二二四《唐纪四十》，唐代宗大历六年（771）三月条，第7217页。
② 薛爱华将其称之为"宁氏部落"，并将宁长真视为"归附土著（converted aborigines）"。
③ 《新唐书》卷二二二下《南蛮传》，第18a页。

来自西原蛮,"相承为豪",居于广、容之南,邕、桂之西。① 依《新唐书》及其他更早的文献看,宁氏家族的身份较为模糊,似乎介于朝廷官吏与俚獠豪酋两种角色之间。

6世纪末,宁氏家族中最为显赫的人物——宁猛力的事例大概最能说明其家族身份的"模糊性"。宁猛(553—601?)的生平事迹在《隋书·令狐熙传》中的记载最详。据载,宁猛力与陈后主同日降生,陈世他已据有南海,大概相当于今北部湾一带;隋平陈后,文帝"因而抚之,即拜安州刺史"。② 从引文中"抚"(pacification)字的措辞来看,似乎表明隋室的此次除授是对宁猛力安州实权的承认,而非单纯的官职任命。当隋在亡陈故地推行废州置郡的政区改革后,今广西钦州及钦江上游地区被改为"宁越郡",而宁氏似乎依然牢牢控制着这片区域。

案《隋书》记载,当宁猛力被拜受安州刺史后,他似乎表现得十分倨傲:"恃其阻险,未尝参谒。"③ 不过,稍晚成书的《新唐书》对此有不同的解释,"陈亡,自以为与陈叔宝同日而生,当代为天子,乃不入朝",并且又补充了一点细节,即隋军虽然发兵南下,但阻于瘴疠,无法进入宁氏的地盘。④ 但是,在令狐熙的多番游说下,宁猛力最终还是改变了态度。当时,令狐熙的正式官职是"桂州总管十四州诸军事",⑤基本上掌握了两河地域广州以西地区的军事大权。他给宁猛力亲笔致信,"申以交友之分",又在宁猛力母亲染有痎疾(即热病)时,"遗以药物"。⑥ 另

---

① 《新唐书》卷二二二下《南蛮传》,第17a页。
② 《隋书》卷五六《令狐熙传》,第4b页。文中的"南海",笔者个人倾向于认为是指南海滨海地带,而非当时的广州。如果宁猛力确实攻占了广州这样重要的城市,其他的文献中不太可能完全没有记载。
③ 《隋书》卷五六《令狐熙传》,第4b页。
④ 《新唐书》卷二二二下《南蛮传》,第17a页。
⑤ 《隋书》卷五六《令狐熙传》,第4b页。原文本作"十七州诸军事",但笔者认为应是十四州。因为,令狐熙曾上书隋文帝,请求奏改"安州为钦州,黄州为峰州,利州为智州,德州为欢州,东宁为融州",那么当时珠江三角洲以西的州镇当为十四个。
⑥ 《隋书》卷五六《令狐熙传》,第4b页。

第七章 最后的铜鼓酋帅：俚獠地方家族的兴衰

据《隋书》卷六八《何稠传》载，开皇（581—601）末年，何稠领命南讨两河地域桂、象、罗、钦四州逆乱时，曾与宁猛力有亲密交往：

> 钦州刺史宁猛力，帅众迎军。初，猛力倔强山洞，欲图为逆，至是惶惧，请身入朝。稠以其疾笃，因示无猜贰，遂放还州，与之约曰："八九月间，可诣京师相见。"稠还奏状，上意不怿。其年十月，猛力卒，上谓稠曰："汝不前将猛力来，今竟死矣。"稠曰："猛力共臣为约，假令身死，当遣子入侍。越人性直，其子必来。"初，猛力临终，诫其子长真曰："我与大使为约，不可失信于国士。汝葬我讫，即宜上路。"长真如言入朝，上大悦曰："何稠著信蛮夷，乃至于此。"以勋授开府。①

要言之，上引的各种史料均清晰显示了宁猛力身份的多重性。他似乎熟通汉语，但何稠却将其称为"越人"，而隋皇也视其为南方"蛮夷"。② 他虽然官至安州刺史，但却日常性地居处于深山溪洞之间。此处的安州，后因令狐熙的奏议而更名为钦州。

宁猛力之子宁长真与冯盎大约生活于同一时代，而他的身份也摇摆于朝官与俚帅之间，十分模糊暧昧。隋大业元年（605）春正月，宁长真以钦州刺史之职随驩州道行军总管刘方、大将军张逊③等一道经略林邑，以掠夺当地的"奇宝"。④ 与冯盎一样，大业七年至十年（611—614），隋炀帝亲征辽东时，宁长真曾"率部落数千从征"。因从讨有功，

---

① 《隋书》卷六八《何稠传》，第 9a-10b 页；《隋书》卷三一《地理志下》，第 12a 页。开皇十九年（599），安州改为钦州。因此，很有可能其他的州也应该是在同年更名。

② 《资治通鉴》卷一七八《隋纪二》，隋文帝开皇十七年（597）二月庚寅条，第 5533 页。文中将宁长真成为"俚帅"。

③ 译者按，原文作 Li Hun，今改。

④ 《资治通鉴》卷一八〇《隋纪四》，隋炀帝大业元年（605）正月丙辰条，第 5616 页；《隋书》卷八二《南蛮传》，第 2b 页。

炀帝"召(长真)为鸿胪卿,授安抚大使",又以其族人宁宣为合浦太守。① 数年后,隋末大乱,李唐将兴。与冯盎逃奔本部、割据高州一样,宁长真也成为两河地域西部最有影响力的地方豪酋。据载,当他听闻隋祚已尽时,乃"率岭南州县降于(萧)铣"。萧铣为梁宣帝的曾孙,如果梁室不亡,他可能会继承皇位。隋义宁二年(618),萧铣"僭称皇帝,署百官,一用梁故事",但立国仅有五年就被唐军剿灭。② 同年,萧铣遣使招降交趾太守丘和,但丘和因不知隋亡而未肯应命。在听闻林邑之西诸国都争相以"明珠、文犀、金宝之物"贿赠丘和时,萧铣因欲其厚利,便又遣宁长真率"百越之众"渡海伐和。③

大业元年(605)隋朝南征林邑时,宁长真共以"步骑万余"从讨。不过,在讨伐交趾太守丘和的军事行动中,宁长真到底动员了多少部兵史书无载。然而,可以确知的是,宁长真所率之师为"岭南之兵",而且他应是自备船只"自海道伐和"。他的兵力规模大概并不逊于丘和的守军人数,因为按照丘和的司马书佐高士廉的说法:"长真兵数虽多,悬军远至,不能持久,城中胜兵足以当之,奈何望风受制于人!"④同样是记载宁长真南讨交州之事,《旧唐书》称其为"钦州宁长真",而《新唐书》则作"俚帅"。武德五年(622)夏,宁长真以宁越、郁林之地降于李靖,朝廷将其封为钦州总管。⑤ 这也是继陈隋之后,华夏政府第三次将此地授予土著豪酋出身的宁长真,这也意味他的地方权力以官职册命的形式得到了官方的认可。

---

① 《新唐书》卷二二二下《南蛮传》,第18a页。〔美〕贺凯:《中国古代官名词典》,将"安抚大使"一职解释为"授予南方土著酋帅的临时荣誉职位",第104页。
② 《新唐书》卷八七《萧铣传》,第1a-1b页。
③ 《旧唐书》卷五九《丘和传》,第4b-5a页。有趣的是,在五代人的眼中,红河平原的人群并不被视为"百越"人的一部分。
④ 《资治通鉴》卷一八五《唐纪一》,唐高祖武德元年(618)四月辛丑条,第5790页。
⑤ 《资治通鉴》卷一九〇《唐纪六》,唐高祖武德五年(622)四月己未条,第5949页。

第七章　最后的铜鼓酋帅：俚獠地方家族的兴衰　　199

武德三年(620)以后，钦州的政局错综复杂。为了厘清其中的头绪，此处很有必要转换头绪，先考虑宁氏家族另一支系——宁猛力族人宁宣的活动轨迹。当唐朝在北方立稳脚跟后，隋合浦太守宁宣主动遣使谒见，但未及得到唐廷的答复就已病逝，[①]唐高祖于是任命其子宁纯为廉州刺史。廉州地近合浦，辖土面积较小，系讨平蛮洞而设。武德六年(623)四月，南州(即后来的白州)刺史庞孝泰、[②]南越州民宁道明、高州首领冯暄(系冯盎兄长)等联合作乱，宁纯受命征讨。不过，贼军势盛，当时已攻占合浦南地，并向姜州(靠近今浦北县)进发，宁纯引兵救援官军。[③] 这其中，宁道明与宁氏家族的关系不太明朗。尽管史书中间并未载明他与宁氏家族同支，但考虑到合浦、钦州等地宁姓较为罕见，很可能他也是出自这一家族。史书中再次提到宁道明，已是三年之后。据载，武德九年(626)五月壬寅，"越州人卢南反，杀刺史宁道明"。[④] 从武德三年到武德六年，三年之间宁道明的身份从作乱的叛将摇身变为大唐的刺史。从这一事例中不难发现，贼子与良臣的差别完全取决于个人是否按照朝廷的意旨行事。

宁道明并不是唯一一位既是贼子也是良臣的人物。回到宁长真的话题，据载，武德八年(625)，"长真陷封山县(也位于今浦北附近)"，而

---

① 《新唐书》卷二二二下《南蛮传》，第18b页；《资治通鉴》卷一九〇《唐纪六》，唐高祖武德五年(622)四月戊寅条，文中将宁宣与邓文进等人并称"贼帅"，第5951页。译者按，原文作"戊寅，广州贼帅邓文进、隋合浦太守宁宣、日南太守李畯并来降"，可见作者文意理解有误。

② 《新唐书》卷二二二下《南蛮传》，将其姓名记为"庞孝恭"，第18a页。而在其他的文献中，"庞孝恭"均作"庞孝泰"，可见这里的"恭"很可能是"泰"之误。译者按，《资治通鉴》卷一九〇《唐纪六》，唐高祖武德六年(623)四月丁卯条，即记为"庞孝恭"，第5967页。

③ 《资治通鉴》卷一九〇《唐纪六》，唐高祖武德六年(623)四月丁卯条，第5967页；《新唐书》卷二二二下《南蛮传》，虽然也记载了这次叛乱，但只罗列了宁道明、高州冯暄与谈殿三人，第18a-18b页。

④ 《资治通鉴》卷一九一《唐纪七》，唐高祖武德九年(626)五月壬寅条，第6003页。越州很快就更名为廉州，即今天的合浦地区。

领兵讨伐长真之人正是上文提到的叛将——庞恭泰。此时,庞恭泰的身份是昌州(亦即白州)刺史,他很快将宁长真与此前的盟友冯暄击溃。① 同年,长真于乱中去世,而钦州刺史之职则由其子宁据袭领。②

在一场军事胜利之后,通过官职册封的方式承认土著首领的地方权力,并与其达成某种和解,这在华夏处理俚獠豪酋的问题上十分常见。除了宁道明、宁长真之外,前文也举出了两个例证:第一人是陈檀。5世纪中叶,合浦大帅陈檀被刘勔讨平后,很快被刘宋除为"龙骧将军";另一人则是冯士翙,他在叛乱遭到镇压后,也被唐廷官复原职,续任冈州刺史。在庞孝泰的事例中,情况更为错综复杂,因为他本是叛将,但后来却领兵讨伐原来视其为叛军的宁长真。

这些有关叛乱、复职的错综复杂的记载,基本上可以肯定与朝廷承认俚獠的权力结构有关。这一时期土著酋帅与华夏盟约关系的转变,则可能与俚獠内部的领土冲突关联更大,而与俚獠酋帅争取华夏支持牵涉较少。俚獠酋首所采取的军事行动,到底被冠以"叛乱"还是"镇压叛乱"之名,取决于当时唐朝更支持哪一方。同样的,俚獠酋帅的有些扩张举动,可能反而会被视为禀命行事。譬如,贞观十二年(637),钦州首领宁师宋(一作宁师京)曾受清平公李弘节的派遣,前往开拓夷獠地区,后于钦州以西辟置瀼州,以便更快捷地通达交趾。③ 不过,考虑到冯氏的一支当时正将势力范围延展至海南岛,以及宁氏、冯氏、庞氏三家为争夺白州而相互混战等背景,那么很可能宁师宋开置瀼州一事并非完全是出于遵循朝命,这背后应该还有宁氏向西南方向扩张势力、剿

---

① 《新唐书》卷二二二下《南蛮传》,第18a-18b页。由于其他文献均载庞孝泰的官职是白州刺史,那么据此推断昌州可能是白州的别称,但使用时间较短。白州即隋代的南昌郡,这里的"昌"字可能就是取自"昌州"之名。

② 《新唐书》卷二二二下《南蛮传》,第18b页;郑超雄、覃芳:《壮族历史文化的考古学研究》,注意到这条记载可能有误,因为"督护府"当时已经罢废,第488页。

③ 《太平寰宇记》卷一六七《岭南道十一·瀼州》,第14b-15a页;《旧唐书》卷四一《地理志四》,第42a页;瀼州位于今广西泷州一带。

灭敌对洞蛮势力的考量。

如果全然相信中国史书的文字记载,那么宁氏家族的形象恐怕一定是接受华夏教化、军事改造的俚獠土著豪酋。华夏王朝为了怀柔安抚或者示以褒奖,而临时授予其家族人员相关的官职名号。然而,两方7世纪的碑刻似乎与文献中表现出来的宁氏俚獠豪酋的形象相互矛盾。案碑刻所云,宁氏自称籍贯为冀州临淄人,并且其祖先迁至南方的时间不过几代人而已。这两方碑志均出土于钦州境内,志文保留了宁氏族出、籍贯等珍贵的历史信息。更为重要的是,它是宁氏家族如何自我认知的唯一史料。显然,碑志中的宁氏家族形象与他者视角下的历史叙事迥然有别。①

较早的一方隋代墓碑出土于清道光六年(1826),志主系宁长真(文中作"长贞")之弟宁贙(音 xuàn),卒于隋大业四年(609)九月。碑文中,宁氏自称本为"冀州临淄"人,②或因刘宋之际冀州陷于北魏而举家南迁。③梁武帝时,宁猛力之父宁逵被除为"定州刺史,总督九州诸军事";④至陈宣武帝⑤在位期间,宁逵"又除授安州刺史"。总之,这方隋碑记载的内容与正史所见的宁氏家族完全不同。此碑全文辞藻华丽,极言志主宁贙的德行及学识。譬如,据碑文所载,隋开皇十四年(594),宁贙来朝,文帝以公"衣冠子胤"而授其大都督之职,这里的"衣冠子胤"

---

① 关于宁氏家族的两方碑志,释文可参杨豪:《岭南宁氏家族源流新证》,《考古》1989年第3期,第269-273页;更详细的解读,可参郑超雄、覃芳:《壮族历史文化的考古学研究》,第477-483页。
② "冀州临淄"即今山东济南。译者按,"临淄"应位于今山东淄博。
③ 郑超雄、覃芳:《壮族历史文化的考古学研究》,第422页。
④ 时间可能在543—550年之间,即梁武帝去世之前。(译者按,原文作550年,但梁武帝卒于549年)。据更早的《梁书》记载,大同九年(543)三月,罗州刺史宁巨等四人受梁武帝之命征讨交州李贲。这里的"宁巨"有可能出自宁氏家族。当时,担任安州(即后来的钦州)刺史之人为"李智"。由此可知,宁氏已在当地拥有一定的势力,但尚未能够控制钦州。
⑤ 事实上,南陈帝王之中,并无所谓的"宣武帝",但有武帝(557—559在位)和宣帝(569—582在位)。或许,两位皇帝都曾除授宁逵为宁州刺史一职。

的说法显然与《隋书》中宁长真"蛮人"的形象如有云泥之别,尽管笔者推测宁赞、宁长真兄弟极有可能是同时入朝的。宁赞碑文的撰写者虽然阙名,但他显然特别用心地将宁赞与其统治的蛮众划清了界限,称其"声播百蛮""刑仪百越"。

宁氏家族的自我书写与史书中的官方记载,二者的差异之大令人诧异。宁氏将自己塑造为衣冠之家、风云领袖与忠臣良将,并且自视与其他的文士官僚并无分别。比如,宁纯从孙宁原悌曾于武后永昌元年(689)与张说、张柬之等人一同应贤良策试于廷内,最后竟高中"第九",①但史书中仍多以"獠帅"视之。由于《宁赞碑》的文本时间更早,故所涉及的宁氏谱系籍贯的内容作伪可能性较小,这也意味着宁氏家族在迁往钦州以后,仅过了一代人的时间就从普通的官宦之家转易为朝廷眼中的俚獠酋帅。与冯氏相同,宁氏家族也有两张面孔。无论他们如何努力地呈现出自己文明的一面,宁氏生活的环境及其统治方式都无法逃脱族类偏见。

钦州宁氏地方统治的终结,与高州冯氏如出一辙,都是在遭遇决定性的军事溃败后,朝廷通过一系列的政区改革逐渐分化其统治根基。随着两河地域权力平衡的打破,对于大唐而言,宁氏家族不再是实现两河地域统治而需要倚重的对象。相反,它已成为日益强大的唐朝外任官吏的一大阻碍。依《旧唐书》所述,宁长真死后,唐廷开始加大对宁氏领地的经略力度。武德五年(622),萧铣兵败国亡,宁越郡更名为钦州,州境的三分之一被割出,东部的(内亭、遵化)二县也被划入新置的南亭州。这次的政区调整,分出了宁氏控制的大片土地,因此可能是武德八年(625)宁长真攻打封山县的背景之一。钦州地位特殊,此地设有都督府,但很快于贞观二年(628)被撤废,其原因很可能是为了惩罚宁长真的分裂叛乱。② 此后,唐廷不断外任刺史到钦州,而宁氏子弟则被安置

---

① 《广东通志》卷四四《人物志·廉州府·宁原悌》,第52b页。
② 《新唐书》卷四三《地理志七上·岭南道》,"钦州宁越郡"条,第9a页。

在不太重要的职任上。① 这一点与大唐瓦解冯氏家族政治根底的做法如出一辙,一开始先是将宁氏势力盘踞的核心区高州进行析置重构,接着再将宁氏子弟逐渐清除出权力序列。尽管如此,至神龙二年(706)以前,宁氏一直是钦州地方不可忽视的政治力量。据载,这一年韦玄贞卒于流放地钦州:"蛮酋宁承基兄弟逼取其女,妻崔氏不与,承基等杀之,及其四男洵、浩、洞、泚。"这里的"崔氏"实为唐中宗第二任妻子韦皇后的母亲,因受韦氏废后的政治牵连,全家被武则天流放至岭南。但是,韦玄贞与崔氏毕竟是皇室外戚,宁承基的暴行让大唐极为震怒,因此唐廷很快就对其实施报复打击:"上(即唐中宗)命广州都督周仁轨使将兵二万讨之,承基等亡入海,仁轨追斩之,以其首祭崔氏墓,杀掠其部众殆尽。"②此次军事行动也标志着合浦以西宁氏地方割据势力的完全瓦解,尽管其他地方家族如黄氏、侬氏逐渐成长起来,并于8世纪时暂时填补了钦州以西、以北地区的权力真空,但总体而言钦州再无宁氏这样世袭地方权力的显赫家族。③

四、双州陈氏

陈氏是两河地域又一个极具影响力的地方家族,自隋迄至中唐是其权力的顶峰时期。与宁氏、冯氏相同,陈氏家族支配的地域也相对固

---

① 这条信息出自郑超雄、覃芳:《壮族历史文化的考古学研究》,第 486－487 页,但并未提供文献依据。宁据之子宁道务曾拜瀼州临漳令,此处的瀼州为新设州镇,位于钦州以西。此后,宁道务又先后担任龙州与爱州(位于交州以南)司马。道务之子宁岐岚则任桂州始安主簿这样的小官,而且始安位于宁氏家族所控制的钦州领地之外。

② 《资治通鉴》卷二〇八《唐纪二十四》,唐中宗神龙二年(706)六月戊寅条,第 6603－6604 页。

③ 〔美〕薛爱华:《朱雀:唐代的南方意象》,第 63 页。文中提到了 740 年前后的四个重要家族黄氏、侬氏、周氏、韦氏。这四家的势力主要分布于两河地域的北部,即今广西南宁以西以北地区。

定。并且,与宁氏一样,史书中对于陈氏的俚帅或是刺守的身份也模棱两可。尽管陈氏家族的事迹并不如冯氏、宁氏家族那么集中,而且陈姓是一个常见的姓氏,因此同为陈姓也可能出自不同家族。但是,考虑到共同的籍贯地望以及介于土酋、官长之间的模糊身份,不同时期的文献中所出现的双州陈姓人物很可能存在某种关联。

陈氏家族与双州发生关联,大约要从双州建置五十年前陈氏家族的第一位人物——陈佛智说起。需要说明的是,双州作为一处山险州镇,原是平讨溪洞所置。隋开皇十年(590),当番禺俚帅王仲宣起兵作乱、围攻广州时,陈佛智是响应叛军的"首领"之一,但是随后却被冯盎率军击杀。① 不过,陈佛智的后人把持着当地的重要职位。譬如,佛智之子陈龙树被大唐授任钦州刺史,目的可能是为了向宁氏把控的钦州地区楔入唐廷的势力。武则天在位期间(690—705),佛智之孙陈集原官至左豹韬卫将军。《旧唐书·孝友列传》收录了他的个人传记,篇幅很短,但明载其为"泷州开阳人也",且其家族代为岭表酋长。这里的"开阳"原为双州的属县。② 来自同一地区的还有另一著名俚人陈普光。据载,唐武德四年(621),陈普光在泷州永宁县担任县令时,曾在当地开辟龙龛道场,并雕凿佛像一身,其位置在今广东怀德附近。③

案《大明一统志》卷八一《陈佛智传》所云,佛智"其先鄢陵人",而"鄢陵"即今河南(许昌)。廖幼华据此认为,陈佛智家族应是梁世从北方徙至双州。④《大明一统志》成书于15世纪(天顺五年,1461),时代很晚,但却清晰地勾勒了陈佛智家族四代人物的相关事迹,称其"居泷

---

① 《隋书》卷八〇《列女传·谯国夫人》,第6a、7a页。译者按,原文误作卷八一。

② 《旧唐书》卷一八八《孝友传·陈集原》,第4a页。

③ 《广东通志》卷五三《古迹志·罗定州·怀德县·龙龛道场》,第52a页。龙龛道场石刻佛像位于广东罗定平塘镇的谈礼村。文中称陈普光为"里人",与"俚人"通假。

④ 廖幼华:《历史地理学的应用:岭南地区早期发展之探讨》,第256页;《大明一统志》卷八一《陈佛智传》,第16b页。

水,世袭永平郡公"。这四代人物的姓名及任职情况具体如下:佛智之父法念,为"梁新、石二州刺史",二州位于郁水以南、双州左右;佛智本人先任"罗州刺史",陈大建中(569—583)又除"西衡州刺史";佛智之子龙树,唐时先后历"泷、南扶、建(今福州北部的建州市)、万、普、南施(以上三州均属唐朝的北方疆域)"①等六州刺史;佛智之孙集原,官至冠军大将军。② 除陈集原之外,佛智父子三代早年均在郁水以南诸州担任刺史,地缘上与双州十分临近。③ 从陈佛智一支四人的记载看,这一家族的身份从最初的世袭地方豪酋,进而转变为朝廷除授的官僚精英阶层,家族中不乏人员被调转至其势力范围以外的地方并官至显位。尽管陈氏家族与俚獠领地的密切联系及其家族成员爬升至朝廷行政要职等细节,已被早期史书所证实,但是《大明一统志》的有关记载令人疑窦丛生,特别是陈氏家族的出身问题仍显得扑朔迷离。

据《大明一统志》载,陈光大初年(567—569),陈佛智曾任福建南靖太守,并"以孝义训蛮俗"。"南靖"这一地名显系时空错置,因为直到五百年后它才首次出现。同书又称陈佛智被封为"安靖郡公",这当然更经不起推敲,先不说"安靖"陈世未有建置,而且"安靖郡公"往往都是授予宗室人员的爵号,身处荒僻之地的俚獠豪酋根本不太可能获得这样的荣誉。④ 此外,《大明一统志》还遗漏了《旧唐书》中陈龙树曾任钦州刺史的记载。

《大明一统志》将陈佛智塑造为"备受尊敬的官僚""修养极高的文

---

① 南扶州置于唐武德四年(621),后屡易其名,直到改定为窦州,以境内的罗、窦洞得名,详参《太平寰宇记》卷一六三《岭南道七·窦州》,第5a-6b页。

② 这三州分别是万州、普州、南施州。

③ 永平郡位于北流江与郁江的河口交汇处。新州、石州分别位于今广西梧州以东、以西。

④ 〔美〕贺凯:《中国古代官名词典》,第202页。书中注意到,"安靖郡公"的爵号仅在唐至元代使用,因此它两次出现于6世纪的文献中显得相当可疑。有可能这里的"安靖"应解释为平定"靖(县)"的意思,但话又说回来,"靖(县)"的位置依然不是很清楚。

士"与"蛮俗改易的推动者",这些均与早期史料中陈佛智作为地方"贼帅"的形象大相径庭。文献记载中的巨大差异,应该与陈佛智在陈、隋两朝的政治表现有一定的关联,这样的推论大体还算可信。具体来说,南陈之际,陈佛智主要是以成功官僚的身份示人;而到了隋代,因为并未被新兴政权委以职任,愤怒之下陈佛智便掀起叛乱。从《大明一统志》所反映的问题来看,它的文本来源可能不是直追隋代,而更可能是基于陈氏后人编修的家谱。为隐藏自己的蛮族身份,跻身显位的陈氏后人便在谱系中增加了不少附会的成分。虽然双州陈氏出自北人的可能性不能完全排除,但考虑到这一说法始见于错漏百出的晚期史料,那么就需要对其真伪打上问号。

在郁水以南地区,还有其他的陈姓俚獠土豪。尽管陈姓极为普遍,想要确认其与双州陈氏的关系并不容易,但考虑到这些陈姓人物的活动地域,很可能他们与双州陈氏同出一家。在前面的章节中,笔者已经谈及两位陈姓人物,但此处仍有必要再做一些申论,特别是就其活动特点及地域进行归纳。首先要说的是活跃于刘宋大明年间(457—465)的合浦大帅陈檀。① 陈檀的身份大体上可从其"合浦大帅"的头衔及《宋书》中他乞兵伐蛮的记载中推知。其次要讲的是曾领兵出攻高要的俚帅陈文彻,他的活动时间比陈檀晚了近一个世纪。从所攻高要郡的位置及他占有大铜鼓的记载来看,可以大致肯定陈文彻来自郁水以南地区,甚至很有可能距离双州不远。② 除了这两人以外,隋开皇十年(590),还有一位苍梧首领名为"陈坦",他与冼夫人是同一时代的人物,并在冼夫人的招慰下与冈州冯岑翁等一批部落酋帅共同降隋。③ 隋时,苍梧郡控制郁水南北两岸,而其南岸地区更毗邻后来的双州。

---

① 《宋书》卷九七《夷蛮传》,第 4a 页。
② 廖幼华:《历史地理学的应用:岭南地区早期发展之探讨》,第 522 页。廖幼华认为陈文彻可能与双州陈氏有关,这似乎与他所坚持的陈氏是萧梁时期从北方南迁的家族的主张相互矛盾。
③ 《隋书》卷八〇《列女传·谯国夫人》,第 6b 页。

第七章　最后的铜鼓酋帅：俚獠地方家族的兴衰　207

陈佛智死后将近一个世纪，双州陈氏涌现出了另一位酋帅——陈行范。与陈佛智家族成员继续以朝廷官员的身份活跃于他州不同，陈行范仍以地方酋帅的面目盘踞在双州地方。在不同文献中间，他被称为"泷州蛮"，①或是"獠首领兼双州刺史"。② 开元十六年（728）正月，陈行范聚徒作乱，攻陷四十余城，并僭称帝号。与陈行范联兵反叛的还有"广州獠"冯璘（即冯仁智）及何游鲁，后分别自称"南越王""定国大将军"。罗州土豪出身的杨思勖③受诏征讨。他发永、道、连三州兵士十万，并于当年的十二月将何游鲁、冯璘斩于阵中。陈行范虽逃奔云际、盘辽诸洞，④但杨思勖率众穷追，"生缚之，坑其党六万，获马金银钜万计"。⑤ 陈行范的生平事迹显示，即便在双州等高层政区辟置将近一个世纪后，郁水以南部分地区的土著酋豪政治体并未完全消失，虽然有些俚獠土豪接受了朝廷的官职名号，但并不意味着他们心向朝廷。入唐以后，其他双州的陈姓子弟不乏在政治圈层中跻身高位的人物，但陈行范依然以土豪酋帅的身份自居，始终与蛮洞保持密切联系。而且，他所支配的蛮军规模相当可观，足以发动长达九个月的反唐叛乱。

陈氏家族政治根基所在的双州，是南朝时期最后一批开拓的华夏政区，它在地理位置上临近云开山脉以及铜鼓文化的核心区。因此，杨思勖平讨陈行范的军事行动，对两河地域最后的俚獠腹心之地造成了致命打击。与七个世纪前马援南征交趾、摧毁了红河平原的地方政治

---

① 《新唐书》卷二〇七《宦者传上·高力士》，第 2a 页。
② 《旧唐书》卷八《玄宗本纪上》，第 15a-15b 页。
③ 案《旧唐书·杨思勖传》云，杨思勖本是合浦以东的罗州石城人士，因此他受命平讨两河地域的叛乱，应该与其熟知两河地域的知识背景有关。《旧唐书》卷一八四《宦者传·杨思勖》，第 2a 页。译者按，原文误作卷一四八，今改。
④ 《资治通鉴》卷二一三《唐纪二十九》，唐玄宗开元十六年（728）十二月条，第 6781-6782 页；《旧唐书》卷一八四《宦者传·杨思勖》，第 2b-3a 页；《新唐书》卷二〇七《宦者传上·杨思勖》，第 1b-2a 页。译者按，原文误作《资治通鉴》卷二一九，今改。
⑤ 《旧唐书》卷八《玄宗本纪上》，第 15a-15b 页。

传统一样,杨思勖几乎粉碎了两河地域最后的地方统治家族。而且,经此一役,造成了当地人口的大量死亡。虽然不免有些夸张的成分,但杨思勖一次性坑杀六万土民,足见当时陈行范军事动员能力之强,同时也解释了此后为何双州陈氏家族再无重要人物的出现,或者说两河地域再无威服一方的俚帅蛮酋的身影。案唐开元二十八年(741)的户籍统计,双州(天宝元年改称泷州)"户七百一十四"。① 相比之下,一个多世纪前,隋大业五年(605)统计的永熙郡(即梁代的泷州)户口数为"一万四千三百一十九",②可见著籍人数锐减之剧。

这些双州的陈姓人物是否同出一族,确实难以坐实,但在涉及这些人物时,自宋迄唐几个世纪的文献中始终一贯地以"蛮"称之。虽然史书中并未明言,但相比于一般性的"官号""臣民"一类的称谓,似乎可从"酋""帅"或者"部落"之类的措辞中推知一二。与冯氏、宁氏相同,南朝隋唐繁荣一时的陈姓人物往往摇摆于俚獠、官员两种面目之间。尽管对于陈姓后人而言,自证北人出身愈发重要,但对于当时的陈姓人物而言,似乎籍出北方与其俚獠酋豪地位的成立既无关联,也不紧要。

五、其他地方割据势力

(高州)冯氏、(钦州)宁氏、(双州)陈氏是珠江流域最有势力的俚獠政治家族,但却不是仅有的三家。从零散的文献记载看,还有与之类似的豪姓,虽然政治实力不及前述三家,但却与其拥有诸多共性。

与前述的三个代表性的地方大家族相同,这些人物同样使用汉姓,政治根基指向特定地域,有时也会融入华夏行政体系或是军事征讨之中,但与此同时,他们又是各自领地内的实权人物,而且文献中的措辞常会隐射其地方豪酋的身份。这些次等家族的存在说明,冯、宁、陈三

---

① 《太平寰宇记》卷一六四《岭南道八·废泷州》,第 2b 页。
② 《隋书》卷三一《地理志下》,"永熙郡"条,第 10a 页。

氏只是两河地域最为显赫的统治阶层,其实这类身兼土著豪酋与朝廷官吏两重身份的政治家族在两河地域十分普遍。

正如前文所述,这些次等家族中有些成员其实与冯氏、宁氏等家族联系紧密,因为他们会选择与其结成同盟关系。合浦以东有所谓的"庞氏",这一姓氏中涌现出了"庞靖"这样的人物,他与冼夫人生活于同一时代,史书中称其为"罗州逆帅"。① 他可能与前文提及的刺史"庞孝泰"存在亲缘关系,因为据载庞孝泰卒于龙朔二年(662)征讨高丽的战事中,且史书称其为"白州"人。②

在郁水以北的桂州、藤州两地活动着一支李姓豪酋。隋开皇十年(590),冼夫人亲随裴矩巡抚诸州时,藤州李光略曾主动谒见并带头归附。③ 开皇末年(581—601),桂州有一位俚帅李光仕聚众叛乱。④ 此外,唐武德九年(624)六月,泷州、扶州獠人作乱时,南尹州(今广西贵县)都督李光度率军讨平,⑤而此人在隋世曾任永平郡守。⑥ 不过,在大将军李靖甫至两河地域,遣人分道招抚蛮帅时,李光度与冯盎、宁长真等显赫的名字一同出现,并都被称之为"大首领"。⑦ 尽管前述李光略、李光仕、李光度三位人物之间的关系不甚明朗,但考虑到三个人名的共性,似乎他们指向的是一个割据地方的李姓家族,他们控制着今梧州以西以北的地域,并被华夏纳为官吏。此外,个体俚帅资料的零星散落,可能也说明了他们的地方血统。在临近番禺的地方,前文提到了俚

---

① 《隋书》卷六八《何稠传》,第 10a 页。此外,罗州逆帅庞靖也是开皇十年冼夫人巡抚岭南诸州主动谒见的人物之一。
② 《新唐书》卷三《高宗本纪》,第 5b 页;《旧唐书》卷八二《许敬宗传》,记载庞孝泰出自白州,而白州与罗州的地理位置基本相同,第 2b 页
③ 《隋书》卷八〇《列女传·谯国夫人》,第 6b 页。
④ 《隋书》卷六八《何稠传》,第 9b 页。
⑤ 《资治通鉴》卷一九一《唐纪七》,唐高祖武德九年(624)六月辛亥条,第 5984 页。
⑥ 《旧唐书》卷五九《李袭志传》,第 8a 页。
⑦ 《旧唐书》卷六七《李靖传》,第 2b 页。

帅王仲宣,他于开皇十年围攻广州。① 在番禺以东活跃着的是俚帅杨世略,他控制着循、潮二州,并于武德五年(622)正月降唐。②

毫无疑问,诸如这样规模不大的俚獠地方割据政权恐怕为数不少,而且他们往往是以俚獠豪酋、州县长吏两种身份见诸史载。在有些地区,这样的割据政权一直延续到了晚唐。案 10 世纪成书的《太平寰宇记》载:"铜符俚人滕氏,有竹使、铜虎符,传云汉朝所假,至今存。"③虽然"竹使(符)"的含义至今不明,但文中说到的"铜虎符"却作为古代军队权力的象征物广为人知。所谓"铜虎符",是由一枚完整的虎形兵符从中一剖为二,一半由军队将领或地方官员保存,另一半留在京师,使用时只有两半互相符合,才可发兵遣将。④ 临近宾州还有一支陆姓家族,"其姓陆者绩之,遗嗣尚有银章青绠(音 guā)铜虎符,乡宗重之,皆云绩物也"。⑤ 宾州大概位于领方,此县西汉时所置,别立都尉。⑥ 滕、陆两姓可能是乌浒人的后裔,也可能是盘踞地方、取县为名的酋帅。当然,他们作为北人官僚子孙的可能性也不能排除。与这里所说的其他家族一样,尽管他们可能确实出自北方,但其是否被视为俚獠,最终并不取决于他们的出身,而是由他们的活动地域、统治人群、权力方式以及其与华夏行政体系的关系等因素决定。

---

① 《隋书》卷六五《慕容三藏传》,第 10b 页;《资治通鉴》卷一七七《隋纪一》,隋文帝开皇十年(590)十一月条,第 5532 - 5533 页,

② 《资治通鉴》卷一九〇《唐纪六》,唐高祖武德五年(622)春正月己酉条,第 5949 页。

③ 《太平寰宇记》卷一六六《岭南道十·贵州》,第 11b 页。虽然《太平寰宇记》成书于 10 世纪,但其内容不少都是取自唐代的文献。

④ 关于"铜虎符"的定义,可参〔美〕贺凯:《中国古代官名词典》,第 26 页;铜虎竹使符的记载最早见于《史记》卷一〇《孝文帝纪》,第 10b-11a 页;及至有唐,符的形制改为鱼形,即"鱼符",由此可见这些俚人家族家传的竹使铜虎符的时代早于唐代。

⑤ 《太平寰宇记》卷一六五《岭南道九·宾州》,第 7b 页。

⑥ 《汉书》卷二八下《地理志下·郁林郡》,第 10b 页。译者按,原文误作卷八下,今改。

六、俚獠统治的终结

　　冯氏、宁氏、陈氏家族(兴起)的故事，以及他们最终的衰落乃至消亡，可视为郁水以南俚獠政治体发展过程中的最终阶段。隋朝立国后，这三大家族首领的实力、财力远比此前几个世纪的俚獠酋帅要更为强大，他们跨据多个蛮洞并将其凝为一体。这一新兴统治阶层的形成，得益于俚獠蛮洞社会与华夏行政体系的长期互动，以及南迁侨民对两河地域风习的融入。其结果是，对于外人而言，想要区分籍出北方(如宁氏)、糅合华夷(如冯氏)或者土著出身(如陈氏)等不同家族之间的差异，绝非易事。这些人群到底是纯粹的蛮人，还是俚獠出身并不重要。事实上，但凡他们接受了土著风俗或地方政治传统，都会被笼统地视为蛮夷俚獠。就像华夏行用的铜钱会被其熔化用于铸造铜鼓一样，两河地域以外的人群也会被俚獠的行为习惯所熏染，这也暗示身处于华夏周边的俚獠洞蛮，有时候他们的行为举动会吸引到华夏中心城市人群的关注和模仿。

　　从文献记载来看，似乎这些家族的领袖在个体层面上已完全掌握了"鱼龙百变"的本领。在侗台语族(即台—卡岱语族)的部众面前，他们多半是以"都老"的面目存在；而在建康朝廷或是番禺政治圈中，他们的身份可能是俚帅、酋长或者官吏，具体取决于其与朝廷的盟约关系。7世纪末，随着权力的天平逐渐向强大的集权王朝——大唐倾斜，这些家族的利用价值消失。经过长达八十余年的苦心经营，他们的政治根基在唐朝政区改革、武力征服等措施的合力之下走向消亡。杨思勖平灭陈氏、冯氏的军事行动，标志着铜鼓文化核心区的地方酋帅政治被基本根除。尽管两河地域的反唐起义一直持续到了8世纪五六十年代(即肃、代两朝)，但主要集中于左江、右江、牂牁江上游以西以北地区。而在合浦与广州之间的俚獠故地，再也未能出现足以颠覆大唐统治的地方豪帅势力。

冯氏、陈氏、宁氏等地方家族统治的终结,也意味着两河地域由溪洞演变而来的俚獠独立政治体的破灭。不过,在西江以北地区,蛮洞势力依然存续,而且以"洞"的形式存在,脱离朝廷控制的小型聚落仍有广泛分布。直到两个世纪后,僻居乡野的小型俚獠群落仍不时地出现于10至11世纪的地志文献记载中,但都是无领导的部落组织,散处于唐宋王朝的州县边缘。

俚獠酋帅统治阶层的消失,可通过两点得到证实:其一,8世纪中期以后,相关文献记载阙如;其二,郁水以南地区,黑格尔Ⅱ型铜鼓铸造传统的没落。由于这里的俚獠聚落日益破碎,他们既无财力,也无实力,更无兴趣组织铜鼓的生产活动。

结　语

　　笔者论证指出，两河地域地方豪酋体制的维持，应是华夏王朝忽视经略两河地域的结果。华夏王朝集中精力对红河平原及珠江水系的主要支流加以控制，因此形成了大片脱离王朝控制的未征服领地，而栖身于这片地区的正是一群林立自治的俚獠酋帅部落。由于俚獠聚居之地最初不被华夏视为经济和战略要地，而俚獠政治体又相对破碎，很难通过发动单一的军事行动而将其完全征服。因此，这群俚獠酋首多被放任不顾，但是临近华夏州郡中心的酋帅开始与朝廷寻求结盟。在结盟关系中，俚獠酋帅向华夏进献土贡，以换取朝廷对其统治部众的默许。汉亡之后，继立的华夏政权实力大为削弱。对于建康宫廷的统治者而言，俚獠酋帅所占领的地方是连通交州陆路贸易的战略要地，而交州则是南方的两座重要都会之一。而且，俚獠的领地富产金银等矿产资源，并多出（珍稀）贸易商品。等到南朝政权意识到两河地域的经济、战略价值时，却掣肘于北方的威胁以及内部政局的不稳。由于无力通过武力征伐的手段占领两河之间的地域，南朝政府进而转向与部分俚獠酋帅建立贸易关系，将华夏王朝所出的盐铁铜矿，甚至是象征统治合法性的朝廷官号作为交易砝码，以换取俚獠之地的象牙、翠羽和金银。

　　这样的贸易关系很可能是刺激俚獠酋帅政治体不断发育壮大的一大动因，因为若要收集贸易商品以满足华夏的需求，势必需要控制更大范围的领地、支配更多的人口，从而引发了俚獠酋帅之间的领土与人口争夺战。华夏政权对两河地域俚獠酋帅的临时官职册授，最初并不会将其吸纳到华夏王朝的行政与文化体系之中。相反，它可能会加强俚獠酋帅对地方社会的控制。通过与华夏建立贸易关系，接受朝廷的临时册命,部分俚獠酋帅得以缔结华夏这样强大的盟友,并由此免受来自地方官长的军事袭扰。事实上,自 5 世纪起,这样的武力征讨行动愈发普遍。同时,对于那些未与华夏结盟的地方洞蛮,他们可以恣意征服兼并其他部落,而不必担心来自华夏政权的打击。

与学界通行的认识不同,南朝时期,俚獠酋帅与朝廷建立的盟约体系,并不会必然导致俚獠酋首被华夏政治体制所同化。由于这一华夷结盟体制只对俚獠族群提供的贸易商品有所规定,因此俚獠酋帅往往通过占有铜鼓的方式,向其部众展示权力地位。对于部众而言,相比于朝廷授予的官爵名号,铜鼓是更为熟悉的权力象征物。在与华夏频繁的经济、政治接触过程中,俚獠豪帅的财富、权力地位日益提升,进而推动了公元 3 世纪以来铜鼓铸造传统的兴起发展。铜鼓文化的传播与流行,显示自汉末至唐初的四个世纪中间,除了普遍采用汉名以外,与华夏的结盟关系反而对两河之间的俚獠族群产生了"逆华夏化(de-Sinifying)"的效应。甚至,对于部分迁徙至此的侨寓人士而言,俚獠的地方文化似乎充满了吸引力,以至于他们出现了"俚獠化"的迹象,这主要表现为与俚獠地方家族通婚,接纳俚獠地方的风习,化身为洞蛮酋帅。

最初,蛮洞规模的扩大有利于俚獠政治体的自立发展。公元 1 至 3 世纪,当分散林立的俚獠政治体联合起来时,它们偶尔也能给华夏政府造成困扰。发展至 6 世纪时,俚獠联盟政治体的规模更加庞大、军力更为雄厚,以至于南朝政权无法通过武力将其征服。不过,从长远来看,俚獠地方酋帅领土支配权的不断扩大,最终产生了负面效应,特别是当唐朝权力巩固以后,权力的天平就彻底导向了华夏一侧。相比于为数众多且各处一地的弱小酋帅,与跨据诸洞、实力雄厚的俚獠地方统治家族的对话显然更容易展开。一旦这些地方豪族领袖被作为官僚、军将而纳入到华夏行政体制之中,唐廷便可通过政区重组、析置的方式逐步分化其势力,而对于其中不肯宾服的叛众,则采取军事手段将其击溃。这一过程大致发生于 7 世纪末至 8 世纪,其结果是原属俚獠的领地最终被转化为唐朝的各级政区。

俚獠在大唐时期的命运,预示着后来的华夏政权将不断地循着(红河、珠江)两河向上游深山之地开拓,而其采取的策略也大体相同,即出于必要的考虑先将较为强大的地方酋帅纳入华夏行政体系,但当权力的天平开始向华夏倾斜时,则选择将这些蛮帅剔出行政序列。

对于郁水以南的俚獠而言,他们以更小规模的聚落面目,继续游离在唐宋王朝的政区边缘,持续时间长达三四个世纪,而在有些偏远之地甚至繁衍了五个世纪之久。

术 语 表

下表人名、地名主要以拼音转写,斜体部分则以汉喃字标注。人名、地名之后的括注,有时采用拼音,有时采用喃字,仅作参考之用。

一、人 名

窦纲 Bao Gang
曹玄静 Cao Xuanjing
陈 Chen
陈霸先 Chen Baxian
陈伯绍 Chen Boshao
陈法念 Chen Fanian
陈佛智 Chen Fozhi
陈集原 Chen Jiyuan
陈龙树 Chen Longshu
陈普光 Chen Puguang
陈叔宝 Chen Shubao
陈坦 Chen Tán(注音有误,应为"Chen Tǎn")
陈檀 Chen Tan
陈文彻 Chen Wenche
陈行范 Chen Xingfan
崔 Cui
邓马头 Deng Matou
邓岳 Deng Yue
杜僧明 Du Cengming(注音有误,应为"Du Sengming")
杜弘文 Du Hongwen(*Đỗ Hoằng Văn*)
杜慧度 Du Huidu(*Đỗ Tuệ Độ*)
杜天合 Du Tianhe
杜元 Du Yuán
杜瑗 Du Yuan(*Đỗ Viện*)
(宋)孝武(帝)Emperor Xiaowu
(陈)宣(帝)Emperor Xuan(569—583年在位,有误,实为"568—582年在位")
(陈)宣武(帝)Emperor Xuanwu
邓太后 Empress Dowager Deng
费沈 Fei Shen
冯 Feng
冯盎 Feng Ang

冯宝 Feng Bao
冯岑翁 Feng Cenweng
冯君衡 Feng Junheng
冯璘 Feng Lin
冯仆 Feng Pu
冯仁智 Feng Renzhi
冯融 Feng Rong
冯士翙 Feng Shihui
冯暄 Feng Xuan
冯智戴 Feng Zhidai(一作智玳)
冯智戣 Feng Zhigui(注音有误，应作"kui")
冯智玑 Feng Zhiji
冯智式 Feng Zhishi
冯智彧 Feng Zhiyu
冯崇道 Feng Chongdao
冯子猷 Feng Ziyou
高宝 Gao Bao
高法澄 Gao Facheng
高力士 Gao Lishi
高士廉 Gao Shilian
顾秘 Gu Bi(注音疑误，应为"Gu Mi")
谷永 Gu Yong
韩康伯 Han Kangbo
何稠 He Chou
何游鲁 He Youlu
侯景 Hou Jing

华皎 Hua Jiao
黄 Huang
黄昊 Huang Wu
姜壮 Jiang Zhuang
兰钦 Lan Qin
李 Li
李百药 Li Bole(注音有误，应为"Li Baiyao")
李观 Li Guan
李光度 Li Guangdu
李光略 Li Guanglve
李光仕 Li Guangshi
李宏节 Li Hongjie
李晕 Li Hun(注音有误，应为"Li Yun")
李靖 Li Jing
李思道 Li Sidao
李贤 Li Xian
李智 Li Zhi
梁硕 Liang Shuo
蔺暮 Lin Mu
林士弘 Lin Shihong
令狐熙 Linhu Xi
刘安 Liu An
刘方 Liu Fang
刘感 Liu Gan
刘勔 Liu Mian
刘牧 Liu Mu

刘龑 Liu Yan
刘延祐 LiuYanyou
刘昭 Liu Zhao
陆 Lu
卢安兴 Lu Anxing
吕岱 Lü Dai
陆绩 Lu Ji
卢南 Lu Nan
卢循 Lu Xun
陆胤 Lu Yin
吕瑜 Lü Yu
卢罋 Lu Yu
李贲 Lý Bôn（Li Bi）
李叔献 Lý Thúc Hiển（Li Shuxian）
李逊 Lý Tôn（Li Xun）
李长仁 Lý Trưong Nhân（Li Changren）
李佛子 Lý Phật Tử（Li Fozi）
李思慎 Lý Tư Thận（Li Sishen）
马靖 Ma Jing
马援 Ma Yuan
南越王 Nanyue Wang
宁 Ning
宁长真 Ning Changzhen
宁承基 Ning Chengji
宁纯 Ning Chun

宁道明 Ning Daoming
宁巨 Ning Jú（注音有误，应为"Ning Jù"）
宁据 Ning Ju
宁逵 Ning Kui
宁猛力 Ning Mengli
宁岐岚 Ning Qilan
宁师京 Ning Shijing（一作宁师宋"Ning Shisong"）
宁宣 Ning Xuan
宁瓒 Ning Xuàn
宁原悌 Ning Yuanti
农 Nong
欧阳頠 Ouyang Wei
庞 Pang
庞靖 Pang Jing
庞孝泰 Pang Xiaotai
裴矩 Pei Ju
钱博 Qian Bo
丘和 Qiu He
任㝢 Ren Chuo
阮放 Ruan Fang
沈怀远 Shen Huaiyuan
沈君高 Shen Jungao
士鲔 Shi Wei
士武 Shi Wu
士燮 Shi Xie（Sĩ Nhiệp）
士壹 Shi Yi

戴凯之 Tai Kaizhi
檀道济 Tan Daoji
谈殿 Tan Dian
陶璜 Tao Huang
陶基 Tao Ji
陶侃 Tao Kan
陶淑 Tao Shu
陶绥 Tao Sui
陶威 Tao Wei
滕 Teng
滕遯之 Teng Dunzhi
滕含 Teng Han
滕修 Teng Xiu
赵妪 Triệu Âu（Zhao You，注音有误，实为"Zhao Yu"）
徵 Trưng
王翃 Wang Hong
王仲宣 Wang Zhongxuan
韦玄贞 Wei Xuanzhen
魏征 Wei Zheng
温放之 Wen Fangzhi
锡光 Xi Guang
冼 Xian
冼宝彻 Xian Baoche
冼夫人 Xian Furen
冼智臣 Xian Zhichen
萧昂 Xiao Ang
萧励 Xiao Li

萧劢 Xiao Mai
萧铣 Xiao Xian
萧誉 Xiao Yu
萧元简 Xiao Yuanjian
萧谘 Xiao Zi
徐道期 Xu Daoqi
许瓘 Xu Huan（注音有误，应为"Xu Guan"）
许敬宗 Xu Jingzong
薛综 Xue Zong
荀法超 Xun Fachao
荀斐 Xun Fei
荀匠 Xun Jiang
颜含 Yan Han
杨稷 Yang Ji
杨璟 Yang Jing
杨平 Yang Ping
杨世略 Yang Shilue
杨思勖 Yang Sixu
杨素 Yang Su
杨雄 Yang Xiong
庾翼 Yu Yi
俞益期 Yu Yiqi
宇文黑泰 Yuwen heitai（应为"Yuwen Heitai"）
张方直 Zhang Fangzhi
张琏 Zhang Lian
张融 Zhang Rong

张游 Zhang You
赵佗 Zhao Tuo（Triệu Đà）
赵婴齐 Zhao Yingqi
周仁轨 Zhou Rengui
周世雄 Zhou Shixiong
周文育 Zhou Wenyu

朱蕃 Zhu Fan
朱济时 Zhu Jishi
朱儁 Zhu Juan（注音有误，应为"Zhu Jun"）
竹王 Zhu Wang
朱异 Zhu Yi

二、地　名

安昌 Anchang
安复 Anfu
安金 Anjin
安靖 Anjing
安南 Annan（An Nam）
安州 Anzhou
白州 Baizhou
北流 Beiliu
辩州 Bianzhou
宾州 Binzhou
百梁 Bailiang
苍梧 Cangwu
长沙 Changsha
昌州 Changzhou
潮阳 Chaoyang
潮州 Chaozhou
澄州 Chéngzhou
成州 Chengzhou
春州 Chunzhou
大汉 Dahan

大廉洞 Dalian Dong
党州 Dangzhou
儋州 Danzhou
大秦 Daqin
大庾 Dayu
大越 Dayue
德州 Dezhou
丁留 Dingliu
定州 Dingzhou
东官 Dongguan
东海 Donghai
东合州 Dong Hezhou
东宁 Dongning
窦州 Douzhou
端溪 Duanxi
端州 Duanzhou
恩州 Enzhou
封山 Fengshan
封溪 Fengxi
峰州 Fengzhou

富昌 Fuchang
夫阺 Fuchun
釜塘 Futang
夫任 Furen
冈州 Gangzhou（一作岗州）
高凉 Gaoliang
高兴 Gaoxing
高要 Gaoyao
高源 Gaoyuan
高州 Gaozhou
龚州 Gongzhou
广熙 Guangxi
广信 Guangxin
广兴 Guangxing
古党洞 Gudang Dong
桂林 Guilin
鬼门关 Guimen Guan
桂阳 Guiyang
贵州 Guizhou
姑苏 Gusu
海昌 Haichang
海丰 Haifeng
海宁 Haining
海平 Haiping
汉阳 Hanyang
横县 Héngxian
横州 Héngzhou
衡州 Hengzhou

合浦 Hepu
合州 Hézhou
贺州 Hezhou
侯官 Houguan
化州 Huazhou
黄州 Huangzhou
驩州 Huanzhou (*Hoan Châu*)
洪州 Hongzhou
怀德 Huaide
建康 Jiankang
建陵 Jianling
江西 Jiangxi
姜州 Jiangzhou
建州 Jianzhou
交趾 Jiaozhi (*Giao Chỉ*)
交州 Jiaozhou (*Giao Châu*)
晋安 Jin'an
晋城 Jincheng
金封山 Jinfeng Mountain
金冈 Jin Gang
斤江 Jin Jiang
晋康 Jinkang
斤南江 Jinnan Jiang
进桑 Jinsang
晋兴 Jinxing
荆州 Jingzhou
九德 Jiude (*Cửu Đức*)
九德究 Jiudejiu (*Cửu Đức Cửu*)

九真 Jiuzhen（Cửu Chân）
冀州 Jizhou
开阳 Kaiyang
康州 Kangzhou
昆明 Kunming
牢州 Laozhou
雷水 Leishui
雷州 Leizhou
廉江 Lianjiang
廉州 Lianzhou
梁德 Liangde
梁化 Lianghua
临尘 Linchen
灵山 Lingshan
临庆 Linqing
林邑 Linyi（Lâm Ấp）
临瘴 Linzhang（一作临漳）
领方 Lingfang
零陵 Lingling
陵罗 Lingluo
灵渠 Lingqu
岭南 Lingnan
临贺 Linhe
利州 Lizhou
龙编 Long Biên（Long bian）
笼洞 Long Dong
龙龛岩洞 Longkan Grotto
笼州 Longzhou

陇苏 Longsu
龙穴山 Longxue Shan
峦州 Luanzhou
罗宾洞 Luobin Dong
罗州 Luozhou
羸楼 Luy Lâu（Leilou）
陆州 Luzhou
绿珠井 Lüzhu Jing
麋泠 Mê Linh（Miling）
南巴 Nanba
南昌 Nanchang
南定州 Nandingzhou
南恩州 Nan'enzhou
南扶州 Nanfuzhou
南海 Nanhai
南合州 Nanhezhou
南靖 Nanjing
南康 Nankang
南流 Nanliu
南施州 Nanshizhou
南徐州 Nanxuzhou
南尹州 Nanyinzhou
南越 Nanyue（Nam Việt）
宁浦 Ningpu
宁新 Ningxin
宁越 Ningyue
宁州 Ningzhou
盘辽 Panliao

番禺 Panyu
番州 Panzhou
潘州 Panzhou
普州 Puzhou
黔州 Qianzhou
谯国 Qiaoguo
钦江 Qinjiang
清平 Qingping
钦州 Qinzhou
勤州 Qinzhouq
琼州 Qiongzhou
曲江 Qujiang
泉州 Quanzhou
瀼州 Rangzhou
日南 Rinan（*Nhật Nam*）
戎城 Rongcheng
容州 Rongzhou
韶州 Shaozhou
始安 Shian
始建 Shijian
石碕 Shiqi（*Thạch Kỳ*）
始兴 Shixing
石州 Shizhou
蜀 Shu
双州 Shuangzhou（一作泷州）
双头洞 Shuangtou Dong
顺州 Shunzhou
四会 Sihui

思平 Siping
宋昌 Songchang
宋康 Songkang
宋隆 Songlong
宋寿 Songshou
宋熙 Songxi
遂成 Suicheng
遂溪 Suixi
贪泉 Tanquan
藤州 Tengzhou
同安 Tongan（应为 Tong'an）
铜陵 Tongling
豚水 Tunshui
妥建 Tuojian
万州 Wanzhou
吴春 Wuchun
吴国 Wuguo
武陵 Wuling
武平 Wuping（*Vu Binh*）
舞阳 Wuyang
武州 Wuzhou
西江 Xijiang
湘州 Xiangzhou
襄州 Xiangzhou
西衡州 Xihengzhou
新昌 Xinchang（*Tân Xương*）
兴古 Xinggu
新淦 Xinjing（注音有误，应为

"Xingan") 永平 Yongping
新会 Xinhui 永熙 Yongxi
新宁 Xinning 邕州 Yongzhou
新兴 Xinxing 右江 Youjiang
新州 Xinzhou 越国 Yueguo
绣州 Xiuzhou 越州 Yuezhou
徐闻 Xuwen 郁林 Yulin
循州 Xunzhou 郁林州 Yulinzhou
浔州 Xunzhou 云际 Yunji
阳春 Yangchun 云开 Yunkai
崖州 Yazhou 云雾 Yunwu
鄢陵 Yanling 郁水 Yushui
夜郎 Yelang 禺州 Yuzhou
义安 Yian（应为 Yi'an） 牂牁 Zangke
英德 Yingde 漳江 Zhangjiang
银山 Yinshan 招义 Zhaoyi
银穴 Yinxue 智州 Zhizhou
义州 Yizhou 中国 Zhongguo
益州 Yizhou 中宿 Zhongsu
雍鸡 Yongji 珠官 Zhuguan
永昌 Yongchang 朱崖 Zhuya
永宁 Yongning 左江 Zuojiang

三、族　名

哀牢 Ailao 狄 Di
楚 Chu 滇 Dian
大越 Da Yue (Đại Việt) 扶严夷 Fuyan Yi
蜒 Dan（注音有误，实为"Yan"） 胡 Hu

俫 Lai
獠 Lao
獠贼 Laozei
獠子 Laozi
俚 Li
马流 Maliu
蛮 Man
蛮獠 Man-Lao
闽越 Min Yue
南蛮 Nan Man
南平獠 Nanping Lao
南越 Nanyue（*Nam Việt*）
标 Piao（也作 Pao 或 Peu）
獽 Rang

戎 Rong
狶 Shi（一作 Zhi）
提氐 Tiyi
五苓夷 Wuling Yi
乌浒 Wuhu
西南夷 Xinan Yi
西原蛮 Xiyuan Man
夷 Yi
氐 Yi
夷獠 Yi-Lao
夷贼 Yizei
越 Yue（也作 *Việt*）
越邑 Yueyi

四、职　官

安抚大使 anfu dashi（commander-in-chief of pacification）
刺史 cishi（inspector of a province）
定国(大)将军 dingguo jiangjun（Great General Who Settles the Country）
督护 duhu（protector general）
都尉 duwei（defender）
夫人 furen（lady, an honorific title for women）
公 gong（duke）
鸿胪卿 hongluqing（Chief Ceremonial Minister）

郡公 jungong（commandery duke）
流民督护 liuminduhu（protector general of refugees）
侍郎 shilang（deputy official）
太守 taishou（governor of a commandery）
卫尉少卿 weiweishaoqing（Lesser Chief Minister for the Palace Garrison）
西江督护 Xijiangduhu（Protector of the Western Rivers）

主簿 zhubu（assistant magistrate）

总管 zongguan（area commander-in-chief）

左常侍 zuo changshi（senior attendant-in-ordinary）

左武卫将军 zuowuwei jiangjun（left-hand militant general）

五、政区名称

初郡 chujun（proto-commandery）

督护府 duhufu（protectorate）

羁縻州 jimizhou（"halter and bridle" province）

郡 jun（commandery）

獠郡 Lao Jun（Lao commandery）

俚郡 Li jun（Li commandery）

县 xian（county）

州 zhou（province）

左郡 zuojun（left-hand commandery）

左县 zuoxian（left-hand county）

六、年号

大明 Daming（南朝宋,457—465 年）

大通 Dàtong（南朝梁,527—529 年）

大同 Dàtong（南朝梁,535—546 年）

大业 Daye（隋,605—617 年）

建武 Jianwu（汉,25—56 年）

开皇 Kaihuang（隋,581—601 年）

开元 Kaiyuan（唐,713—742 年）

仁寿 Renshou（隋,601—605 年）

圣历 Shengli（唐,698—700 年）

太建 Taijian（南朝陈,569—583 年）

太康 Taikang（晋,280—289 年）

泰始 Taishi（南朝宋,465—472 年）

太元 Taiyuan（晋,376—397 年）

天监 Taijian（南朝梁,502—520 年）

兴中 Xingzhong（译者按,应是"中兴",南朝齐,501—502 年）

永嘉 Yongjia（南朝宋,424—454 年）

元徽 Yuanhui（南朝宋,473—477 年）

贞观 Zhenguan（唐,627—650 年）

七、其 他

部落 buluo (tribe)

部曲 buqu (troops)

棘竹 cizhu (北方方言,注音有误,应为"jizhu", thorny bamboo)

大首领 da shouling (great leader)

倒老 daolao (variant of *dulao*, a Tai name for a cheiftan)

倒捻子 daonianzi (variant of dunianzi, a mangosteen)

大帅 dashuai (great leader)

大族 dazu (great clan)

洞 dong (a dong, a non-Chinese political unit)

都老 dulao (a Tai name for a chieftain, also *daolao*)

都念子 dunianzi (a mangosteen)

封建化 fengjianhua (feudalization)

抚 fu (to placate, soothe, or pacify)

扶留藤 fuliuteng (a name for betel leaf or *Piper betel*)

钩挽 gouwan (一作钩吻, the gelsemium vine, *Gelsemium elegans*)

钩缘子 gouyuanzi (the citron)

桂 gui (cassia or cinnamon)

归汉里君 guihanlijun (lord of the Li who returned to the Han)

古终藤 guzhongteng (the cotton plant *Gossypium herbaceum*)

豪 hao (strongman)

篁 huang (a bamboo thicket)

户调式 hudiaoshi (household taxation system)

狐弩 hunu (fox crossbows)

椒藤 jiaoteng (jiao vine)

甲香 jiaxiang (shell aromatic)

羁縻 jimi ("halter-and-bridle", a type of administration by loose control)

枸桹 julang (a kind of cotton tree)

渠帅 qushuai (great commander)

开发 kaifa (to develop)

开拓 kaituo (to open up or develop)

笏围 lakwai (粤语, a hedge of thorny bamboo)

栏 lan (a stilt house, transliteration of a Tai word, 该词由台语族语言转译而来)

勒 le (南方方言中对荆刺的称

呼, southern Chinese words for thorns)

筋竹 lezhu（南方方言, thorny bamboo）

俚户 lihu（Li households）

俚帅 Lishuai（Li commander）

流人营 liurenying（refugee encampment）

流寓 liuyu（refugees）

蛮化汉人 Manhua Hanren（Southern-barbarized Han people）

民 min（subjects, commonfolk）

民族 minzu（a nationality or ethnic group）

木棉 mumian（the cotton tree *Bombax malabaricum*）

南贼 Nan Zei（bandits of the south）

平 ping（to pacify, a euphemism for attacking and subduing）

平俚洞 ping li dong（to pacify the Li *dong*）

酋长 qiuzhang（chieftain）

蚺 ran（一作髯, a python）

人 ren（person）

融合 ronghe（to mix together）

少数民族 shaoshuminzu（minority nationality or ethnicity）

生蕃 sheng fan（"raw" barbarians）

首领 shouling（leader）

熟蕃 shu fan（"cooked" barbarians）

属国 shuguo（dependant state）

铜鼓王 tonggu wang（the king bronze drum）

铜虎符 tonghufu（bronze tiger tally）

五铢 wuzhu（a type of coin）

乡里酋豪 xiangliqiuhao（village chieftains）

冶葛 yege（the gelsemium vine, *gelsemium elegans*）

异国之人 yiguozhi ren（people of different countries）

印绶 yinshou（seals and ribbons）

贼帅 zeishuai（bandits leader）

竹使符 zhushifu（bamboo emissary seal）

族属问题 zushuwenti（ethnic identity problems）

参考文献简称

北户录	BHL *Beihulu*
补梁疆域志	BLJYZ *Bu Liang Jiangyu Zhi*
北齐书	BQS *Bei Qi Shu*
博物志校注	BWZ *Bowuzhijiaozhu*
陈书	CS *Chen Shu*
初学记	CXJ *Chuxue ji*
大明一统志	DMYTZ *Damingyitongzhi*
读史方舆纪要	DSFYJY *Dushifangyujiyao*
广东通志	GDTZ *Guangdong tongzhi*
桂海虞衡志校补	GHYHZ *Guihaiyuhengzhijiaobu*
广西通志	GXTZ *Guangxi tongzhi*
广志	GZ *Guangzhi*
广州记	GZJ *Guangzhou ji*
后汉书	HHS *Hou Hanshu*
淮南子	HNZ *Huinanzi*
汉书	HS *Han shu*
华阳国志	HYGZ *Huiyangguozhi*
建安记	JAJ *Jian'an ji*
晋书	JS *Jinshu*
旧唐书	JTS *Jiu Tang shu*
荆杨以南异物志	JYYNYWZ *Jingyanyinanyiwuzhi*
交州异物志	JZYWZ *Jiaozhouyiwuzhi*

岭表录异	LBLY *Lingbiaoluyi*
梁书	LS *Liang shu*
岭外代答校注	LWDD *Lingwaidaidajiaozhu*
林邑记	LYJ *Linyi ji*
六祖坛经笺注	LZTJJZ *Liuzutanchingjianzhu*
南方草物状	NFCWZ *Nanfangcaowuzhuang*
南齐书	NQS *Nan shu*（译者按，有误，应是 *Nan Qi shu*）
南史	NS *Nan shi*
南越志	NYZ *Nanyuezhi*
南中八郡异物志	NZBJYWZ *Nanzhongbajunyiwuzhi*
南州异物志	NZYWZ *Nanzhouyiwuzhi*
齐民要术	QMYS *Qiminyaoshu*
全隋文	QSW *Quan Suiwen*
三国志	SGZ *San Guo zhi*
水经注校	SJZ *Shuijingzhujiao*
宋书	SS *Song shu*
隋书	SuS *Sui shu*
说文解字	SWJZ *Shuowenjiezi*
通典	TD *Tongdian*
太平寰宇记	TPHYJ *Taiping huanyu ji*
吴录地理志	WLDLZ *Wuludilizhi*
魏书	WS *Wei shu*
文选	WX *Wenxuan*
新唐书	XTS *Xin Tang shu*
新修本草	XXBC *Xinxiubencao*
舆地广纪	YDGJ *Yudiguangji*
舆地纪胜	YDJS *Yudijisheng*
艺文类聚	YWLJ *Yiwenleiju*

竹谱　　　　　ZP *Zhu pu*
张燕公集　　　ZYGJ *Zhang yan gong ji*
资治通鉴　　　ZZTJ *Zizhitongjian*

一、汉文基础文献

标注星号"※"的文献皆见他书辑补，今已不存。

1. （唐）段公路：《北户录》(*Records from the North-Facing Window*，约875年成书)，载王云五主编（译者增补）：《丛书集成初编》，上海：商务印书馆，1936年。

2. （唐）李百药：《北齐书》，载张元济主编：《百衲本二十四史》，台北：台湾商务印书馆，1983年。

3. （唐）李延寿：《北史》，载张元济主编：《百衲本二十四史》，台北：台湾商务印书馆，1983年。

4. （晋）张华撰，范宁校证：《博物志校注》（译者按，有误，应是《博物志校证》）(*Commentary on the Wide Gleanings*)，北京：中华书局，1980年。

5. （清）洪齮孙：《补梁疆域志》(*Additions to Liang Administrative Geography*)，载二十五史刊行委员会编：《二十五史补编》卷5，上海：开明书店，1937年，第1—71页。

6. （唐）姚思廉：《陈书》，载张元济主编：《百衲本二十四史》，台北：台湾商务印书馆，1983年。

7. （唐）徐坚：《初学记》(*Materials for Elementary Instruction*)，南海孔氏覆刻古香斋鉴赏袖珍本，1873年。

8. （明）魏俊民编：《大明一统志》(*Unified Gazetteer of Great Ming*)，台北：文海出版社，1963年。

9. （清）顾祖禹：《读史方舆纪要》(*Essentials of Geography for Reading History*)，北京：中华书局，1955年。

10. （清）郝玉麟监修，（清）鲁曾煜编纂：《广东通志》(*Complete Gazet-*

teer of Guangdong)，影印本（译者按，原文作"印影"）文渊阁四库全书，台北：台湾商务印书馆，1983年—1986年。

11. （清）谢启昆修，胡虔纂（译者增补）：《（嘉庆）广西通志》(Complete Gazetteer of Guangxi)，嘉庆六年（1801）刻本。

12. （宋）陈彭年撰：《广韵》(Comprehensive Rhymes)，康熙四十三年（1704）张士俊泽存堂影宋刊本。

13. ※（南朝宋）郭义恭撰：《广志》(Annals of Guang)。

14. ※（西晋）顾微撰：《广州记》(Record of Guangzhou)。

15. ※（东晋）裴渊：《广州记》(Record of Guangzhou)。

16. （宋）范成大著，齐治平校补：《桂海虞衡志校补》(Commentated Annals of the Overseer of Forestry and Fishing between Guilin and the Sea)，南宁：广西民族出版社，1984年。

17. ※（晋）崔豹撰：《古今注》(Commentaries on the Ancient and Modern)。

18. （东汉）班固撰：《汉书》(Book of the Han)，载张元济主编：《百衲本二十四史》，台北：台湾商务印书馆，1983年。

19. （西汉）刘安等著：《淮南子》(Huainanzi)，清嘉庆九年（1804）姑苏聚文堂刻本。

20. （晋）常璩撰：《华阳国志》(Records of the Lands to the South of Mt. Hua)，济南：齐鲁书社，2009年。

21. ※（南朝梁）萧子开撰：《建安记》(Records of Jian'an)。

22. ※（西晋）刘欣期撰：《交州记》(Records of Jiaozhou)。

23. ※（东汉）杨孚撰：《交州异物志》(Annals of the Foreign Things of Jiaozhou)（也作《南裔异物志》）。

24. ※（三国吴）薛莹撰：《荆杨以（译者按，应作"已"）南异物志》(Annals of the Foreign Things from the Lands South of Jingzhou and Yangzhou)。

25. ※（南朝宋）盛宏之：《荆州记》(Records of Jingzhou)。

26. (唐)房玄龄等撰:《晋书》(Book of the Jin),载张元济主编:《百衲本二十四史》,台北:台湾商务印书馆,1983年。

27. (后晋)刘昫等撰:《旧唐书》(Old Book of the Tang),载张元济主编:《百衲本二十四史》,台北:台湾商务印书馆,1983年。

28. (唐)姚察,(唐)姚思廉撰:《梁书》(Book of the Liang),载张元济主编:《百衲本二十四史》,台北:台湾商务印书馆,1983年。

29. (唐)刘恂撰:《岭表录异》(Records of the Foreign from the Outer Side of the Passes),载王云五主编(译者增补):《丛书集成初编》,上海:商务印书馆,1936年。

30. (宋)周去非著,杨武泉校注:《岭外代答校注》(Commentary on the Answered Questions from South of the Passes),北京:中华书局,1999年。

31. (越)陈世法(Trần Thế Pháp):《岭南摭怪列传》(15世纪成书,Linh Nam Chích Quai Liệt truyện)(Array of Strange Tales from South of the Passes),台北:台湾学生书局,1992年。

32. ※佚名:《林邑记》(Record of Linyi,具体成书时间不详,约200—499年间成书)。

33. (唐)慧能撰,丁福保笺注:《六祖坛经笺注》(Commentary on the Platform Sutra),台北:文新书局,1969年。

34. (南朝梁)萧子显撰:《南齐书》(Book of the Southern Qi),载张元济主编:《百衲本二十四史》,台北:台湾商务印书馆,1983年。

35. (唐)李延寿(Li Yanxiu):《南史》(History of the Southern Dynasties),载张元济主编:《百衲本二十四史》,台北:台湾商务印书馆,1983年。

36. (晋)嵇含:《南方草木状》(Compendium of Plants and Trees of the South),载李惠林(Li Hui-lin):《南方草木状:4世纪东南亚的植物》(Nan-fang ts'ao-mu chuang: A Fourth-Century Flora of Southeast Asia),香港:香港大学出版社,1979年,第139-146页。

37. ※(晋)徐衷(一作徐表)撰:《南方草物状》(Compendium of Plants of the South)。

38. ※(南朝宋)沈怀远撰:《南越志》(Annals of Nanyue)。

39. ※佚名撰:《南中八郡异物志》(Annals of Strange Things from the Eight Commanderies in the South)。

40. ※(三国吴)万震撰:《南州异物志》(Annals of Oddities from the Southern Provinces)。

41. (北齐)贾思勰:《齐民要术》(Techniques Essential for the Subsistence of the Common People)。

42. (清)严可均辑:《全隋文》(Complete Writings of the Sui),影印广州广雅书局1873年羊城西湖街富文斋刊刻。

43. (晋)陈寿撰:《三国志》(Annals of the Three Kingdoms),载张元济主编:《百衲本二十四史》,台北:台湾商务印书馆,1983年。

44. (西汉)司马迁著:《史记》(Records of the Historian),载张元济主编:《百衲本二十四史》,台北:台湾商务印书馆,1983年。

45. ※(南朝梁)任昉撰:《述异记》(Records of the Relation of Oddities)。

46. (北魏)郦道元注,王国维校:《水经注校》(Commentary on the River Classic),台北:新文丰出版公司,1986年。

47. (东汉)许慎(Xu Shen)编:《说文解字》,影印广州广雅书局1873年羊城西湖街富文斋刊本,北京:中华书局,2002年。

48. (南朝梁)沈约撰:《宋书》(Book of the Song),载张元济主编:《百衲本二十四史》,台北:台湾商务印书馆,1983年。

49. (唐)魏徵等撰:《隋书》(Book of the Sui),载张元济主编:《百衲本二十四史》,台北:台湾商务印书馆,1983年。

50. (宋)李昉等编:《太平广记》(Wide Gleanings of the Taiping Period),北京:中华书局,1961年。

51. (宋)乐史:《太平寰宇记》(Gazetteer of the World during the

Taiping Period),台北:文海出版社,1993年。

52. (宋)李昉等编:《太平御览》(Imperially Reviewed Encyclopedia of the Taiping Period),北京:中华书局,1998年。

53. (唐)杜佑:《通典》,上海:商务印书馆,1936年。

54. 佚名撰,陈国旺译注(Trần Quốc Vượng):《越史略》(Việt Sử Lược)(13世纪成书,An Abridged History of Việt,Yue shilue)

55. (北齐)魏收撰:《魏书》(Book of the Wei),载张元济主编:《百衲本二十四史》,台北:台湾商务印书馆,1983年。

56. (南朝梁)萧统编,(唐)李善注:《文选》(Selected Writings),香港:商务印书馆,1960年。

57. ※(三国吴,译者按,应是西晋)张勃撰:《吴录地理志》(Geographical Gazetteer from the Records of Wu)。

58. (宋)欧阳修等撰:《新唐书》(New Book of the Tang),载张元济主编:《百衲本二十四史》,台北:台湾商务印书馆,1983年。

59. (唐)苏敬等撰,尚志钧辑校(译者增补):《新修本草:辑复本第二版(译者增补)》(Newly Amended Materica Medica),合肥:安徽科学技术出版社,2004年。

60. (唐)欧阳询撰:《艺文类聚》(Collection of Literature Arranged by Categories),中华书局上海编辑所1959年影印南宋绍兴刻本。

61. (唐)李吉甫撰,贺次君点校(译者增补):《元和郡县图志》(Illustrated Administrative Gazetteer of the Yuanhe Period),北京:中华书局,1983年。

62. (宋)王象之编:《舆地纪胜》(Famous Places of the Empire),台北:文海出版社,1962年。

63. (唐)张说撰:《张燕公集》(Collected Writings of Duke Zhang Yan),载王云五主编(译者增补):《丛书集成初编》,上海:商务印书馆,1936年。

64. (晋)戴凯之撰:《竹谱》(Manual of Bamboo),影印(原作印影)本

文渊阁四库全书,台北:台湾商务印书馆,1983—1986年。

65. (宋)司马迁编著,(元)胡三省音注(译者增补):《资治通鉴》(Comprehensive Mirror for Aid in Government),北京:中华书局,1956年。

二、研究著论

1. 〔美〕安赋诗(Francis Allard):《公元前一千年岭南交流与社会之复杂面向》(Interaction and Social Complexity in Linnan during the First Millennium BC),《亚洲视角》(Asian Perspectives)1994年第33期,第309-326页。

2. 〔美〕安赋诗:《边疆与边界:汉帝国的南方周边》(Frontiers and Boundaries: The Han Empire from Its Southern Periphery),载〔美〕米里亚姆·史塔克(Miriam T. Stark)编:《亚洲考古》(Archaeology of Asia),莫尔登:布莱克威尔出版公司,2006年,第234-254页。

3. 〔法〕莱昂纳德·鄂卢梭(Leonard Aurousseau):《秦代初平南越考》(La première conquête chinoise des pays annamites, IIIe siècle avant notre ère),《法国远东学院学报》(Bulletin de l'École française d'Extrême-Orient)1923年第23辑,第245-264页。

4. 〔美〕詹姆斯·阿克斯特尔(James Axtell):《民族史:历史学者的视角》(Ethnohistory: An Historian's Viewpoint),《民族史》(Ethnohistory)1979年第1期总第23辑,第1-13页。

5. 白耀天:《俚论》,《广西民族研究》1990年第4期,第28-38页。

6. 白耀天:《俚论(续)》,《广西民族研究》1990年第5期,第52-64页。

7. 白耀天:《晋置晋兴郡时间考》,《广西地方志》1997年第1期,第46-49页。

8. 〔美〕大卫·巴克(David G. Barker)、特雷西·巴克(Tracy M. Barker):《缅甸蟒的分布》(The Distribution of the Burmese

Python),《芝加哥爬虫学会学报》(Bulletin of the Chicago Herpetological Society)2008年第43期,第33-38页。

9. 〔美〕杰弗里·巴洛:《中越边境地区的文化、族群属性与早期兵器系统》(Culture, Ethnic Identity, and Early Weapons Systems),载〔加〕斯蒂文·托托西(Steven Tötösy de Zepetnek)、詹妮弗·杰伊(Jennifer W. Jay)编:《东亚文化与历史视角》(East Asian Cultural and Historical Perspectives),埃德蒙顿:加拿大阿尔伯塔大学比较文学与跨文化研究所,1997年,第1-15页。

10. 〔新西兰〕唐恩·贝亚德(Donn Bayard):《华北、华南与东南亚,还是远东?》(North China, South China, Southeast Asia, or Simply Far East?),《香港考古学会会刊》(Journal of the Hong Kong Archaeological Society)1975年第6期,第71-79页。

11. 〔美〕白桂思(Christopher I. Beckwith):《丝绸之路上的帝国:青铜时代至今的中央欧亚历史》(Empires of the Silk Road: A History of Central Eurasia from the Bronze Age to the Present),普林斯顿:普林斯顿大学出版社,2009年。

12. 〔美〕布赖斯·比默(Bryce Beemer):《作为文化传播载体的东南亚的奴隶制与掠奴战争——以缅甸、泰国为例》(Southeast Asian Slavery and Slave-Gathering Warfare as a Vector for Cultural Transmission: The Cast of Burma and Thailand),《历史学家》(Historian)2009年第3期总第71期,第481-506页。

13. 〔美〕毕汉斯(Hans Bielenstein):《公元2至742年中国的人口统计》(The Census of China during the Period 2-742 A.D.),《远东古物博物馆馆刊》(Bulletin of the Museum of Far Eastern Antiquities)1947年第19辑,第125-163页。

14. 〔美〕毕汉斯:《公元2至1982年中国的历史人口统计》(Chinese Historical Demography A.D. 2-1982),《远东古物博物馆馆刊》(Bulletin of the Museum of Far Eastern Antiquities)1967年第

59辑,第1-288页。

15. 〔越〕越南教育和培训部(Bộ Giáo Dục and Đào Tạo)编:《历史6》(Lịch Sử),河内:教育出版社(Nhà Xuất Bân giáo Dục),2006年。

16. 〔美〕约瑟夫·布廷格(Joseph Buttinger):《小龙:越南政治史》(The Small Dragon: A Political History of Vietnam),纽约:普雷格出版社,1958年。

17. 〔英〕安布拉·卡洛(Ambra Calò):《东南亚早期铜鼓的分布:贸易路线与文化圈》(The Distribution of Bronze Drums in Early Southeast Asia),牛津:考古出版社,2009年。

18. 陈大远:《广东罗定县发现窖藏铜钱》,《考古》1992年第3期,第282-283页。

19. 陈庆欣(James K. Chin):《港口、商民、酋帅与太监:早期广东的海上贸易》(Ports, Merchants, Chieftains and Eunuchs: Reading Maritime Commmerce of Early Guangdong),载〔德〕宋馨(Shing Müller)、贺东劢(Thomas Höllmann)等编:《广东考古与早期文献》(Guangdong: Archaeology and Early Texts),威斯巴登(Wiesbaden):哈拉索维茨出版社(Harrassowitz Verlag),2004年,第217-240页。

20. 〔新西兰〕龚雅华(Catherine Churchman):《界限何在?——五六世纪中国的南疆》(Where to Draw the Line: The Chinese Southern Frontier in the Fifth and Sixth Centuries),载〔美〕安齐毅(James A. Anderson)、约翰·惠特摩(John K. Whitmore)编:《中国在南方与西南方的遭遇:两千年来中国疆域的冲突再塑》(China's Encounters in the South and Southwest: Reforging the Fiery Frontier over Two Millennia),莱顿:布里尔出版社,2015年。

21. 〔新西兰〕龚雅华(Michael Churchman):《汉唐时期汉人与越南人形成之前的红河平原》(Before Chinese and Vietnamese in the Red

River Plain: The Han-Tang Period),《南方华裔研究杂志》(Chinese Southern Diaspora Studies)2010 年第 4 期,第 25 - 37 页。

22. 〔新西兰〕龚雅华:《两河之间的人群:汉隋之际的俚獠》(The People in Between: the Li and Lao from the Han to Sui),载〔澳〕诺拉·库克(Nola Cooke)、李塔娜(Li Tana)、〔美〕安齐毅(James A. Anderson)编:《北部湾通史》(The Tongking Gulf through History),费城:宾夕法尼亚大学出版社,2011 年,第 67 - 86 页。

23. 〔法〕孔铎(Georges Condaminas)著,斯蒂芬妮·安德森(Stephanie Anderson)等译:《从拉瓦族到孟族,从 saa' 族到傣族:历史学与人类学视角下的东南亚社会空间》(From Lawa to Mon, from Saa' to Thai: Historical and Anthropological Aspects of Southeast Asian Social Spaces),堪培拉:澳大利亚国立大学人类学系太平洋研究中心,1990 年,第 54 页。

24. 〔澳〕诺拉·库克(Nola Cooke):《殖民政治神化与他者的问题:安南保护国下的法国与越南》(Colonial Political Myth and the Problem of the Other: French and Vietnamese in the Protectorate of Annam),堪培拉:澳大利亚国立大学,1991 年博士论文。

25. 〔越〕陶维英(Dào Duy Anh):《越南历代疆域:越南历史地理研究》(Đất nưởc Việt Nam qua các đời nghiên cưu địa lý học lịch sư Việt Nam),顺化(Huệ):顺化大学出版社(Thuận Hóa),1994 年。

26. 〔越〕陶维英:《越南古代史》(Lịch sư cổ Đất Việt Nam),河内:信息文化出版社(Nhà Xuất Bản Văn Hóa Thông Thin),2005 年。

27. 〔越〕陶维英:《越南历史——从起源到 19 世纪》(Lịch sư Việt Nam tư Nguồn Gốc đện Thệ Ký XIX),河内:信息文化出版社,2006 年。

28. 〔德〕鲍克兰(Inez de Beauclair):《汉文史料中的贵州仡佬族及其历史》(The Keh Lao of Kweichow and Their History According to

the Chinese Records),《华西医科大学中国文化研究所汉学研究集刊》(Studia Serica)1946年第5期,第1-44页。

29. 〔澳〕张磊夫(Rafe de Crespigny):《南方的军阀:东吴建国史》(Generals of the South: The Foundation and Early History of the Three Kingdoms State of Wu),堪培拉:澳大利亚国立大学亚洲研究系,1990年。

30. 〔法〕亚历山德罗(Alexandre de Rhodes):《越语-葡萄牙语-拉丁语词典》(Dictionarium Annamiticum Lusitanum, et Latinumm ope Sacrae Congregationis de Propaganda fide),罗马,1651年。

31. 〔美〕狄宇宙(Nicola Di Cosmo):《古代中国与其强邻:东亚历史上游牧力量的兴起》(Ancient China and Its Enemies: The Rise of Nomadic Power in East Asian History),剑桥:剑桥大学出版社,2002年。译者按,中译本见贺严、高书文译:《古代中国与其强邻:东亚历史上游牧力量的兴起》,北京:中国社会科学出版社,2010年。

32. 〔荷〕冯客(Frank Dikötter):《近代中国之种族概念》(The Discourse of Race in Modern China),斯坦福:斯坦福大学,1992年。译者按,中译本见杨立华译:《近代中国之种族概念》,南京:江苏人民出版社,1999年。

33. 〔美〕艾伯华(Wolfram Eberhard)著,A·艾伯华译:《中国东南的地域文化》(The Local Cultures of South and East China),莱顿:布里尔出版社,1968年。

34. 〔英〕伊懋可(Mark Elvin):《大象的退却:一部中国环境史》(The Retreat of Elephants-An Environmental History of China),纽黑文:耶鲁大学出版社,2004年。译者按,中译本见伊懋可著,梅雪芹、毛丽霞、王玉山译:《大象的退却:一部中国环境史》,南京:江苏人民出版社,2014年。

35. 方国瑜:《中国西南历史地理考释》,台北:台湾商务印书馆,

1987年。

36. 方志钦、蒋祖缘编:《广东通史(古代上册)》,广州:广东高等教育出版社,1996年。

37. 科大卫(David Faure):《粤人的形成:明代的转型》(Becoming Cantonese, the Ming Dynasty Transition),载科大卫、刘陶陶编:《统一与多元:中国的地方文化与身份认同》(Unity and Diversity-Local Cultures and Identities in China),香港:香港大学出版社,1996年。

38. 科大卫:《明中期的瑶民起义及其对瑶族族群特征的影响》(The Yao Wars in the Mid-Ming and Their Impact on Yao Ethnicity),载〔美〕柯娇燕(Pamela Kyle Crossley)等编:《帝国边缘:近代中国的文化、族群与边界》(Empire at the Margins: Culture, Ethnicity and Frontier in Early Modern China),伯克利:加州大学出版社,2006年。

39. 冯孟钦:《广东俚人遗存的考古学观察》,载百越民族史研究会编:《百越研究》第1辑,南宁:广西科学技术出版社,2007年,第216-230页。

40. 〔英〕费子智(Charles Patrick Fitzgerald):《中国人向南扩张》(The Southern Expansion of the Chinese People),堪培拉:澳大利亚国立大学出版社,1972年。

41. 〔美〕马思中(Magnus Fiskesjö):《华夏帝国的"生番"与"熟番"》(On the "Raw" and the "Cooked" Barbarians of Imperial China),《内亚史》(Inner Asia)1991年第1期,第139-136页(译者按,页码有误,应为139-168页)。

42. 高明乾:《植物古汉名图考》,郑州:大象出版社,2006年。

43. 〔日〕后藤均平(Gotō Kimpei),《越南救国抗争史》(Betonamu kyūgoku kōsōshi),东京:新人物往来社(Shin jinbutsu ōrai sha),1975年。

44. 〔英〕葛德威(David A. Graff):《中国中古战争史(300—900 年》(*Medieval Chinese Warfare 300—900*),阿宾顿:罗劳特里奇(Routledge)出版社,2002 年。

45. 〔英〕肯尼思·霍尔(Kenneth R. Hall):《东南亚早期经济史》(*Economic History of Early Times*),载〔英〕尼古拉斯·塔林(Nicholas Tarling)主编:《剑桥东南亚史》第一册《第一章》(*Cambridge History of Southeast Asia, Volume one, Part One*),剑桥:剑桥大学出版社,2008 年,第 190 页。

46. 韩孝荣:《谁发明了铜鼓?——民族主义、政治与 20 世纪 70 至 80 年代中越之间的考古学争论》(*Who Invented the Bronze Drum? Nationalism, Politics and a Sino-Vietnamese Archaeological Debate of the 1970s and 1980s*),《亚洲视角》(*Asian Perspectives*) 2004 年第 1 期总第 43 卷,第 7-33 页。

47. 韩振华:《诸蕃志注补》,香港:香港大学亚洲研究中心,2000 年。

48. 〔美〕郝瑞(Steven Harrell):《文明工程及其应对》,载其编:《中国族群边地的文化碰撞》(*Cultural Encounters on China's Ethnic Frontiers*),西雅图:华盛顿大学出版社,1995 年,第 3-36 页。

49. 贺喜:《与古不同:土著征服传说与华南宗族社会的形成》(*The Past Tells It Differently: The Myth of Nation Subjugation in the Creation of Lineage Society in South China*),载科大卫(David Faure)、何翠萍(Ho Ts'ui P'ing)编:《从酋帅到先民:帝国扩张与华南地方社会》(*Chieftains into Ancestors: Imperial Expansion and Indigenous Society in South China*),温哥华:英属哥伦比亚大学出版社,2013 年。

50. 〔奥〕弗朗茨·黑格尔(Franz Heger):《东南亚古代铜鼓》(*Alte Metalltrommelen aus Südostasien*),莱比锡:希尔泽曼出版社(K. W. Hiersemann),1902 年。

51. 〔美〕乔荷曼(John E. Herman):《云雾之间:中国在贵州的统治

(1200—1700)》(*Amid the Clouds and Mist: China's Colonization of Guizhou 1200—1700*),哈佛东亚专著丛书(Harvard East Asian Monographs)第 293 号,剑桥:哈佛大学出版社,2007 年。

52. 〔新西兰〕查尔斯·海厄姆(Charles Higham):《东南亚的青铜时代》(*The Bronze Age of Southeast Asia*),剑桥:剑桥大学出版社,1999 年。

53. 〔越〕黄朝恩(Hoàng Triều Ân):《岱族喃字字典》(*Từ Điển chữ Nôm Tày*),河内:远方科学出版社(Nhà Xuất Bản Khoa Học Xã Hội),2003 年。

54. 〔美〕何肯(Charles Holcombe):《早期中华帝国的南方腹地:唐代的安南》(*Early Imperial China's Deep South: The Viet Regions through Tang Times*),《唐学报》(*T'ang Studies*)1997 年第 15 - 16 期,第 125 - 156 页。译者按,中译本见魏美强译:《早期中华帝国的南方腹地:唐代的安南地区》,载童岭主编:《域外汉籍研究集刊》第 23 辑,第 386 - 410 页。

55. 〔美〕何肯:《东亚的诞生:从秦汉到隋唐》(*The Genesis of East Asia: 221 B.C. - A.D. 907*),火奴鲁鲁:夏威夷大学出版社,2001 年。译者按,中译本见魏美强译:《东亚的诞生:从秦汉到隋唐》,北京:民主与建设出版社,2021 年。

56. 〔澳〕贺大卫(David Holm):《杀牛祭祖:中国西南地区古壮字文献研究》(*Killing a Buffalo for the Ancestors: A Zhuang Cosmological Text from Southwest China*),迪卡尔布:北伊利诺伊大学东南亚研究中心,2003 年。

57. 〔澳〕贺大卫:《招魂:中国南方广西台族群进化文本之布洛陀抄本经文》(*Recalling Lost Souls-The Baeu Rodo Scriptures: Tai Cosmogonic Text from Guangxi in Southern China*),缅甸:白莲花出版社,2004 年。

58. 〔澳〕詹妮弗·霍姆格伦(Jennifer Holmgren):《公元一至六世纪越

南北部湾的政区地理与政治演进》(Chinese Colonization of Northern Vietnam: Administrative Geography and Political Development in the Tongking Delta, First to Sixth Centuries A.D.),堪培拉:澳大利亚国立大学出版社,1980年。

59. 胡绍华:《中国南方民族史研究》,北京:民族出版社,2004年。

60. 胡守为:《岭南古史》,韶关:广东人民出版社,1999年。

61. 黄兴球:《壮泰族群分化时间考》,北京:民族出版社,2008年。

62. 黄增庆:《壮族古代铜鼓的铸造工艺》,《广西民族学院学报》1984年第1期,第41—47页。

63. 〔美〕贺凯(Charles O. Hucker):《中国古代官名词典》(A Dictionary of Official Titles in Imperial China),斯坦福:斯坦福大学出版社,1986年。

64. 〔美〕比弗利·杰克逊(Beverly Jackson):《翡翠蓝:中国古代艺术珍宝》(Kingfisher Blue: Treasures of an Ancient Chinese Art),伯克利:十速出版社(Ten Speed Press),2001年。

65. 〔瑞典〕秦西(Olov. R. T. Janse):《中南半岛的考古学研究》(全3册)(Archaeological Research in Indo-China),剑桥:哈佛大学出版社,1947—1958年。

66. 蒋廷瑜:《粤式铜鼓的初步研究》,载中国古代铜鼓研究会编:《古代铜鼓学术讨论会论文集》,北京:文物出版社,1982年,第139—151页。

67. 江苏医学院编:《中药大辞典》(全3册),香港:商务印书馆,1978—1979年。

68. 〔日〕片仓穰(Katakura Minoru):《中国王朝支配下的越南》(Chūgoku shihaika no betonamu—Chugoku shoōchō no shūdatsu ni kansuru shironteki kōsatsu),《历史学研究》(Rekishigaku Kenkyū)第380号,1972年第17—26页;《历史学研究》第381号,1972年,第28—35页。

69. 〔日〕河原正博(kawahara Masahiro):《汉民族华南发展史研究》(*Kan minzoku kanan hattenshi kenkyū*),东京:吉川弘文馆(Yoshikawa Kōbunkan),1984年。

70. 〔荷〕贝纳特·坎普斯(A. J. Bernet Kempers):《东南亚的铜鼓:青铜世界及其余波》(*The Kettledrums of Southeast Asia: A Bronze Age World and Its Aftermath*),鹿特丹:巴尔克马出版社(A. A. Balkema),1988年。

71. 〔德〕安然(Annette Kieser):《广东的平静与安定:广东六朝时期的墓葬与移民迁徙》(Nur Guangdong is truhig und friedlich; Grabkult und Migration während der Sechs Dynastie nim heutigen Guangdong),载〔德〕宋馨(Shing Müller)、贺东劢(Thomas Höllmann)等编:《广东考古与早期文献》(*Guangdong: Archaeology and Early Texts*),威斯巴登(Wiesbaden):哈拉索维茨出版社(Harrassowitz Verlag),2004年,第101-124页。

72. 〔英〕埃德蒙·利奇(Edmund Leach):《缅甸高地的政治制度:对克钦社会结构的一项研究》(*Political Systems of Highland Burma: A Study of Kachin Social Structure*),伦敦:伦敦大学阿斯隆出版社,1970年。

73. 〔美〕F. K. 莱曼(F. K. Lehman):《谁是克伦族?何为克伦族?——克伦族民族史与族群形成理论》(Who are the Karen, and If so, Why? Karen Ethnohistory and a Formal Theory of Ethnicity),载查理斯·奇兹(Charles F. Keyes)编:《族群适应与身份:泰缅边界的克伦族》(*Ethnic Adaptation and Identity: The Karen on the Thai Frontier with Burma*),费城:人类问题研究所,1979年,第215-253页。

74. 〔法〕李穆安(*Jacques Lemoine*):《世界苗族人口实数》(What Is the Actual Number of the Hmong in the World?),《苗族研究杂志》(*Hmong Studies Journal*)2005年第6期,第1-8页。

75. 〔越〕黎文贯(Lê Vă Quan):《喃字研究》(Nghiên Cứu về chữ nôm),河内:远方科学出版社(Nhà Xuất Bản Khoa Học Xā Hội),1981年。

76. 梁敏、张均如:《标话研究》,北京:中央民族大学出版社,2002年。

77. 廖幼华:《历史地理学的应用:岭南地区早期发展之探讨》,台北:文津出版社,2004年。

78. 李方桂(Li Fang-Kuei):《比较台语手册》(A Handbook of Comparative Tai),火奴鲁鲁:夏威夷大学出版社,1977年。

79. 〔美〕李惠林(Li Huilin):《南方草木状:4世纪东南亚的植物》(Nan-fang ts'ao-mu chuang-A Fourth Century Flora of Southeast Asia),香港:香港大学出版社,1979年。

80. 李锦芳:《侗台语言与文化》,北京:民族出版社,2002年。

81. 李龙章:《岭南地区出土青铜器研究》,北京:文物出版社,2006年。

82. 李明湛:《江门恩平惊现大型东汉铜鼓鼓面直径超一米》,江门日报2009年9月15日,http://news.china.com/zh_cn/history/all/11025807/20090915/15639778.html。

83. 李旭练:《倈语研究》,北京:中央民族大学出版社,1999年。

84. 李锡鹏:《新会出土的古钱币》,载《中国考古集成·华南卷3》,郑州:中州古籍出版社,2005年,第2234-2239页。

85. 〔英〕维克托·李伯曼(Victor Liebermann):《形异神似:全球化背景下的东南亚(800—1830)》(Strange Parallels: Southeast Asia in a Global Context, c. 800—1830),剑桥:剑桥大学出版社,2003年。

86. 林富士:《槟榔入华考》,《历史月刊》2003年第7期,第94-100页。

87. 罗香林:《百越源流与文化》,台北:中华书局,1955年。

88. 〔法〕龙巴尔(Denys Lombard)撰,〔澳〕诺拉·库克译:《东南亚的另一个"地中海"》(Another 'Mediterranean' in Southeast Asia),《南方华裔研究杂志》(Chinese Southern Diaspora Studies)2007

年第 1 期,第 3-9 页。

89. 〔英〕鲁惟一(Michael Loewe):《从正史〈史记〉到〈陈书〉所见的广州:文献学的考察》(Guangzhou: The Evidence of the Standard Histories from the Shi ji to the Chen Shu),载〔德〕宋馨(Shing Müller)、贺东劢(Thomas Höllmann)等编:《广东考古与早期文献》(*Guangdong: Archaeology and Early Texts*),威斯巴登(Wiesbaden):哈拉索维茨出版社(Harrassowitz Verlag),2004年,第 51-80 页。

90. 吕士朋:《北属时代的越南》,香港:香港中文大学新亚研究所,1964年。

91. 罗永现(Luo Yongxian):《原始台语同源词补证》(Expanding the Proto-Tai Lexicon-A Supplement to Li),《孟高棉语研究》(*Mon-Khmer Studies*)1997 年第 27 辑,第 271-298 页。

92. 〔日〕松本信广(Matsumoto Nobuhiro):《印度支那的民族与文化》(*Indoshina no Minzoku to Bunka*),东京:岩波书店(Iwanami shoten),1942 年。

93. 〔英〕马敬能(John MacKinnon)、凯伦·菲利普斯(Karena Phillips):《中国鸟类图鉴》(*A Field Guide to the Birds of China*),牛津:牛津大学出版社,2000 年。

94. 〔法〕马伯乐(Henri Maspero):《唐代的安南都护府疆域考》(Le Protectorat général d'Annam sous les T'ang: Essai de géographie historique),《法国远东学院学报》(*Bulletin de l'École française d'Extrême-Orient*)1910 年第 10 辑,第 539-682 页。

95. 秦维廉(William Meacham):《张光直华南史前史研究述评》(*On Chang's Interpretation of South China Prehistory*),《香港考古学会会刊》1976 年第 7 期,第 101-109 页。

96. 秦维廉:《论古代越人人类学定义之可能》(Is an Anthropological Definition of the Ancient Yue Possible?),载邹兴华(Chau

Hing-wa)编:《岭南古越族文化论文集》(Collected Essays on the Culture of the Ancient Yue People in South China),香港:香港市政局,1993年,第140－154页。

97. 蒙文通:《越史丛考》,北京:人民出版社,1983年。

98. 马奕猷(Bernard F. Meyer)、西奥多·万普(Theodore F. Wempe):《学生用粤英字典》(The Student's Cantonese Dictionary),香港:天主真理协会,1947年。

99. 〔澳〕让·穆赫兰道(Jean Mulholland):《儿科中的植物医学》(Herbal Medicine in Paediatrics: Translation of a Thai Book of Genesis Faculty of Asian Studies Monographs New Series: New Series No. 14),堪培拉:澳大利亚国立大学亚太学院,1989年。

100. 〔美〕约翰·墨菲(John C. Murphy)、罗伯特·亨特森(Robert W. Henderson):《巨蛇的传说:蟒蛇的自然史》(Tales of Giant Snakes: A Historical Natural of Anacondas and Pythons),马拉巴尔:柯里格出版公司,1997年。

101. 〔越〕阮维兴(Nguyen Duy Hinh):《越南史上首个国家的诞生》(The Birth of the First State in Vietnam),载唐·贝亚德(Donn Bayard)编:《第15届泛太平洋科学大会东南亚考古学》(Southeast Asian Archaeology at the XV Pacific Science Congress),达尼丁:奥塔哥大学史前人类学研究所(University of Otago Studies in Prehistoric Anthropology),1984年,第183－187页。

102. 〔越〕阮克员(Nguyen Khac Vien):《越南史》(Vietnam: A Long History),河内:外语出版社(Foreign Languages Publishing House),1987年。

103. 〔越〕阮金容(Nguyen Kim Dung)、〔英〕伊恩·葛鲁夫(Ian C. Glover)、〔日〕山形真理子(Mariko Yamagata):《越南中部广南省查乔、Go Cam的发掘》(Excavations at Trà Kiệu and Go Cam,

Quang Nam Province, Central Viet Nam),载〔英〕伊贝可(E. A. Bacus)、〔英〕伊恩·葛鲁夫(Ian C. Glover)、〔英〕皮戈特(V. C. Pigott)编:《揭秘东南亚的过去:第 10 届欧洲东南亚考古学家协会论文选集》(*Uncovering Southeast Asia's Past-Selected Papers from the 10th Conference of the European Association of Southeast Asian Archaeologists*),新加坡:新加坡国立大学出版社,2006 年。

104. 〔越〕阮玉山(Nguyên Ngọc Sơn):《理解越南史》(*Tim Hiếu Tiếng Việt Lịch Sử*),河内:河内师范大学出版社(Nhà Xuất Bản Đại Học Sư Phạm),2000 年。

105. 〔日〕西村昌也(Nishimura Masanari):《从民族史的视角来理解越南北部的铜鼓》(Hokubu vietonamu dōko wo meguru minzokushiteki shiten kara no rikai),《东南亚研究》(*Tōnan ajia kenkyū*)2008 年第 1 期总第 46 号,第 3 - 42 页。

106. 〔日〕西村昌也:《红河三角洲的城郭遗迹:关于陇溪城址的新认识与问题》(Kōka Deruta no kaku iseki, Lũng Khê jōshi wo meguru shin ninshiki to mondai),《东南亚历史与文化》(*Tōnan ajia rekishi to bunka*)2001 年总第 30 号,第 46 - 49 页。

107. 〔日〕西村昌也:《史前晚期至 10 世纪红河平原的聚落模式》(*Settlements Patterns on the Red River Plain from the Late Prehistoric Period to the Tenth Century AD*),《印度—太平洋史前学协会会刊》(*Indo-Pacific Prehistory Association Bulletin*)2007 年第 25 期,第 99 - 107 页。

108. 〔美〕罗杰瑞(Jerry Norman)、梅祖麟(Tsu-lin Mei):《古代华南的南亚语系》(*The Austroasiatics in Ancient South China, Some Lexical Evidence*),《华裔学志》(*Monumenta Serica*)1976 年第 32 期,第 274 - 301 页。

109. 〔美〕史蒂芬·欧·哈罗(Stephen O'Harrow):《胡、汉与百蛮:士燮传与早期越南社会的概念生成》(Men of Hu, Men of Han, Men of the Hundred Man: The Biography of Si Nhiep and the Conceptualization of Early Vietnamese Society),《法国远东学院学报》(Bulletin de l'École française d'Extrême-Orient)1986年第75卷,第249-266页。

110. 〔日〕冈田宏二(Okada Kōji)著,赵令志、李德龙译:《中国华南民族社会史研究》,北京:民族出版社,2002年。

111. 〔泰〕许家平(Weera Ostapirat):《原始卡岱语》(Proto Kra),《藏缅区域语言学》(Linguistics of the Tibeto-Burman Area)2000年第23期,第1-251页。

112. 〔法〕菲利普·帕潘(Philippe Papin):《古代越南的地理与政治》(Géographie et politique dans le Việt-Nam ancien),《法国远东学院学报》(Bulletin de l'École française d'Extrême-Orient)第87卷,2000年第2期,第609-628页。

113. 〔美〕派翠西亚·佩丽(Patricia Pelley):《后殖民时代的越南:越南民族史新解》(Postcolonial Vietnam: New Histories of the National Past),达勒姆:杜克大学出版社,2002年。

114. 〔法〕伯希和(Paul Pelliot):《马可波罗寰宇记》(Notes on Marco Polo: Ouvrage Posthume)(全3卷),巴黎:国家印刷局(ImprimerieNationale)1957—1973年。

115. 彭丰文:《南朝岭南民族政策新探》,《民族研究》2004年第5期,第93-100页。

116. 彭丰文:《西江都督与南朝岭南开发》,《广西民族研究》2004年第2期,第62-67页。

117. 〔美〕白海思(Heather Peters):《文身穴居:谁是"百越"?》(Tattooed Faces and Stilt Houses: Who Were the Ancient Yue?),《中国柏拉图文库》(Sino-Platonic Papers)第17辑,费城:宾夕法尼

亚大学东方学系,1990年。

118. 〔越〕范德阳(Phạm Đức Dương):《东南亚背景下的越南文化》(Văn hóa Việt Nam trong Bối Cảnh Đông Nam Á),河内:远方科学出版社(Nhà Xuất Bản Khoa Học Xã Hội),2000年。

119. 〔越〕范辉从(Phạm Huy Tong)编:《越南东山铜鼓》(*Dong Son Drums in Vietnam*),河内:越南社会科学出版社(Vietnam Social Science Publishing House),1990年。

120. 〔越〕潘东翰(John Duong Phan):《重思"安南":中越芒语语言接触新探》(Re-Imagining 'Annam': A New Analysis of Sino-Viet-Muong Linguistic Contact),《南方华裔研究杂志》(*Chinese Southern Diaspora Studies*)2010年第4期,第3-24页。

121. 〔泰〕张高峰(Pittayawat Pittayaporn):《原始西南泰语中的汉语外来词及其对西南泰语传播的断代意义》(Layers of Chinese Loanwords in Proto-Southwestern Tai as Evidence for the Dating of the Spread of Southwestern Thai),MANUSYA:《人类学杂志》(*Journal of Humanities*)2014年第20期特刊,第47-68页。

122. 〔德〕普塔克(Roderich Ptak):《北部湾:微型的地中海?》(The Gulf of Tongking: A Mini-Mediterranean?),载〔比〕萧婷(Angela Schottenhammer)编:《东亚的"地中海":海上十字路口的文化、贸易与移民》(*The East Asian "Mediterranean": Maritime Crossroads of Culture, Commerce and Human Migration*),威斯巴登:哈拉索维茨出版社(Harrassowitz Verlag),2008年,第53-73页。

123. 〔加〕蒲立本(Edwin G. Pulleyblank):《史前及早期历史时期的中国及其近邻》(The Chinese and Their Neighbors in Prehistoric and Early Historic Times),载〔美〕吉德伟(David N. Keightley)编:《中国文明的起源》(*The Origins of Chinese Civilization*),伯

克利:加州大学出版社,1983年,第411-466页。

124. 〔加〕蒲立本:《早期中古汉语、晚期中古汉语与早期官话构拟发音的词汇》(Lexicon of Reconstructed Pronunciation in Early Middle Chinese, Late Middle Chinese and Early Mandarin),温哥华:英属哥伦比亚大学出版社,1991年。

125. 〔澳〕安东尼·瑞德(Anthony Reid):《东南亚的贸易时代(1450—1680)》卷一《风下之地》(Southeast Asia in the Age of Commerce 1450—1680: Volume One-The Lands below the Winds),纽黑文:耶鲁大学出版社,1988年。

126. 〔澳〕苏珊·雷诺兹(Susan Reynolds):《中古族群起源与区域社会》(Medieval Origines Gentium and the Community of the Realm),《历史》(History)1983年第68期,第375-390页。

127. 〔孟〕雷扎(A. H. A. M. Reza)、穆斯塔法·费罗兹(MostafaM. Feeroz)、卡比尔(M. M. Kabir):《孟加拉国孙德尔本斯红树林地区翠鸟的现状与分布密度》(Status and Density of Kingfishers in the Sundarbans Mangrove Forest, Bangladesh),《孟加拉生命科学杂志》(Bangladesh Journal of Life Sciences)2003年第1期,第55-60页。

128. 〔法〕夏之时(L. Richard)著,〔爱尔兰〕甘沛澍(M. Kennelly)译:《中国坤舆详志译本》(Comprehensive Geography of the Chinese Empire and Dependencies),上海:土山湾印书馆(T'u se wei Press),1908年。

129. 芮逸夫(Ruey Yih-fu):《僚人考》,《历史语言研究所集刊》1957年第28本下,第727-771页。

130. 〔法〕沙加尔(Laurent Sagart):《东亚粟种植的扩张:语言学与考古学的观察》(The Expansion of Setaria Farmers in East Asia— A Linguistic and Archaeological Model),载艾莉西亚·马扎编:《东亚古代的人口迁徙:考古学、语言学与遗传学的综合分析》

(*Past Human Migrations in East Asia：Matching Archaeology, Linguistics and Genetics*),伦敦:罗劳特里奇出版社,2003 年,第 133-181 页。

131. 〔丹〕奥斯卡·塞尔明克(Oscar Salemink):《越南中部高地人群的民族志:1850 年至 1990 年的历史语境》(*The Ethnography of Vietnam's Central Highlanders：A Historical Contextualization 1850—1990*),火奴鲁鲁:夏威夷大学出版社,2003 年。

132. 〔丹〕奥斯卡·塞尔明克:《山地视角:正说越南平原与高地关系史》(*A View from the Mountains：A Critical History of Lowlander-Highlander Relations in Vietnam*),载托马斯·西科尔(Thomas Sikor)等编:《开放的边疆:越南高地的转型》(*Opening Boundaries：Upland Transformations in Vietnam*),新加坡:新加坡国立大学出版社,2011 年,第 27-50 页。

133. 〔美〕薛爱华(Edward H. Schafer):《合浦的珍珠》(The Pearl of Ho-p'u),《美国东方学会杂志》(*Journal of the American Oriental Society*)1952 年第 4 期总第 74 期,第 155-168 页。

134. 〔美〕薛爱华:《朱雀:唐代的南方意象》(*The Vermilion Bird：T'ang Images of the South*),伯克利:加州大学出版社,1967 年。译者按:中译本见程章灿、叶蕾蕾译:《朱雀:唐代的南方意象》,北京:生活·读书·新知三联书店,2004 年。

135. 〔美〕薛爱华、〔美〕沃拉克(Benjamin E. Wallacker):《唐代的地方土贡》(Local Tribute Products of the T'ang Dynasty),《东方文化》(*Journal of Oriental Studies*)1957 年第 4 期,第 213-248 页。

136. 〔法〕施耐德(Paul Schneider):《越南表意文字历史大词典》(*Dictionnaire historique des idéogrammesVietnamiens*),尼斯:尼斯索菲亚大学东南亚、马达加斯加及印度洋群岛跨学科研究所(Université de Nice-Sophia Antipolis, Unité de recherches

interdisciplinaires sur l'Asie du sud-est, Madagascar et les îles de l'océan Indien),1992 年。

137. 〔美〕詹姆斯·斯科特(James C. Scott):《逃避统治的艺术:东南亚高地的无政府主义历史》(*The Art of Not Being Governed: An Anarchist History of Upland Southeast Asia*),纽黑文:耶鲁大学出版社,2009 年。

138. 〔澳〕保罗·西德维尔(Paul Sidwell)编,〔澳〕哈里·萧图(Harry Shorto)著:《孟高棉语比较词典》(*A Mon-Khmer Comparative Dictionary*),堪培拉:澳洲国立大学亚太学院太平洋语言学中心(Pacific Linguistics, Research School of Pacific and Asian Studies),2006 年。

139. 〔美〕苏恒翰(Wilhelm J. Solheim):《中国华南的史前史:中国还是东南亚?》(Prehistoric South China: Chinese or Southeast Asian?),《亚洲与非洲语言的计算分析》(*Computational Analyses of Asian and African Languages*)1984 年第 22 号,第 13-20 页。

140. 〔美〕约瑟夫·史宾赛(Joseph Earle Spencer):《亚洲东南部的人文地理》(*Asia, East by South: A Cultural Geography*),纽约:约翰威利出版社(John Wiley),1954 年。

141. 粟德林:《中国药物大辞典》(上下册),北京:中国医药科技出版社,1991 年。

142. 粟冠昌:《广西土官民族成分再探》,《学术论坛》1981 年第 2 期,第 83-86 页。

143. 谭其骧编:《中国历史地图集》(全 8 册),北京:中国地图出版社,1982—1987 年。

144. 〔英〕王富文(Nicholas Tapp):《中国苗族:语境、能动性和想象》(*The Hmong of China: Context, Agency, and the Imaginary*),莱顿:布里尔出版社,2001 年。

145. 〔美〕凯斯·泰勒(Keith W. Taylor):《越南的诞生》(*The Birth of Vietnam*),伯克利:加州大学出版社,1983年。

146. 〔美〕凯斯·泰勒:《(越南)早期国家》(The Early Kingdoms),载尼古拉斯·塔林(Nicholas Tarling)主编:《剑桥东南亚史》(*Cambridge History of Southeast Asia, Volume One, Part One*)第一册《第一章》,剑桥:剑桥大学出版社,2008年,第137-182页。

147. 〔美〕凯斯·泰勒:《芒语化》(On Being Muonged),《亚洲族群》(*Asian Ethnicity*)2001年第1期第2卷,第25-34页。

148. 〔美〕凯斯·泰勒:《越南的表象:民族与地域史之外》(Surface Orientations in Vietnam: Beyond Histories of Nation and Region),《亚洲研究杂志》(*Journal of Asian Studies*)1998年第8卷第4期,第949-978页。

149. 〔越〕陈国旺(Trần Quốc Vượng):《传说时代的历史》(Từ Truyền Thuyết Ngôn Ngữ Lịch Sử),载河内考古院(Viện Khảo Cổ Học Hanoi)编:《雄王建国》(*Hùng Vương Dựng Nước*),河内:远方科学出版社(Nhà Xuất Bản Khoa Học Xã Hội),1970年。

150. 〔越〕陈国旺:《传统、涵化与创新:越南文化的演进模式》(Traditions, Acculturation, Renovation: The Evolutional Pattern of Vietnamese Culture),载戴维·马尔(David G. Marr)、安东尼·米尔纳(A. C. Milner)编:《公元9至14世纪的东南亚》(*Southeast Asia in the 9th to 14th centuries*),新加坡:新加坡国立大学东南亚研究所(Institute of Southeast Asian Studies),1986年,第271-278页。

151. 〔越〕陈国旺(Trần Quốc Vượng):《东南亚与东亚背景下的越南传统文化》(Truyền thống văn hóa Việt Nam trong Bối Cảnh Đông Nam Á Và Đông Á),载《越南文化探索与思考》(*Văn Hóa Việt Nam Tìm Tòi Và Suy Ngẫm*),河内:远方科学出版社(Nhà

Xuất Bản Khoa Học Xã Hội),2003 年。

152. 〔越〕陈国旺(Trần Quốc Vượng)、何文晋(Hà vân Tả)编:《越南封建制度史》(*Lịch Sử Chế Độ Phong Kiến Việt-Nam*)第 1 册,河内:教育出版社(Nhà Xuất Bân giáo dục),1960 年。

153. 〔英〕安德鲁·特顿(Andrew Turton):《〈文明与野蛮〉序言》(Introduction to Civility and Savagery),载其编:《文明与野蛮:泰语国家的社会认同》(*Civility and Savagery: Social Identity in Tai States*),列治文(Richmond, Surrey):柯曾出版社(Curzon),2000 年,第 1-29 页。

154. 〔澳〕埃斯塔·安卡(Esta S. Ungar):《从神话到历史:14 世纪越南的想象政治体》(From Myth to History: Imagined Polities in 14th Century Vietnam),载戴维·马尔(David Marr)、安东尼·米尔纳(A. C. Milner)编:《公元 9 至 14 世纪的东南亚》(*Southeast Asia in the 9th to 14th centuries*),新加坡:新加坡国立大学东南亚研究所(Institute of Southeast Asian Studies),1986 年,第 117-138 页。

155. 〔荷〕威廉·冯·申德尔(Willem Van Schendel):《已知地带与未知地带:东南亚的文明跳跃》(Geographies of Knowing, Geographies of Ignorance: Jumping Scalein Southeast Asia),载保罗·克拉托斯卡(Paul Kratoska)、雷姆科·拉本(RemcoRaben)、汉克·舒尔特·诺德霍尔特(Henk Schulte Nordholt):《发现东南亚:知识地理与政治空间》(*Locating Southeast Asia: Geographies of Knowledge and Politics of Space*),新加坡:新加坡国立大学出版社,2005 年,第 275-307 页。

156. 〔越〕越南考古院(Viện Khảo Cổ học)编:《雄王建国》(*Hùng Vương Dựng Nước*)(全 4 册),河内:远方科学出版社(Nhà Xuất Bản Khoa Học Xã Hội),1970—1974 年。

157. 〔越〕越南考古院(Viện Khảo Cổ học)编:《考古学的新发现》(Những Phát Hiện Mới Về Khảo Cổ Học),河内:远方科学出版社(Nhà Xuất Bản Khoa Học Xã Hội),1972—2009年。

158. 〔美〕罗泰(Lothar von Falkenhausen):《东周时期岭南地区青铜礼器的使用及其意义》(The Use and Significance of Ritual Bronzes in the Lingnan Region during the Eastern Zhou Period),《东亚考古学刊》(Journal of East Asian Archaeology)2001年第3卷第1、2期,第193-236页。

159. 〔澳〕韦杰夫(Geoff Wade):《冼夫人与6世纪的中国南方》(The Lady Sinn and the Southward Expansion of China in the Sixth Century),载〔德〕宋馨(Shing Müller)、贺东劢(Thomas Höllmann)等编:《广东考古与早期文献》(Guangdong: Archaeology and Early Texts),威斯巴登(Wiesbaden):哈拉索维茨出版社(Harrassowitz Verlag),2004年,第125-150页。

160. 〔澳〕韦杰夫:《历史上中国的南部边疆》(The Southern Chinese Borders in History),载〔英〕格兰特·埃文斯(Grant Evans)、克里斯托弗·哈顿(Christopher Hutton)、柯群英(Kuah Khun Eng)编:《中国与东南亚的交汇:边界地区的社会与文化变迁》(Where China Meets Southeast Asia: Social and Cultural Change in the Border Region),新加坡:新加坡国立大学东南亚研究所,2000年,第28-50页。

161. 万辅彬、房明惠、韦冬萍:《越南东山铜鼓再认识与铜鼓分类新说》,《广西民族学院学报(哲学社会科学报)》,2003年第6期,第77-83页。

162. 王贵忱、王大文:《从古代货币交流看海上丝绸之路》,载《中国考古集成·华南卷》(二),郑州,中州古籍出版社,2005年,第1067-1073页。

163. 〔澳〕王赓武(Wang Gungwu):《南海贸易:中国早期海洋贸易的

研究》(The Nan-Hai Trade: A Study of the Early History of Chinese Trade on the South China Sea),《皇家亚洲文会马来支会会刊》(*Journal of the Malayan Branch of the Royal Asiatic Society*)1957年第31卷第2期,第1-135页。该文后收入〔澳〕韦杰夫编:《东南亚与中国的互动》(*Southeast Asia - China Interactions*),新加坡:新加坡国立大学出版社,2007年,第51-166页。

164. 王佳:《周亨铜鼓拟申报国家一级文物 身高度冠全国》,《南方日报》2009年8月7日报道,网址 http://big5.huaxia.com/zhwh/whbh/2009/08/1525896.html。

165. 王均:《壮侗语族语言简志》,北京:民族出版社,1984年。

166. 王克荣、邱钟仑、陈远璋:《广西左江岩画》,北京:文物出版社,1988年。

167. 王文光、李晓斌:《百越民族发展演变史:从越、僚到壮侗语族各民族》,北京:民族出版社,2007年。

168. 王兴瑞:《冼夫人与冯氏家族——隋唐间广东南部地区社会历史的初步研究》,北京:中华书局,1984年。

169. 〔美〕理查德·怀特(Richard White):《中间地带:大湖区的印第安人、帝国和共和国(1650—1815)》(*The Middle Ground: Indians, Empires, and Republics in the Great Lakes Region*, 1650—1815),剑桥:剑桥大学出版社,1991年。

170. 〔美〕何伟恩(Harod J. Wiens):《中国向热带进军》(*China's March Toward the Tropics*),哈姆登(Hamden):鞋带出版社(Shoe String Press),1954年。

171. 〔美〕沃尔特斯(O. W. Wolters):《东南亚视角下的历史、文化与地域》(修订版)(*History, Culture and Region in Southeast Asian Perspectives*),纽约伊萨卡:康纳尔大学东南亚项目,1999年。

172. 吴永章:《南朝岭南俚僚概论》,载彭适凡编:《百越民族研究》,南昌:江西教育出版社,1990年,第234-242页。

173. 许海鸥:《挖出铜鼓被儿误卖 村民千元赎回交国家》,《南国日报》2011年4月9日,第9页。
174. 徐恒彬:《俚人及其铜鼓考》,载《古代铜鼓学术讨论会论文集》,北京:文物出版社,1982年,第152-158页。
175. 徐松石:《粤江流域人民史》,上海:中华书局,1939年。
176. 严耕望:《中国地方行政制度史》(全4册),台北:历史语言研究所,1963年。
177. 杨豪:《岭南宁氏家族源流新证》,《考古》1989年第3期,第269-273页。
178. 杨少祥:《试论合浦徐闻港的兴衰》,载《中国考古集成·华南卷》(二),郑州:中州古籍出版社,2005年,第1498-1501页。
179. 姚舜安:《北流型铜鼓铸造遗址初探》,《考古》1988年第6期,第558-561页。
180. 姚舜安、万辅彬、蒋廷瑜编:《北流型铜鼓探秘》,南宁:广西人民出版社,1990年。
181. 姚舜安、蒋廷瑜、万辅彬:《论灵山型铜鼓》,《考古》1990年第10期,第929-943页。
182. 〔日〕吉开将人(Yoshikai Masato):《铜鼓"再编"的时代——公元一千年的越南与南中国》(Dōko saihen no jidai-issennenki no betonamu minami chūgoku),《东洋文化》(*Tōyō Bunka*)1998年第78期,第199-218页。
183. 〔日〕吉开将人:《作为历史世界的岭南与越南北部:可能性与课题》(Rekishi sekai toshite no ryōnan-hokubu betonamu; sono kanōsei to kadai),《东南亚历史与文化》(*Tōnan ajia rekishi to bunka*)2002年第31期,第79-95页。
184. 〔日〕吉开将人:《印所见的南越世界(前篇、中篇、后篇)——岭南古玺印考》(Shirushi kara mita nanetsu sekai(zenpen; chūhen; kōhen)-ryōnan kojiin kō),《东洋文化研究所纪要》(*Tōyō bunka*

kenkyūjo kiyō)1998年第136期,第89－135页;1999年第137期,第1－45页;2000年第139期,第1－38页。
185. 张均如编:《壮语方言研究》,成都:四川民族出版社,1999年。
186. 张声震编:《壮族通史》(全3册),北京:民族出版社,1997年。
187. 张增祺:《滇国与滇文化》,昆明:云南美术出版社,1997年。
188. 张周来:《广西容县发现两千年前大铜鼓——体形硕大纹饰精致》,新华网广西频道2010年12月13日,网址:http://www.gx.xinhuanet.com/dtzx/2010－12/13/.content_21621008.html.
189. 郑超雄:《关于岭南冶铁业起源的若干问题》,《广西民族研究》1996年第3期,第50－56页。
190. 郑超雄、覃芳:《壮族历史文化的考古学研究》,北京:民族出版社,2006年。
191. 中国古代铜鼓研究会编:《中国古代铜鼓》,北京:文物出版社,1988年。
192. 中国联合准备银行调查室编:《唐宋时代金银之研究》,北京:中国联合准备银行调查室,1944年。
193. 周如雨:《武鸣县罗波镇村民挖出千年铜鼓》,《南国早报》2014年6月17日,第11页。
194. 周一良:《南朝境内之各种人及政府对待之政策》,载其《魏晋南北朝史论集》,北京:中华书局,1963年,第30－93页。
195. 朱夏:《中国的金》,上海:商务出版社,1953年。
196. 朱大渭:《南朝少数民族概况及其与汉族的融合》,《中国史研究》1980年第1期,第57－76页。

索 引

（索引为原书页码，请查阅本书边码）

A

埃德蒙·利奇（Leach, Edmund），20页；

艾伯华 Eberhard, Wolfram, 13/18页；

安昌郡，131页；

安赋诗（Allard, Francis），144页；

安靖郡，191页；

安南都护 Protectorate of the Pacified South(*Annan*), 53/92/161页；

安南都护府（*Annan duhu fu*），159页（另参"安南都护 Protectorate of the Pacified South"）；安南郡 Annan Commandery, 159页；

安州 Anzhou, 133/183-184页；

奥斯卡·塞尔明克（Salemink, Oscar），22/34页；

B

白州 Baizhou, 157/186/187页；

百梁郡 Boliang commandery, 131页；

百越 Hundred Yue, 13/169/185页（另参"越 Việt/Yue"）；

宝纲 Bao Gang, 106页；

北部湾 Gulf of Tongking, 9/58页；

北流（水）Beiliu river, 57页；

北流县 Beiliu County, 5/109/129/148页；

宾州 Binzhou province, 194页；

兵器（武备）Weaponry；竹弓 bamboo crossbows, 29页；铜兵器, 129页；铁兵器, 129页；毒箭镞, 71/129页；

C

苍梧郡 Cangwu Commandery, 29/57-58/63/71/73/74/100/107/114/115/126/127/133/142/145/149/151/154/157/176/192页；苍梧郡守, 114-115页；苍梧郡的俚、獠与乌浒人, 100/107/126/127/145页；苍梧郡的移民, 65页；苍梧郡的户口, 66-67/73页；苍梧郡的银, 148-149页；途径苍梧郡的交通路线, 58/74页；苍梧郡的热带土产, 154页；苍梧郡帝国统治的薄弱, 71页；

曹玄静, 182页；

查尔斯·海厄姆（Higham, Charles），

11/128 页；

昌州,210 页（另参"白州 baizhou""南州 nanzhou"）；

昌州 Changzhou,157/186/187 页；

长官 commander；长官的定义,127 页；

长沙,54/67 页；

潮州,65/159/175/194 页；

陈霸先,134 - 135 页；

陈伯绍,131 - 132 页；

陈朝,8/126/174/183 页；陈朝的经济,147 页；陈朝的动荡与虚弱,135 页；陈世的俚獠族群,17/87/89/108 - 109 页；陈朝的地方长吏,117 页；陈世的红河平原,116/135 页；陈朝的奴隶,150 页；陈世武力讨伐俚獠的战争,108/136/150 页；

陈法念,190 页；

陈佛智,190 - 192 页；

陈国旺 Trần Quốc Vượng,27 - 28/36 页；

陈集原,190 页；

陈龙树,190 - 191 页；

陈普光,190 页；

陈氏,21/92/172 - 173/182/189 - 192/195 - 196 页；陈氏谱系,190 - 191 页；

陈叔宝,183 页；

（合浦）陈檀,131/187/191 页；

（苍梧）陈坦,192 页；

陈文彻,90 - 91/134 - 135/191 页；

陈行范,192 页；

陈宣帝 Emperor Xuan(Chen),136 页；

澄州,133 页；

初郡 proto-commandery（*chujun*）,103 - 105/106/107/108 页；初郡的罢废,105 页；初郡的设立,104 页；初郡的数量,104 页；

初郡 chujun（*proto-commandery*）；

楚（国）,86/144 页；

春州,177 页；

翠羽 *Kingfisher feathers*,38/142/151 - 152/156 页；

D

大廉洞,101 页；

大秦(Daqin),56 页；

大庾关,64 页；

大越 Đại Việt,24 - 25/36 页；

（梁）大通年间,133 页；

（梁）大同年间,101/109/133 - 134/174 页；

（刘宋）大明年间,191 页；

（隋）大业年间,55/169 页；

戴凯之 Tai Kaizhi,57/58/64/161 页；

党州,101 页；

邓太后 Empress Dowager Deng,126 页；

邓岳,129 页；

狄,84/86 页；

（朝廷任命的）地方长官 centrally appointed local officials,29 - 30/

索 引　263

103/105/115页;地方长官与地方酋帅的混淆,15/108/112/117页;地方长官的"家族世袭化",15/62/67-68/99/113-115/117/171页;宗室成员担任地方长官,67-68/116页;地方长官代替地方酋帅的领导,183/189页;

地方领导(权力)结构 native leadership structures,35/99/103/104/108/172页;地方领导结构的转变,22/38/94/109/112-113/161-162页;地方领导结构的摧毁,29/169/180-181/189/192-193页;地方领导结构的发育,15/22/143-144/161-162页;地方领导结构与隋唐王朝,169-174页及文中各处;地方领导结构支配的领地,34页(另参"结盟 alliances(Li-Lao and Chinese)""都老 dulao""地方长官 local officials");

滇(云南),6/32页;

丁留县,107页;

鼎(*ding* tripods),34/128页;

定州,117/188页;

东海,66页;

东汉永和五年(140)户口,106页;

东合州,177页;

东南亚,10-12/55页;东南亚高低地之间的关系,34/143页;东南亚的史学编纂,16/19-20/84页;前近代东南亚的领导结构,103页;与东南亚的海上贸易,55-56/63/123页;东南亚的冶金术,128页;东南亚的奴隶制,151页;作为东南亚一部分的"越南",27/31页;

东山铜鼓 Đông Sơn drums(另参"铜鼓 bronze drums");

东山文化 Đông Sơn culture,6-7/31-32/59页;

洞(俚僚政治单元),21/100-102/108/113/142/195页;华夏伐洞战争,133-135页;"洞"的词源,100页;洞的大致人口,102页;洞的位置,101/143页;洞的地理范围,100-101页;

东官郡,73页;

督护(*duhu*)(另参"(西江)督护 protector general");

都护 protectorate(*duhu*),53页;

都老 native chieftain(*dulao*),101-103/136/149/182页;"都老"的词源,102页;都老的推举,102页;

都尉 defender(*duwei*),107页;

窦州,101页;

杜弘文,61/115页;

杜慧度,61/102/115页;

杜僧明,134页;

杜氏家族,115页;

杜天合,134页;

杜元,115页;

杜瑗,115页;

端溪,90页;

E

恩州,149/157/180页;

F

费沈,134页;

封山(县),186/189页;

封溪(县),72页;

冯盎,18/102/150/175-179/180-182/185-186/194页;

冯岑翁,181页;

冯崇道,182页;(译者按,原文作Feng Zhongdao,注音有误);

冯君衡,180页;

冯璘,48/192页;

冯仆,175页;

冯仁智,182页;

冯融,174页;

冯士翙,181/187页;

冯氏家族,21/92-93/174-183页;冯氏谱系 ancestry of Feng (family),18/174-175页;冯氏家族权力的解体 dissolution of power of Feng,180页;冯氏与隋朝的关系 relations with Sui Empire,175-176页;冯氏与唐朝的关系 relations with Tang Empire,176-183页;

冯暄,175/186页;

冯智(戴)玳,179/180页;

冯子猷,18/149/180-183页;

夫陜,90页;

弗朗茨·黑格尔(Heger,Franz),6页;

釜塘 Futang(另参"釜塘 Kettle Pond");

釜塘 Kettle Pond(Futang),148页;

负蛙铜鼓,6页;铜鼓的地理分布,6/7/29/100/147/148/155页;黑格尔Ⅰ型铜鼓,6/31/152页;黑格尔Ⅱ型铜鼓,6-8/14/31页;铜鼓的原料,34/141/148页;铜鼓的金属成分,32页;铜鼓的现代象征,31-32页;针对铜鼓的民族主义争论,31页;铜鼓出土的数量,6-7页;铜鼓的越南语、台语词汇起源,33页;

赋税 taxation,142页;依据族群的分级赋税,144-145页;初郡的赋税,104页;红河平原的赋税,25/60/92/107页;

富昌(郡),131页;

G

干栏 stilt houses,12/70页;

冈州,148/181/187/197页;

高宝,58页;

高法澄,176页;

高后 Empress Gao,128页;

高力士,180页;

高凉郡,17/63/64/90/107/113/127/

索 引 265

155/159/174/176 页；
高凉郡的人群 inhabitants of Gaoliang Commandery, 90/100/133/157 页；高凉郡的户口数 population of Gaoliang Commandery, 73 页；高凉郡的奴隶贸易 slave trade from Gaoliang Commandery, 150 页；高凉郡升格为州 Gaoliang Commandery upgrade to province, 69/131 页；

高士廉, 185 页；

高兴郡 Gaoxing Commandery, 69/131/133/155 页；高兴郡的废置, 133 页；高兴郡的户口数, 73 页；

高要郡, 134/135/154/191 页；

高州, 153－174－177/183/186/188 页；高州刺史, 117/175/183 页；高州发现的铜鼓, 5 页；高州的建置, 111/133－134 页；高州的人群, 90/174－177 页/182；唐代高州的析置, 180 页；

葛獠（仡佬）, 13/91 页；

龚州, 5 页；

鉤吻 gelsemium vine, 160 页；

枸橼 citron, 160 页；

姑苏, 65 页；

古宕洞, 101 页；

谷永（郁林太守）, 105/106 页；

顾氏家族, 115 页；

广熙郡, 133 页；

广信, 54/58/63/114 页；

广兴（县）, 73 页；

广州 Guangzhou（另参 "广州 canton", "南海 Nanhai"）, 10/11/12/26/53－55/63－68/71－72/86/113/126/129/159/172 页；广州刺史, 67/68/114－115/116/117/127/133/183 页；广州辖境的变化, 133/136 页；广州与交州的对比, 65/68/69/74/117 页；广州的货币, 147 页；广州的经济, 63－64 页；"广州"地名的由来, 63 页；广州的人群, 71－72/89/90/100－101/129/141/182/192/194 页；广州的海洋贸易, 56/63－64 页；广州的移民, 66/68/129 页；广州的矿产资源, 148－149 页；广州的户口数, 66－68/71/73 页；出入广州的交通路线, 64－65/144 页；广州的奴隶贸易, 149－150 页；广州的战争, 127/133－137/189/190 页；

广州 Canton, 5/9/26/30/35/53－55/58/63/66－67/89－91/114－115/134/136/148/153/157/159/162/171－172/175/177/181/184/194－195；广州的定义, xv 页（另参 "南海 Nanhai" "番禺 Panyu"）；

龟甲 tortoise shell, 53/142 页；

鬼门关 Ghost Gate Pass, 57－58/70/71/72 页；鬼门关的建设, 57 页；

鬼门关 Guimen Guan（另参"鬼门关 Ghost Gate Pass"）；

贵州，105/149/159 页；

桂林郡，71 页；桂林郡的人群，71/87 页；桂林郡的户口数，73 页；桂林郡升格为州，133 页；

桂阳，57 页；

桂州，89/90/133/160/182 页；桂州刺史，117/134/184 页；桂州的建置，133 页；桂州的人群，89/90/183/194 页；

H

海贝 cowry shells，156 - 157 页；

海昌郡，73 页；

海丰，65/159 页；

海南，14/55/56 页；海南的冯氏家族，172/174 - 176/177/181/187 页；

海宁，65 页；

海平，155 页；

海上贸易 maritime trade，55 - 56/63/147 页；

韩康伯，59 页；

汉朝 Han Empire，8 页；汉朝的户口统计 census under Han Empire，59/60/66/67/105 - 106 页；汉朝对南越国的征服 conquest of Nanyue by Han Empire，34/53 - 54/123 页；汉朝对乌浒、獠人的记载 descriptions of Wuhu and Lao people during Han Empire，86 - 88/151 页；汉朝的灭亡 fall of Han Empire，65 页；汉朝对两河地域的地方统治 local administration in Two Rivers region，63/99/103 - 105/113 - 114/142/155 页；汉朝时期的海上贸易 maritime trade during Han Empire，55 页；汉朝的移民 migration during Han Empire，59 - 60 页；汉朝在珠江流域的势力 Han Empire in the Pearl River area，65 页；汉朝在红河平原的势力 Han Empire in Red River Plain，23/29/59/62/102/123 页；汉朝与俚獠的关系 Han Empire relations with the Li and Lao，23/30/105/123/128 页；汉朝时期通往交州的交通路线 routes to Jiaozhou during Han Empire，56 - 57/58/65 页；汉朝的南方扩张 southern expansion of Han Empire，123 页；汉朝时期的土贡 tribute during Han Empire，151/154 页；反抗汉朝的起义 uprisings against Han Empire，103/126 页；

汉化 sinification/sinicization，9/25 页；对"汉化"（一词）的批评，16 - 18 页；

汉人（民），15 - 16/18/172 - 173 页（另参"族称 ethnonyms"）；

汉武帝 Emperor Wu（Han），55/

索 引　267

160 页；

汉阳,175/176 页；

合浦,133 页；

合浦郡 Hepu Commandery,69/70/71/89/100/102/103/106/107/113/114/132/142/153/154/155/157/177/186/187/189 页;合浦郡的管理 administration of Hepu Commandery,54/107/113/114 页;合浦郡的经济 economy of Hepu Commandery,55 - 56/156 页;合浦郡的人群 inhabitants of Hepu Commandery, 29/32/59/87/100/103/131/187/193 页;合浦郡的海上贸易 maritime trade in Hepu Commandery,55 - 56 页;合浦郡的户口 population of Hepu Commandery,73 页;合浦港 port of Hepu Commandery, 56/57/58/59/66 页;出入合浦郡的交通路线 routes to and from Hepu Commandery,57 - 58/72 页;合浦郡升格为州 Hepu Commandery upgrade to province;合浦郡的叛乱 uprisings in Hepu Commandery,29/32/103/126 页;合浦郡内对俚僚的战争 wars with Li and Lao in Hepu Commandery, 126/131 页;(另参"越州 Yuezhou")；

合浦属国 dependent state of Hepu,106/107 页；

合州,159 页；

何稠,184 - 185 页；

何肯(Holcombe, Charles),11 页；

何游鲁,192 页；

横县,58/107 页；

衡州,89/134 - 135 页;衡州的建置,133 页；

红河 Red River,10/56 - 57/61/155/159 页;红河的可通航性,navigability of Red River,57 页；

红河平原 Red River Plain,53 页;红河平原的砖室墓,59 页;红河平原的铜鼓文化传统,31 - 34 页;红河平原的华夏统治,10/23/53 - 54/62/105/114/123 页;红河平原与两河地域的比较,27/102 - 103/117/132 页;红河平原的自立倾向,3/27/29/68/74/114/116/117/135 页;红河平原的史料记载,23 - 26/36 页;红河平原的土著领导(结构),102 - 103 页;红河平原的地理阻隔,62/68 - 69/74/117 页;红河平原的语言使用,28 页;红河平原的人群称谓,74/116 - 117 页;出入红河平原的交通路线,56 - 59 页;红河平原的叛乱,32/74/103/116/126 - 127/182 页;红河平原铜鼓生产的结束,31/34/59 页;两河地域铜鼓生产的结束,18/

196页；

侯官（福州），65页；

侯景，135页；

后藤均平（Gotō Kimpei）；

虎符 tiger tallies，194页；

户口统计的不准确，60/71页；

华皎，117页；

华夏人（中国人）Chinese people（另参"汉人（民）Han"）；

化州，157页；

怀德，190页；

骥州，185页；

黄氏 Huang clan，189页；

黄吴，127页；

J

羁縻州 halter-and-bridle province，104/118页；

羁縻州 jimizhou（另参"羁縻州 halter-and-bridle province"）；

吉开将人（Yoshikai Masato），11/32/33/104页；

冀州，188页；

甲香 shell aromatic（*jiaxiang*），157页；

建康（南朝都城），62/67/87/110/112/116/132/195/203页；建康与两河地域的对比，62/112/113/117页；出入建康的交通路线，57/64/67页（另参"金陵 *jinling*"）；

建陵郡，111/127页；

建州（福建），190页；

建州，110/133页；

江州，186页；

交趾（刺史部），（另参"交州 *jiaozhou*"）；

交趾郡 Jiaozhi Commandery，32/54 - 62/71/104/151/152/154页；交趾郡的管理 administration of Jiaozhi Commandery，142页；交趾郡的治所 commandery seat of Jiaozhi Commandery，53/161页；交趾郡的人群 inhabitant of Jiaozhi Commandery，29/32/86 - 87/89/103/157页；交趾郡的海上贸易 maritime trade in Jiaozhi Commandery，55 - 56页；交趾郡的移民 migration to Jiaozhi Commandery，60 - 61页；交趾郡的户口 population of Jiaozhi Commandery，59/66/69/73页；出入交趾郡的交通路线 routes to and from Jiaozhi Commandery，54/56 - 59/187页；交趾郡的战争 warfare in Jiaozhi Commandery，126/181页；

交州，11/53/67/72/89/100/102/115/128/159/160页；交州的管理 administration of Jiaozhou，54/155页；交州与广州的比对 Jiaozhou comparison with Guangzhou，12/65/66/68/69/74/115 - 116页；交州与两河地域的对比 comparison with lands between the Rivers，

29/68 - 75/126 页;交州的货币 currency of Jiaozhou,147 页;交州地名的由来 derivation of name of Jiaozhou,63 页;交州的析置 division of Jiaozhou,54/108/113 页;交州的经济 economy of Jiaozhou,54/55 - 56 页;交州的范围 extent of Jiaozhou,10/54/113 页;交州的人群 inhabitants of Jiaozhou,66/71/86/90/91 - 92/93/106/127 页;交州的内陆交通 internal traffic of Jiaozhou,55 页;交州的隔绝 isolation of Jiaozhou,59/62/68 - 69/70/74 页;交州的地方统治 leadership in Jiaozhou,30/61/62 - 63、68/74/93/103/114 - 116 页;交州的海上贸易 maritime trade in Jiaozhou,55 - 56 页;交州的移民 migration to Jiaozhou,59/60 - 61/74 - 75 页;交州的政治自立 political autonomy in Jiaozhou,115 - 116 页;交州的户口 population of Jiaozhou,59 - 61/73 页;出入交州的交通路线 routes to and from Jiaozhou,57 - 59/65/71/75/107/157/203 页;交州的治所 seat of Jiaozhou,54/63 页;交州的战争 warfare in Jiaozhou,106/127/185 页;

椒藤 jiao vine,154 页;

结盟(俚獠与华夏)(alliances Li-lao and Chinese),18/36 - 37/103 - 105/107/108 - 109/111/131/137/141/143 - 144/172/186/203 - 204 页;结盟的优势,18/118/131/143 - 144/161 - 162/174 - 175/204 页;汉文史料中的结盟,107/109 页;结盟的条件,108 - 109 页;结盟的作用,108/111 - 112/117 - 118/131/143 - 144/161 - 162/172/178/203 - 204 页;华夏与俚獠结盟的必要性,137 页;

金,22/38/142/145 - 151/181/203 页;作为流通货币的金,142/147 页;

金封山 Jinfeng Mountain,154 页;

金岗 Gold Hill,148 页;

金岗 Jin Gang (另参"金岗 Gold Hill");

金陵(三国吴的都城),8 页(另参"建康 Jiankang");

进桑,56 页;

晋安郡,159 页;

晋朝 Jin Empire,8 页;晋朝的砖室墓 brick tombs dating from Jin Empire,67 页;晋朝的户口统计 census under Jin Empire,60 - 67/105 - 106 页;晋朝的货币 currency of Jin Empire,141/147 页;西晋的灭亡 fall of Western Jin Empire,66 页;东晋的建立 foundation of

Eastern Jin Empire,66 页;晋朝在交州的势力 Jin Empire in Jiaozhou,57/62 页;晋朝的地方统治 local administration under Jin Empire,107/113/114/130 页;晋朝与俚僚的关系 relationship with Li and Lao,127-128/171 页;晋朝都城的迁移 shift of capital under Jin Empire,64 页;晋朝的赋税制度 taxation system of Jin Empire,144-145页;晋朝的交通路线 transport routes under Jin Empire,58/64 页;晋朝在两河地域的势力 Jin Empire in Two Rivers Region,65/67/114/130 页;

晋康郡 Jinkang Commandery;晋康郡的人群,90/132 页;晋康郡的户口,73 页;

晋宋户口统计对比(comparison of Jin and Liu-Song censuses),60/67/72-73 页;

晋武帝 Emperor Wu(Jin),71 页;

晋孝武帝 Emperor Xiaowu(Jin),141 页;

晋兴郡,87/107/159 页;

京(人)族 Kinh people;台语中表述"京人"的词汇 Tai name for Kin people,74 页;

荆州,87 页;

九德郡 Jiude Commandery,55 页;九德郡的人群,90/106 页;九德郡的户口,73 页;

九真(属国) Jiuzhen(dependent state),106-107 页;

九真郡 Jiuzhen Commandery,29/32/55/59/103/104/114/126/151/152 页;九真郡的人群,32/103/126 页;九真郡陷于林邑 Jiuzhen Commandery loss to Linyi,56 页;九真郡的移民,59 页;九真郡的户口,73 页;九真郡的反叛,126 页;

咀嚼槟榔 betel chewing,12 页;

郡 commandery(另参"政区 administrative units");

K

卡岱语族 Kadai languages,9/12/33/85/88/142/195 页;

开阳,190 页;

凯斯·泰勒(Taylor, Keith),25/27/91/114/132 页;

昆明,56/70 页(另参"宁州 ningzhou");

L

兰钦,134-135 页;

雷州半岛,10/54/55/56/63/143/151/157/172/175/177 页;雷州半岛的管理,155/175/177 页;雷州半岛的经济,143 页;雷州半岛的人群,157 页;

嬴楼 Luy Lâu,34/54 页;

漓(离)江 Li River(*Lijiang*),63页;

黎族 Hloi people,14页;

李百药,110页;

李贲 Lý Bôn,62/70/93/116/134页;

李长仁 Lý Trương Nhân,61/62/116/122页;

李佛子 Lý Phật Tử,30/91-92/93页;

李观,182/194页;

李光度,194页;

李光仕,194页;

李弘节,187页;

李靖,186/194页;

李氏家族,194页;

李叔献 Lý Thúc Hiển,61/62/116/122/182页;

李思道,132/177页;

李思慎 Lý Tư Thận,92页;

李逊,185页(译者按,实为"张逊");

李逊 Lý Tôn,59/115页;

俚洞,108/110/133-134/135/136页;

俚户 Li Households(*Li hu*),92页;

俚僚 Li and Lao people(Li-Lao),9-11页及文中多处;俚僚的农业自足 agricultural self-sufficiency of Li and Lao people,142-143页;铜鼓与俚僚,31-35/101-102/107/141/144页;华夏与俚僚的战争,126-128/130-137页;俚僚的风习,19页;俚僚的相关记载,71-72/101页;俚僚的经济活动,149-152/153-154/156-157页;俚僚的消失,28/169-171/195-196页;俚僚的差异,91-92页;俚僚的史学叙事,12-18/26页;俚僚对华夏文化的影响,157-161页;俚僚对红河平原的影响,27/74-75/117页;俚僚的军事实力,102页;俚僚的军事技术,128-130页;俚僚的政治结构,21-22/99/111-112/136-137/143-144/161-162/171页;俚僚的统治阶层,21页;俚僚之间的战争,85/101/136/178-179/186-187页;(另参"僚人 Lao people""俚人 Li people""地方领导(权力)结构 native leadership structures""乌浒人 Wuhu people");

俚僚 Li-Lao(另参"俚僚 Li and Lao people");

俚僚政区,104-107/108页;俚僚政区改革,110-111/113/183-184页;俚僚地方纳入政区(retrospective inclusion of territory into),69页(另参"左郡 left-hand commanderies""初郡 proto-commanderies");

俚人 Li people,70/89-93页;俚人的政治身份 administrative status of Li people,108页;华夏王朝的伐俚战争,110/132-137/150/157

页;"俚"的族称起源 derivation of name of Li people,89页;俚的相关记载,70-71/150-151页;俚人的经济活动,157/160页;汉字中"俚"的词源,85/90页;俚人的地域分布,83/89-90页;俚户 households of Li people(*Li Hu*),92页;"俚"的术语表达不一致性 inconsistency of nomenclature of Li people,90-92页;俚作为族称的重要性,14/84/90-93/117页;

俚帅 Li commanders or leaders(*Lishuai*),21/91/134/175/186/190/191/194页;

俚帅 *Li Shuai*(另参"俚帅 Li commanders");

理查德·怀特(White,Richard),22页;

荔枝(离支) lychees,154页;

廉江 Lian River(*Lianjiang*);(另参"南流水 Nanliu River");

廉州,101/186页;

(萧)梁帝国(朝),8页;梁朝的政区扩张,101/109-110/130/135页;梁朝的货币,147页;梁武帝,68/109/116/132/133/134/188页;

梁德郡,111页;

梁武帝 Emperor Wu(Liang),67-68/109-110/116/132-134/188页;

两河地域 lands between the rivers,9-10页;两河地域的铜鼓,18、31-32/34/101/141页;华夏势力向两河地域的扩张 Chinese expansion into lands between the rivers,109/111/127/130/135/181、188-189页;"两河地域"的定义,12页;两河地域的记载,70-72页;两河地域的人群,9-10/28/70-71/72/86-90/92/93/156页;两河地域华夏势力的缺失,22/23/29/34/71-72/117/127-128/142页;两河地域作为中间地带 lands between the rivers as "Middle Ground",22页;两河地域的矿产资源,145-149页;两河地域的政治结构转变,143/204页;两河地域的叛乱,29/71/126页;(另参"洞 dong""俚僚 Li and Lao people");两河地域 Two Rivers region;两河地域的定义,9/10-12页;

廖幼华,14/18/61/110/131/190页;

僚人 Lao people,9/87-89/112页;汉字中的"Lao"的词汇,85页;僚郡,108页;僚的合成词,91/92页;"僚"的定义,9/84页;"僚"的词源,87-88页;僚的地域分布,88-89页;僚作为族称的重要性,14/84-86/90-93页;(另参"俚僚 Li

索　引

and Lao people");

林士弘,176 页;

林邑 Linyi(Lâm Âp),56/60 页;与林邑的贸易,147 页;与林邑的战争,56/61/66/75/185 页;

临尘,58 页;

临贺郡,64/67/144 页;临贺郡的户口,73 页;

临时除授制度 temporary appointment system(另参"结盟(俚僚与华夏) Li-Lao and Chinese alliances");

临漳关 Linzhang Pass;(另参"鬼门关 Ghost Gate Pass");

临漳郡,57-58/70/131 页;"临漳郡"的得名由来,70 页;

灵渠 Ling Qu(另参"灵渠 Magic Trench Canal");

灵渠 Magic Trench canal(Ling Qu),54/64/128 页;

岭南(地区),175/185 页;岭南的铜鼓文化,144 页;岭南地区的货币,147 页;"岭南"的定义,8 页;岭南的铁,128 页;岭南的部落酋帅,194 页;(另参"两河地域 Two Rivers Region");

陵罗江 Lingluo River,130 页;

零陵,211 页;

领方县,107/194 页;

令狐熙,183-184 页;

刘安,160 页;

刘方,30/59/185 页;

刘感,181 页;

刘勔(郁林太守),131 页;

刘勔,131/155 页;

刘牧,61 页(译者按,实为"张牧");

刘宋王朝 Liu-Song Empire,8 页;刘宋时期的政区扩张,67/70/108/126/130-131/133 页;刘宋时期的户口统计,60/66-67/72-73/132 页;刘宋时期的交州,62 页;刘宋时期的俚僚,90/191 页;刘宋时期的地方长官,67-68/114 页;刘宋政权在红河平原的势力,62 页;刘宋政权在两河地域的势力,60-61/66-67/68/70/72-73/108/126/130-133/135 页;刘宋时期对俚僚的战争,130-131 页;

刘宋大明八年(464)户口统计,60/132 页;

刘延祐,92 页;

流民督护 protector general of refugees,61 页;

六朝 Six Dynasties;六朝的铜鼓铸造,35 页;六朝的定义,8 页;六朝时期的广州,65 页;六朝时期向世袭统治的转变,62 页(另参"南朝 Southern Dynasties");

龙巴尔(Lombard,Denys),11 页;

龙编,54/55/59 页;

龙洞,101 页;

龙穴山 Dragon Cave Mountain,158页;
龙穴山 Longxue Shan(另参"龙穴山 Dragon Cave Mountain");
陇(龙)苏郡,131页;
陇州,101页;
(宾州)陆氏,194页;
(姑苏)陆氏,65页;
卢安兴,134页;
卢南,186页;
卢循,58/64/102/149页;
陆绩,79页;
陆胤,126/127页;
陆羽,106页;
吕岱(交州刺史),107/127页;
吕瑜,156页;
绿珠井(另参"绿珠井 Green Pearl Well");
绿珠井 Green Pearl Well,157页;
罗泊湾汉墓,128页;
罗窦洞 Luo and Dou *Dong*(Luodou *Dong*),101/102/178-179页;
罗香林,11页;
罗州,110/133/174/175/177/190/192/193页;
骆越,13页;

M

马靖,136页;
马流,59页;
马援,29/31/34/56/57/60/70/103/105/126/132页;

蛮化汉人 *Manhua Hanren*(southern-barbarized Han),18/173页;
蛮化汉人 southern-barbarized Han(另参"蛮化汉人 *Manhua Hanren*");
蛮人 Man people,5/69/90/102/103/107/108/112/113/161/169页;"蛮"作为族称使用时的模糊性 ambiguity of usage of name,172-173/175/179/183/188/195页;蛮獠(复合词)name compounded with Lao,91页;蛮作为族称的重要性,14/69/83-84/86页;
勐 *meuang*,21页;
麊泠 Mê Linh,56页;
闽越 Min Yue,160页;
木棉树 cotton tree,160页;

N

南(朝)齐 Southern Qi Empire,116/132页;
南朝 Southern Dynasties,8页;南朝的货币,142/147页;南朝的经济,147页;南朝时期的地方管理,15/34/73/108-112/136-137/192页;南朝军力的虚弱,23/136-137/143/203页;南朝政权在珠江流域的势力,61/64/67/68页;南朝政权的俚獠政策,17/108-109/130/141/143/171/203页;南朝政权在红河平原的势力,29/30/62/68-69/117页;南朝时期的奴隶

索 引 *275*

贸易,150页;南朝时期的税收,73页;南朝时期的交通路线,65页;南朝政权对俚獠的战争,123/126/130页(另参"六朝 Six Dynasties");

南定州,133页;

南恩州,161页;

南扶州,101/191页;

南海郡 Nanhai Commandery,53/55/58/74/90/114/159页;南海郡与交趾郡的对比,54-55/56页;南海郡的析置,67页;南海郡的经济,63-64页;南海郡的贸易发展,63页;南海郡的人群,71-72页;南海郡的移民,65/76页;南海郡的户口,73页;南海郡的奴隶贸易,150页;"南海郡"的地名使用,63页(另参"广州 Canton""番禺 Panyu");

南合州,111/133页(另参"Yuezhou");

南京(另参"建康 Jiankang");

南靖(福建),191页;

南康郡,64/79/144页;

南流水,131页;

南流郡,131页;

南徐州,87页;

南亚语系(Austroasiatic languages),12/33/85页;

南尹州,194页;

南越 Nam Việt(另参"南越 Nam Yue");

南越 Nan Yue(Nam Việt);南越国,54/63/104/123/128/152/156页;南越王号,57/151/182/192页;

南州,157/186/187页(另参"白州 Baizhou""昌州 Changzhou");

南州 Nanzhou,157/186/187页;

宁长真,185-186/189/194页;

宁承基,189页;

宁纯,186/188页;

宁道明,186页;

宁据,186页;

宁逵,188页;

宁猛力,183-184/188页;

宁浦关,57/58/70/107/155页;宁浦关的位置,58页;

宁浦郡,58/100/115/107页;宁浦郡的建置,107页;宁浦郡的户口,73页;

宁师京(一作宁师宋),59页;

宁氏(家族),21/58/92/93/171/174/183-189/190/193页;宁氏谱系,188页;宁氏家族的衰亡,190页;

宁宣,185-186页;

宁赟,187页;

宁原悌,188页;

宁越郡,184/186/189页;

宁州,56/57/61页;

侬氏 Nong(clan),189页;

O

欧阳頠,135/150 页;

P

番禺 Panyu,54/55/63/89/91/104/134/176/182/195 页;番禺的人群,89/91 页;番禺地名的使用,63 页(另参"广州 Canton""南海 Nanhai");

番州(今韶州),89 页;

潘州(今茂名),149/180/181/185 页;

盘辽洞 Panliaodong,192 页;

庞靖,193 页;

庞氏(家族),193-194 页;

庞孝泰,186/187/193 页;

裴矩,175 页;

彭丰文,17/130/136/143 页;

片仓穰(Katakura Minoru),25/60 页;

平陈,183 页;

蒲立本(Pulleybank,Edwin G.),14/19 页;

Q

钱博,107 页;

谯国夫人 Qiaoguo furen(另参"冼夫人 Lady Xian");

钦江 Qin Jiang(另参"钦江 Qin River");

钦江 Qin River(Qin Jiang),58/155/184 页;

钦州,58/153/156/183-190/191 页;钦州都督府,189 页;钦州政区改革,189 页;

秦朝,54/156 页;

清平,187 页;

琼州海峡 Qiongzhou strait,55 页;

丘和,30/185 页;

曲江,147 页;

泉州,55/159 页;

R

蚺(髯) python(ran),157-159 页;蚺的汉字词源,158 页;

蚺 ran(snake,另参"蚺(髯)python");

瀼州,59/187 页;

任遹,126 页;

日南郡,56/114/152 页;日南郡的人群,32 页;日南郡的陷落,56 页;与日南郡的海上贸易,55/56 页;日南郡的移民,59 页;日南郡的户口,59/73 页;日南郡的叛乱,103/126 页;

容州,183 页;

肉桂 cassia bark,153 页;

阮放,58 页;

芮逸夫 Ruey I Fu,13-14 页;(译者按,芮逸夫英文一般作"Ruey Yih-fu")

S

三国吴(孙吴)Wu Empire,8 页;孙吴时期乌浒人的记载,86 页;孙吴时期的广州地区,115 页;孙吴时期的地方统治(管理),105/106/108/113 页;孙吴时期的红河平原,

索 引

114/126 页;孙吴时期交、广分置,54 页;孙吴时期的叛乱,126-127 页;

珊瑚 coral,154-156 页;

少数族群(民族)的史学叙事 historiography of minority peoples,17 页(另参"民族分类 ethnic classification");

沈怀远,66/148/149/153/160 页;

沈君高,136 页;

生蕃 Sheng fan(raw foreigners),92-93 页(另参"熟蕃 shu fan");

石硪,89/102 页;

始安关 Shian pass(另参"灵渠 Magic Trench Canal");

始安郡,63-64/155 页;始安郡的户口,73 页;

始建郡,73 页;

始兴郡,64/75 页;始兴郡的人群,87/90 页;始兴郡的户口,67/73 页;

始州,90 页;

士氏(家族),114 页;

士鲔,114 页;

士武,114 页;

士燮,60/114 页;

熟蕃 shu fan(cooked foreigners),93-93 页(另参"生蕃 sheng fan");

蜀 Shu(Sichuan),57 页;

双头洞 Shuangtoudong(另参"双头洞 Twin Head dong");

双头洞 Twin-Head Dong(Shuangtou Dong),133 页;

双州的设立,101/110/133 页;双州的(地方)领导,189-193 页;双州与"双头洞"的关系,101 页;

四会县,148 页;

松本信广(Matsumoto Nobuhiro),11 页;

宋昌郡,90 页;

宋康县,73 页;

宋隆郡(宋熙郡),66 页;

宋寿郡,58 页;

宋孝武帝 Emperor Xiaowu(Liu-Song),72 页;

隋朝 Sui Empire,8/54 页;隋朝的政区改革,111/113/183-184 页;隋朝的人口统计,193 页;隋平陈,150 页;隋世对俚獠的记载,89/108-109/169 页;隋朝的崩塌,176/179/185 页;隋朝的金银土贡,146/147 页;隋朝的地方统治(管理),30-31 页;隋朝的珠江流域,54 页;隋朝在红河平原的势力,30 页;隋朝与俚獠的关系,18/23/30/109/169/171-172/174-176/179/184/185/188/193/194 页;隋朝通往交州的交通路线,59 页;隋朝的两河地域,53 页;隋征朝鲜(辽东),175/185/193 页;隋代的户口统计,193 页;

遂城县,148/149 页;
遂溪(广东),130/147 页;

T

台—卡岱语系 Tai-Kadai (language family),85/142/195 页;

台语族 Tai languages,9/13/19/20/33/74/88/91/100/102/129/157－161 页;

贪泉 Spring of Greed(*tan quan*),64 页;

贪泉 Tan Quan(另参"贪泉 Spring of Greed");

檀道济,130 页;

唐朝,8 页;唐朝的政区,111/180 页;唐朝对俚獠的记载,88/90/171/172 页;唐朝的金银土贡,146/147/148－149 页;唐朝的地方长官,30/37/104/172 页;唐朝在珠江流域的势力,54 页;唐朝在红河平原的势力,30/53/54/92 页;唐朝与俚獠的关系,18/23/30－31/109/111/171/174/178/180－183/186/189/190/192/194－196 页;唐朝通往交趾的交通路线,58 页;

唐太宗 Emperor Taizong(Tang),171 页;

唐天宝元年(742)户口统计,193 页;

陶璜,55/71/106/114－115/127/129/145/156 页;

陶基,114 页;

陶氏(家族),114－115 页;

陶淑,114 页;

陶绥,114 页;

陶威,114 页;

滕遜之,115 页;

滕含,115 页(译者按,原文误作"Teng Kan");

滕氏(家族),115 页;

滕修,115/127/128 页;

藤州,194 页;

铁 iron;台语中表述铁的词汇 Tai terminology for iron,129 页;作为贸易商品的铁,19/22/127－130/143/161/162/203 页;

同安(福建),65 页;

铜 copper;铜币 copper coinage,141/147 页;开掘铜矿所需的人力,35/149 页;铜矿,33－35/141－142/145/148 页;铜的贸易,22/141/161 页;铜鼓的用铜(情况),141/146/162 页;

铜鼓 bronze drums,5－12 及文中多处可见;俚獠铜鼓浇铸传统的开始 beginning of Li-Lao casting tradition,8/31/34 页;铜鼓与俚獠族群的关系 bronze drums connection with Li and Lao peoples,14/31－35/89/100－101/103/111/135/141/172/181 页;铜鼓使用的相关描述 descriptions of use of bronze drums,101－102/135/181 页;铜鼓的纹饰 designs on bronze

索　引　279

drums,6/152页;滇地的铜鼓 Dian bronze drums,6/32页;黑格尔Ⅰ型、Ⅱ型铜鼓的区别 differences between Heger Ⅰ and Ⅱ,6/35页;铜鼓的分布 distribution of bronze drums,6/29/34/100/111/144/147页;东山铜鼓 Đông So'n bronze drums,6/7/31页;早期出土的铜鼓,5/8页;铜鼓的铸作遗址,129页;铜鼓的仪式功能及象征,19/22/34 - 35/107/141页;铜鼓所反映的社会与经济,35/144/151页;铜鼓的传播,32页;铜鼓的类型学,6页;

豚水 Tun Shui(另参"牂牁江 Zangke River");

W

王翃,182页;

王式,161页;

王仲宣,91 - 92/175/190/194页;

威廉·冯·申德尔(Van Schendel, Willem),20页;

韦玄贞,189页;

维克托·李伯曼(Liebermann, Victor),16页;

魏徵,177页;

乌浒(人)Wuhu(people),9/29/32/70/86 - 87页;乌浒纳入行政管理,105/106页;"乌浒"一名的内涵,84/86页;乌浒的相关记载,70/129页;乌浒人的经济活动,151/154/156页;"乌浒"的词源,85页;乌浒人的地理分布,83/85 - 86页;乌浒的物质文化,129页;乌浒的反叛,29/71/103/126页;

无花果 fig,159 - 160页;

吴春(俚郡)Wuchun(Li commandery),108页;

吴国 princedom of Wu(*Wuguo*),177页;

吴国公 Duke of the Princedom of Wu, 177页;

梧州 Wuzhou(province),89页;

梧州市 Wuzhou(modern city of),29/54/58/149/175/194页;

武陵,134页;

武平郡;武平郡的设立,106页;武平郡的人群,88/158页;武平郡的户口,60/73页;武平郡的蛇,158 - 159页;

舞阳县,87页;

X

西汉元始二年(2)户口统计,59/62/105页;

西衡州,190页;

西江督护 Protector of the Western Rivers(*Xi jiang duhu*),72/130 - 136页;

西晋太康元年(280)户口统计,60/66/105/106页;

犀,53/87/108/142/146/152 - 153/185

页;犀渠(甲),87/153 页;

冼宝彻,176 页;

冼夫人 Lady Xian,17 – 18/99/173/174 – 175/192/193 页;

冼夫人 Xian Furen(另参"冼夫人 Lady Xian");

冼氏(家族),174 – 175/180 页;

冼智臣,176 页;

湘州,63/64/133 页;

象,53/108/142/152 – 153 页(另参"象牙 ivory");

象牙,38/142/146/152 – 153/203 页(另参"象 elephants");

萧梁设立的州镇,109 页;萧梁不同层级的州,110 页;梁朝时期的俚僚族群,87/90 – 91/108 – 109/188 页;梁朝的地方长官,67 – 68/110/116/117 页;萧梁时期的红河平原,68/93/116 页;萧梁时期的奴隶制,64/150 页;梁朝与俚僚的战争,132 – 136/150 页;

萧励(一作萧励),64/68/133/134/150 页;

萧铣,185/189 页;

萧谘,116 页;

新昌郡,106 页;

新会郡,73/155/181 页;

新宁,73/153 页;

新兴,149/153 页;

新州, 117/133/134/149/161/176/190 页;新州的设立,110/133 页;

信宜,101/109/179 页;

兴古郡,56/87/151/154/157 页;

徐道期,66 页;

徐松石,11/36 页;

徐闻,55/56/114;徐闻的经济,143 页;

许瑾,181 页(译者按,原文作"Xu Huan",当误);

许敬宗,180 页;

薛爱华(Schafer, Edward Hetzel),11/14/36/156/171/172/178/183 页;

薛综,71 页;

荀斐,133 页;

循州,194 页;

Y

崖州,175/177 页;

鄢陵,190 页;

盐,19/22/127/129/143/147/161/203 页;

颜含,159 页;

阳春,175/177 页;

杨稷,57 页;

杨璟,181 页;

杨世略,194 页;

杨思勖,192/195 页;

杨素,176/179 页;

冶铁术 iron metallurgy,127 – 130 页;

夜郎,88 页;

夷(人)Yi(people),14/59/61/83 – 86/88/89/90/91/92/102/104/106/107/126/127/129/131/133/135/

索 引　281

146/157/158/169/176/184/187页；扶严夷,106页；广州夷人,141页；"夷"作为族名的重要性,83-86页；夷人的赋税,145页；武陵夷,61页；

义安郡,65/66页；义安郡的户口,73页；

益州,89页；

银,22/38/101/102/142/145-151/181/203页；银作为流通货币,142/149页；

银山,128页；

银穴 Silver Cave(Yinxue),145页；

银穴 Yinxue(另参"银穴 Silver Cave")；

英德,147页；

邕州,153/161/183页；

雍鸡,58页；

永昌郡,87/88/160页；

永嘉年间(307-313),66页；

永宁郡,131页；

永平郡,190/194页；永平郡的户口,73页；

永熙郡,193页；

右江,183/195页；

俞益期,59-60页；

庾翼,129页；

玉林市 Yulin(modern city),101/148页；

玉缕铜鼓(Ngọc Lũ drum),31页；

郁林郡 Yulin Commandery,29/86-87/131/186页；郁林郡的管辖（范围）,105页；郁林郡的析置,133页；郁林郡的范围,87/154-155页；郁林郡的人群,71/86/100/157页；郁林郡的户口,73页；出入郁林郡的交通路线,65页；郁林郡升格为州,117页；郁林郡的战争,126/127页(另参"定州 Dingzhou""南定州 Nandingzhou")；

郁林州,149/153/159页；

郁水 Yu River,9/29/40/58/63/67/101/105/107/127/136/192/194页；华夏向郁水以南的扩张,110-111/113/132/133/136/155页；郁水沿线的华夏聚落,63/107页；郁水沿线的交汇处,63/67页；郁水以南地区,58/69/71/90/109/113/142/143/148/155/172/173/174/175/190/191/195/196页；郁水以南的俚獠,111/127-128/132/134/135/141/145/147/172/174-193/205页；郁水的支流,57/63/88/131/133页；郁水(一带)的乌浒人,86/87/105页；

原始台语 proto-Tai,33/88/158-161页；

原始越南语 proto-Vietnamese,28页；

原始越语 proto-Vietic,33页；

越(地)Yue(region),142页；

越 Việt/Yue,26/28页(另参"京人(族)Kinh people""越人 Yue people")；

越帝 Yue, emperor of (title),30/116页；

越国 Yue(Kingdom of),24页；越国公 Duke of the Princedom of Yue, 177页；

越南,3/6/7/10页；越南的史学编纂, 24-27/36/36/62/74/116/126页 （另参"交趾 Jiaozhi""交州 Jiaozhou""红河平原 Red River Plain"）；

越南语,28页；

越人 Yue people,158/160/184页（另参"百越 Hundred Yue""越 Việt/Yue"）；

越王 Yue, king of (title),152页；

越夷,157页；

越州 Yuezhou (province),54/55/70/108/130/132/155/157页；越州的设立,108/131页；(华夏)帝国对越州的统治,108/131-132页；越州的人群,72/89页；越州的更名,133页（另参"南合州 Nanhezhou"）；

云际洞,192页；

云开山脉 Yunkai Mountains,9/21/137/155/192页；

云雾山脉 Yunwu Mountains,9/21页；

Z

牂牁(地区),88/110/134页；

牂牁江(豚水)Zangke River(Tun Shui), 87/110/134/135/195页；

贼 bandits,127页；

詹姆斯·斯科特（Scott, James C.）, 20-21页；

占婆国 Champa,56页（另参"林邑 Linyi"）；

张方直,5页；

张融,72页；

瘴江 Miasma River(Zhang jiang), 70页；

瘴江 Zhang Jiang（另参"瘴江 Miasma River"）；

瘴气 miasmas,70页；

招义县,66页；

赵佗,57/102/151/176-177页；

赵婴齐,156页；

赵妪（赵夫人）Lady Triệu(Triệu Ẩu), 29/126页；

针对俚人的税收,92页；（另参"俚僚 Li and Lao people"）；

珍珠,53/108/142/146/154-157页；

徵氏姐妹 Trưng sisters,29/32/57/61/74/103/105/126页；

政区（administrative units）缺失,59/69/71/107页；政区范围变迁,15/110/113页；政区缩减,10/55/105/128页；政区面积及性质的差异,110-111/113/117页；政区数量增加,65/67/72/108/109-111/130/133/155/189/192页；

职官（administrative titles）名称意义变

索 引 283

迁,113 页;华夏职官在俚獠族群中的使用,17/22/31/103 - 104/108 - 109/112/171/177/179/185 - 186/192 页;红河平原的职官,29 页;职官使用的意义,35/92/116 - 117/171 - 172/177/179/192 - 193 页(另参"地方长官 local officials");

中国南方(华南)South China;华南的史料记载,10 - 12/23 页;华南作为东南亚的一部分,11 页;

中间地带 middle ground,22 页;

中宿县,90 页;

州 province(*zhou*)(另参"政区 administrative units");

周仁轨,189 页;

周世雄,132 页;

周文育,134 页;

朱济时,182 页;

朱儁,126 页(译者按,原文作"Zhu Juan",注音有误);

珠官,71 页(另参"合浦郡 Hepu Commandery");

珠江 Pearl River,5/6/9/10/12/19/26/54/63/64/65/75/90/100 页;珠江流域,11/32/34/61/65/66/67/68/155/175/193/203 页(另参"郁水 Yu River");

珠崖(朱厓)郡,155/176 页;

竹 bamboo (*Bambusa stenostachya*),160 页;竹篱 hedges of bamboo,160 页;竹质兵器 bamboo weaponry,129 页;"竹"的不同表达,160 - 161 页;竹使符 bamboo emissary seals,194 页;竹王 Zhu Wang(bamboo king),88 页;

竹王 Zhu Wang(另参"竹王 Bamboo King");

属国 dependent state(*shuguo*),104/106 - 108/111 页;

壮族 Zhuang people,13/85 页;壮族的历史记载,36 页;

自我认同与民族分类的差异 disparity between self - identity and ethnic classification,20/83 - 85 页;中国大陆学术界的"民族分类"ethnic classification in PRC scholarship,12 - 14 页;

族称 ethnonyms,20 页;复合族名(称)compounded ethnonyms,91 页;族称使用的不延续性 discontinuation of use of ethnonyms,15 页;族称的史学编纂 historiography of ethnonyms,12 - 13 页;族称的不一致 inconsistency of ethnonyms,14/20/90 - 93/117/172 页;族称使用的原因 reasons for use of ethnonyms,14/20/37/83 - 86/90 - 94 页;

左江,33/101/129 页;左江岩画,32/

121/183页;作为交通线路的左江,33/58页。

左江 Left-hand River(另参"左江 zuojiang");

左郡 left-hand commandery(zuojun),104/108页;

左县 left-hand county(zuoxian),108页;

佐米亚 Zomia,20-21页;"佐米亚"的定义,20页;佐米亚的地理范围,20页;

译后记

关于龚雅华的生平及其学术经历，国内学界及一般读者相对陌生，因此笔者不揣浅陋，借译此书的机会略做一些介绍。龚雅华（Catherine M. Churchman，1975— ），旧译凯瑟琳·赤文、凯瑟琳·丘奇曼，现任新西兰惠灵顿维多利亚大学语言与文化学院讲师，主授"亚洲历史与文化导读""汉语""亚洲的民族与民族主义""东南亚文明"等课程，主要研究方向为东南亚与中国华南前近代史、华南族群身份及其演进史，兼及槟城闽南语、中越汉籍、喃字文献、朝鲜战争史等，通晓英语、汉语（普通话）、槟城闽南语、荷兰语、弗莱芒语、越南语等多门语言。早年毕业于奥克兰大学、怀卡托大学，攻读汉语、荷兰语专业，先后获学士、硕士学位。2012年，毕业于澳大利亚国立大学亚太研究院亚洲史专业，获哲学博士学位，师从李塔娜（Li Tana，1956— ）教授。其间，曾短暂赴中国台湾、马来西亚、荷兰、中国大陆等地访学或展开田野调查。兹择要介绍其研究成果如下：

专著1部：

《汉唐时期岭南的铜鼓人群与文化》，拉纳姆：罗曼&利特菲尔德出版社，2016年。

参撰2部：

《两河之间的人群：汉隋之际的俚獠》（'The People in Between': the Li and Lao from the Han to the Sui），载〔澳〕诺拉·库克（Nola Cooke）、〔澳〕李塔娜（Li Tana）、〔美〕安齐毅（James Anderson）编：《北部湾通史》（*The Tongking Gulf Through History*），费城：宾夕法尼亚

大学出版社,2011 年,页 59-77。

《槟城闽南语中的本土词汇创新:由"罗惹"语言现象说开去》(Native Lexical Innovation in Penang Hokkien: Thinking beyond Rojak),载〔新〕谢汶亨、〔荷〕霍赫沃斯特博士(Tom Hoogervorst)编:《东南亚华语语系:南洋华语之声》(Sinophone Southeast Asia: Sinitic Voices across the Southern Seas),莱顿:布里尔学术出版社,2021 年,153-184 页。

论文 3 篇:

《汉唐时期汉人与越南人形成之前的红河平原》(Before Chinese and Vietnamese in the Red River Plain—The Han-Tang Period),《南方华裔研究杂志》(Chinese Southern Diaspora Studies)第 4 卷,2010 年,页 25-37。

《槟城闽南语词典摘录》(Extracts from a Penang Hokkien Dictionary),《中国遗产季刊》(China Heritage Quarterly)2011 年第 26 期。

《槟城词汇中的折中性——兼论其历史背景及对汉字书写的影响》(The Eclectic Nature of Penang Hokkien Vocabulary, Its Historical Background and Implications for Character Writing),《台语研究》2017 年第 9 卷第 1 期,86-125 页。

书评 2 篇:

《柯能(Ben Kiernan)著〈越南通史(Việt Nam: A History from Earliest Times to the Present)〉评介》,载《越南研究杂志》(Journal of Vietnamese Studies)2019 年第 14 卷第 1 期,页 97-113。[与白凯琳(Kathlene Baldanza)、Brett Reilly 合撰]

《评马尔科姆·库克(Malcolm Cook)、达吉·辛格(Daljit Singh)编〈东南亚事务 2020(Southeast Asian Affairs 2020)〉》,载《新西兰国际评论》(New Zealand International Review)2021 年第 45 卷第 4 期,28-29 页。

译文 3 种：

潘佩珠(Phan Bội Châu)撰，龚雅华译：《海外血书》(Hải Ngoại Huyết Thư, Letter from abroad Written in Blood)，载〔美〕乔治·达顿(Geroge Dutton)、简妮·维尔纳(Jayne S. Werner)、约翰·惠特摩(John K. Whitmore)编：《越南传统史料汇编》(*The Sources of Vietnamese Tradition*)，纽约：哥伦比亚大学出版社，2012年，353－369页。

潘佩珠(Phan Bội Châu)撰，龚雅华译：《越南亡国史》(Việt Nam Vong Quốc Sử, The History of the Loss of the Country)，载〔美〕乔治·达顿、简妮·维尔纳、约翰·惠特摩编：《越南传统史料汇编》，纽约：哥伦比亚大学出版社，2012年，367－368页。

龚雅华译：《嘉定的气候与地理》(The Climate and Geography of Gia Định)，载〔美〕乔治·达顿、简妮·维尔纳、约翰·惠特摩编：《越南传统史料汇编》，纽约：哥伦比亚大学出版社，2012年，147－149页。

2016年，龚雅华女士所著《汉唐时期岭南的铜鼓人群与文化》一书，被列为美国纽约州立大学荣休教授马克·塞尔登(Mark Selden)主编的系列研究丛书中的一种，由罗曼＆利特菲尔德出版公司(Rowman & Littlefield)正式出版。这部书是基于龚雅华2012年澳大利亚国立大学的博士论文修订而成，题目原作 *Between Two Rivers: the Li and Lao Chiefdoms from the Han to T'ang*（《两河之间：汉唐时期的俚獠酋帅》），并且书中的部分内容及观点已在前揭《南方华裔研究杂志》2010年第4卷及《北部湾通史》一书的相关章节中有所阐发。

需要说明的是，"两河之间"或"两河地域"作为一个地理概念，很少见于其他中西方学者的相关论述。就地理范围而言，它是指珠江和红河两大水系的中间地带，可大致对应或包含在六朝的"南越(粤)"或唐代的"岭南"等语境之下。不过，二者的侧重点又有所不同。"两河之间"专指云开山脉、云雾山脉等群山环绕的山险之地,它是俚獠族群铜鼓文化的腹心地带。

本书分为七章,作者综合运用历史学、文献学、历史地理学、考古学、语言学、人类学、民族学、生物学、冶金学等多学科方法,从两河地域的自然环境切入,通过勾稽"俚""獠""乌浒"的词源及其内涵,详述汉唐之间俚獠与华夏腹地的政治、军事、贸易博弈以及俚獠酋帅政治体在此过程中的成长发育,最后以冯氏、宁氏、陈氏等俚獠著姓的兴衰沉浮来收尾。显然,本书所要探讨的并非铜鼓文化的兴衰史,而是透过铜鼓这一物质遗存去观察背后的族群及其政治、经济、军事和文化,甚至要观察汉文史料具体如何书写这些族群的历史。从某种程度上说,这部论著填补了西方学界关于"唐以前岭南地区(包括两广及越南北部地区)主体非汉民族的认知空白"。

该书自问世以来,备受西方学界广泛关注与赞誉。美国哥伦比亚大学伯纳德学院亚洲与中东文化系助教授郭珏(J. Guo)称,该书对中越两国漠视的边缘区域及其族群的论说"细致入微,令人信服"(*Current Reviews for Academic Libraries*, vol. 54, no. 10, June 2017, pp. 1547)。南康涅狄格州立大学米切尔·汤普森(C. Michele Thompson)教授、宾夕法尼亚州立大学亚洲研究系钱德樑教授(Erica Fox Brindley)分别在《亚洲研究杂志》(*The Journal of Asian Studies*, Vol. 76, Issue 3, August 2017, pp. 825-826)与《亚洲视角》(*Asian Perspectives*, Vol. 57, N0.1, 2018, pp. 179-181)上撰文,指出"该书应被列为每一位研究前近代中国及东南亚史学者的必读书目","堪称一部里程碑式的学术经典著作"。法国巴黎高等研究实践学院毕雪梅(Michèle Pirazzoli t'Serstevens)教授亦在《通报》(*T'oung Pao*, 2017, Vol. 103, Fasc. 4-5, pp. 477-481)上发文,称赞此书"(论述)宏富、(观点)新颖"。美国东亚考古学会主席、印第安纳大学人类学系教授安赋诗(Francis Allard)在《越南研究杂志》(*Journal of Vietnamese Studies*, Summer 2018, Vol. 13, No. 3, pp. 163-166)上撰写书评,称"龚雅华对俚獠族群的研究值得赞许,她清晰勾勒出早期中国南方边地不为人知的土著族群演进史"。此外,文莱大学亚洲研究所教授利亚姆·凯利(Liam C. Kelley,一名黎明凯 Lê Minh Khâi)亦在个人博客上评价该书,称"这部杰作将学界对横跨越南中部、两广等地早期历史的理解向前大大推进了一步"。(https://leminhkhai.wordpress.com/2016/09/27/a-review-of-the-people-between-the-rivers-plus-a-30-discount/)

关于龚雅华女士这部著作的学术贡献,经过此次译介,想必中文学界及读者会有公论。作为译者,因为立场问题,妄加品评似乎不妥。而且,无论译者表现得如何公允,似乎都难逃虚美之嫌,所以只好作罢。此次推出的中文版,基本上维持了英文原著的面貌,但仍有一些差异,故在此处稍加说明:

一、原书的注释均为尾注,附在每一章节的末尾。为符合中文读者的阅读习惯,所有尾注均改为页下注,并且每页重新编号。而对原书中需要进一步说明的内容,抑或对文中讹误之处的补正,均以译者按的形式放入页下注。

二、为最大限度地反映英文原著的面貌,原书所附的致谢词、术语表、索引等均原封不动地保留,但书首所附的英文版权页及丛书信息,因无保留的必要,故中文版一并删去。此外,原书所附的六张地图,均由译者在扫描英文版的基础上将图内文字替换为中文,并且对图例进行了适当调整。譬如,原图以"浅灰大字"与"黑体大字"区分州郡,在本书中分别改为"扁体大字"与"黑体小字"。

文末,感谢美国南卡罗来纳州堡垒军事学院历史系教授、美国中古中国学会会长、南京大学六朝研究所学术顾问南恺时(Keith N. Knapp)先生建议将龚雅华女士的这部著作纳入"南京大学六朝研究所书系·丙种译丛"。感谢导师张学锋教授的信任,并举荐我翻译此书。感谢出版社文献编辑部黄继东主任和责任编辑黄隽翀,为笔者匡正了译文中不少疏误。感谢出版社美术编辑部赵庆主任,为本书量身设计了清丽典雅的封面。此外,还要感谢在校对文本、配制封面图片过程中襄助良多的马云超、蔡志鹏、龚世扬、朱棒等诸位师友。当然,最后还要感谢我的母亲、岳母与妻子的理解与支持,正是她们承担了犬子襁褓时期大量的照抚事宜,才让我得以心无旁骛地投入到翻译工作中。与家人的付出相比,翻译过程中的艰辛诚不足道。

魏美强补记于金陵

壬寅立夏

"南京大学六朝研究所书系"已出图书

一、甲种专著

1.《东晋南朝侨州郡县与侨流人口研究》(修订本),胡阿祥著,江苏人民出版社2019年10月版,"甲种专著"第壹号;

2.《中古丧葬礼俗中佛教因素演进的考古学研究》,吴桂兵著,科学出版社2019年12月版,"甲种专著"第贰号;

3.《六朝的城市与社会》(增订本),刘淑芬著,南京大学出版社2021年1月版,"甲种专著"第叁号;

4.《探寻臧质城——刘宋盱眙保卫战史地考实》,钟海平著,南京大学出版社2022年3月版,"甲种专著"第伍号。

二、乙种论集

1.《"都城圈"与"都城圈社会"研究文集——以六朝建康为中心》,张学锋编,南京大学出版社2021年1月版,"乙种论集"第壹号;

2.《六朝史丛札》,楼劲著,南京大学出版社2022年3月版,"乙种论集"第叁号。

三、丙种译丛

1.《中古中国的荫护与社群:公元400—600年的襄阳城》,[美]威安道著,毕云译,南京大学出版社2021年1月版,"丙种译丛"第壹号;

2.《从文物考古透视六朝社会》,[德]安然著,周胤等译,南京大学出版社2021年1月版,"丙种译丛"第贰号;

3.《汉唐时期岭南的铜鼓人群与文化》,[新西兰]龚雅华著,魏美强译,南京大学出版社2023年6月版,"丙种译丛"第肆号。

四、丁种资料

1.《建康实录》,(唐)许嵩撰,张学锋、陆帅整理,南京出版社 2019 年 10 月版,"丁种资料"第壹号。

五、戊种公共史学

1.《"胡"说六朝》,胡阿祥著,江苏人民出版社 2019 年 6 月版,"戊种公共史学"第壹号;

2.《谢朓传》,胡阿祥、王景福著,凤凰出版社 2019 年 12 月版,"戊种公共史学"第贰号;

3.《王谢风流:乌衣巷口夕阳斜》,白雁著,南京大学出版社 2023 年 6 月版,"戊种公共史学"第叁号。

图书在版编目(CIP)数据

汉唐时期岭南的铜鼓人群与文化／（新西兰）龚雅华著；魏美强译. — 南京：南京大学出版社，2023.6
（南京大学六朝研究所书系. 丙种译丛. 第肆号）
ISBN 978-7-305-26323-1

Ⅰ. ①汉… Ⅱ. ①龚… ②魏… Ⅲ. ①文化史－研究－广东－汉代－唐代 Ⅳ. ①K296.5

中国版本图书馆 CIP 数据核字(2022)第 232256 号

The People between the Rivers：The Rise and Fall of a Bronze Drum Culture, 200-750 CE
By Catherine Churchman
Copyright © 2016 by Rowman & Littlefield
Published by agreement with the Rowman & Littlefield Publishing Group through the Chinese Connection Agency, a division of Beijing XinGuangCanLan ShuKan Distribution Company Ltd., a.k.a Sino-Star.

江苏省版权局著作权合同登记　图字：10-2021-194 号

出版发行	南京大学出版社
社　　址	南京市汉口路 22 号　　邮　编　210093
出 版 人	金鑫荣
丛 书 名	南京大学六朝研究所书系·丙种译丛·第肆号
书　　名	**汉唐时期岭南的铜鼓人群与文化**
著　　者	〔新西兰〕龚雅华
译　　者	魏美强
责任编辑	黄隽翀　　　　　　　编辑热线　025-83592409
照　　排	南京南琳图文制作有限公司
印　　刷	盐城市华光印刷厂
开　　本	787×1092　1/20　印张 15.7　字数 275 千
版　　次	2023 年 6 月第 1 版　2023 年 6 月第 1 次印刷
ISBN	978-7-305-26323-1
定　　价	68.00 元

网址：http://www.njupco.com
官方微博：http://weibo.com/njupco
官方微信号：njupress
销售咨询热线：(025) 83594756

* 版权所有，侵权必究
* 凡购买南大版图书，如有印装质量问题，请与所购图书销售部门联系调换